GSAT

삼성직무적성검사

5급 고졸채용

Global Samsung Aptitude Test

GSAT
5급 고졸채용

머리말

대한민국을 대표하는 기업인 삼성은 전자, 금융, 건설, 서비스 등의 산업에서 국가 경제에 기여하고 있는 대규모 기업집단이다. 채용에 있어서도 '삼성은 학력, 성별, 국적, 종교를 차별하지 않고, 미래를 이끌어 나갈 인재와 함께 한다'는 모토로 인재확보에 노력하고 있다.

삼성에서는 필기시험으로 GSAT를 시행하여 단편적인 지식보다 상황에 유연하고 신속하게 대처할 수 있는 능력을 평가한다. 고졸 학력으로 응시자격이 생기는 삼성 5급의 경우 2020년부터 코로나 감염증 확산에 따라 온라인 언택트 시험을 시행하기 시작하였으며, 과목도 수리능력, 추리능력, 지각능력의 세 과목으로 시행되고 있다.

GSAT 5급 직무적성검사는 문제 하나하나의 난이도는 높지 않으며 최근 치러진 시험들도 문제자체는 쉽다고 평가되는 수준이었지만 상당히 제한된 시간 내에 풀어야 하기 때문에 출제유형에 충분히 익숙해지지 않으면 실제 시험에서는 시간조절에 실패할 수 있고 실수가 발생할 수 있다. GSAT는 오답이 감점으로 이어지기 때문에 다른 시험보다 실수가 더 치명적으로 작용할 수 있으므로 고득점을 위해서라면 미리 철저하게 준비해야 할 필요성이 있다.

온라인 시험으로 전환된 새로운 GSAT 5급 환경에서 이 책이 삼성그룹 채용 대비를 하는 수험생 여러분들에게 도움이 되었으면 한다.

이 책으로 공부하는 수험생 여러분의 건강과 합격을 기원한다.

- JH적성검사연구소

이 책의 특징

첫째, 최신 GSAT의 출제 기준에 맞추어 개편된 책이다.

둘째, 기초능력검사의 영역별 핵심이론 및 핵심 용어를 출제영역 소개, 대표유형문제와 함께 수록하여 꼭 알아야 할 내용을 학습할 수 있도록 하였다.

셋째, 인성검사와 작업검사(U-K검사), 면접 등 기초능력검사 외에 채용과정에서 필요할 수 있는 영역들에 대한 연습이 가능하도록 구성하였다.

넷째, 최근 출제 시험을 분석하여 구성한 모의고사를 통해 직무적성검사에 대한 최종 점검을 할 수 있도록 하였다.

STEP 01

이 책의 구성과 특징

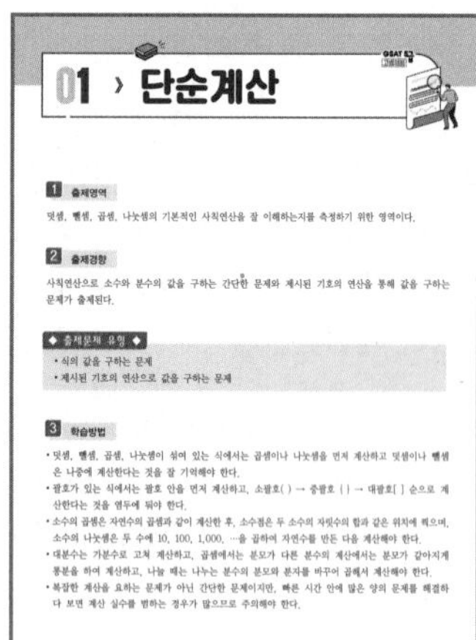

영역별 출제 유형과 대표유형, 출제예상문제

가장 최근에 시행된 GSAT의 출제유형 변경에 따라 영역을 신규 유형과 기존 유형으로 구분하여 영역별 출제유형에 대한 소개와 함께 영역별 대표유형문제, 출제예상문제를 수록해 시험문제에 대한 감을 잡고 풀이에 익숙해 질 수 있도록 하였다.

인성검사와 면접

기초능력검사 외에 계열사에 따라 채용과정에서 요구할 수 있는 작업검사 U-K테스트 및 인성검사, 그리고 최종합격을 좌우할 수 있는 면접전형에 관한 예시문항과 기출문제를 수록하여 확실하게 대비할 수 있도록 하였다.

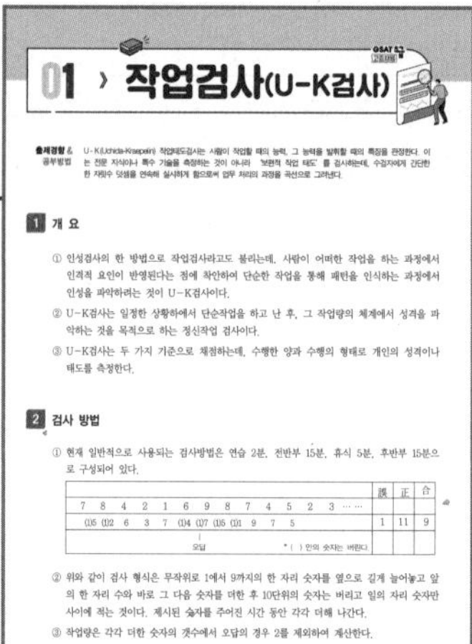

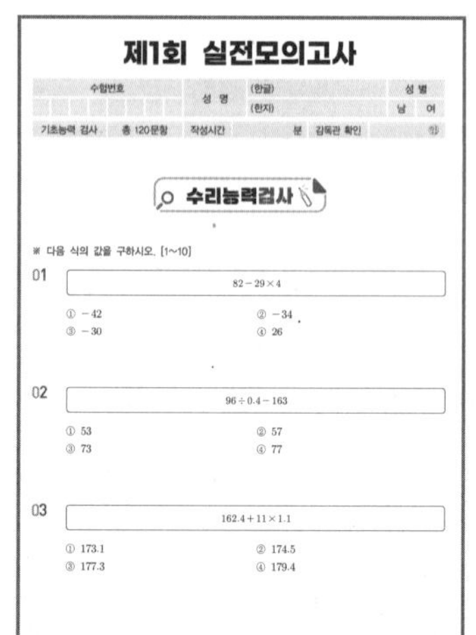

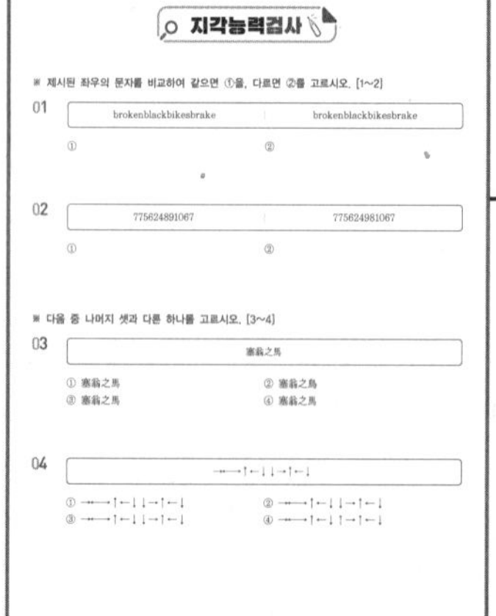

최신유형을 반영하여 구성한 실전모의고사

최근 시행한 GSAT시험 내용을 바탕으로 복원, 구성한 모의고사와 기존 유형의 모의고사를 한편씩 수록하여 이후 시험의 형태에 모두 대응할 수 있도록 하였으며 지금까지 학습한 내용을 최종적으로 점검할 수 있도록 하였다.

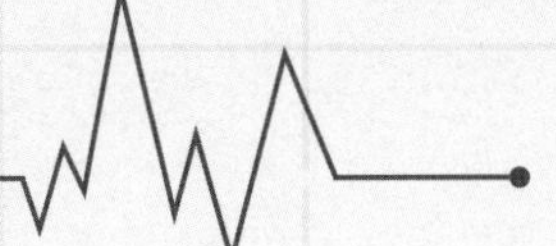

삼성그룹 채용안내

채용 일정

계열사별로 수시 채용 실시

지원자격

① 채용연도 기준 고교졸업 또는 고교 졸업과 동등한 학력
② 회사가 지정하는 시기에 입사가 가능한 사람
③ 해외여행에 결격사유가 없음
④ 남성의 경우 병역을 마치거나 면제 판정을 받은 사람
⑤ 모집 전공에 따라 관련 분야 전공계열 이수 필요

채용 과정 변화

① 삼성채용 홈페이지(www.samsungcarrers.com) 로그인
② 지원회사 및 지원공고를 선택하여 지원서 작성

전형절차

채용 과정 변화

- 지원서 제출 방법 :삼성채용 홈페이지(www.samsungcareers.com)을 통해 지원 계열사의 공고를 확인하여 지원서 작성
- 서류전형 :지원서 내용을 토대로 직무적합성평가를 진행하고, 이 결과에 따라 GSAT 응시 자격이 주어짐
- 직무적성평가 : 수리, 추리, 지각 3개의 영역으로 나누어 응시자를 평가한다.
- 면접 : 기본적으로 임원면접을 진행하며 계열사에 따라 기술면접 등을 추가로 실시할 수 있다.

온라인 언택트 시험

코로나 감염증 확산에 따라 삼성은 2020년부터 채용 시험을 온라인으로 진행하였다. 앞으로도 계속 온라인 언택트 방식으로 시험이 진행될 예정이므로 이에 맞추어 시험준비를 하도록 하여야 한다.

시험 진행 순서

① 서류전형에 합격한 응시자의 주소로 삼성에서 제공하는 응시자용 키트가 택배로 배송

② 시험일 5일전, 온라인 예비소집을 통해 응시프로그램 설치, 응시환경 테스트를 하고 시험 당일 준비해야 하는 사항 전달

③ 시험 당일에는 오전, 오후 2개조로 나뉘어 시험을 진행

④ 응시자는 PC와 휴대폰을 이용하여 응시 환경을 세팅하고 응시 프로그램을 실행하여 감독관과 온라인 연결

⑤ GSAT 5급 기준, 시험은 1시간 45분간 진행되며 1시간은 응시 전 준비진행시간, 45분이 시험시간으로 배분됨.

⑥ 응시 후 정해진 시간 내에 문제풀이용지 모든 면을 사진으로 촬영하여 정해진 곳(상반기: 감독관의 이메일, 하반기: 지정된 웹페이지)에 제출

응시자용 키트 구성품

① 신분증 가리개(주민등록증용, 운전면허증용)
② 휴대폰 거치대
③ 영역별 문제풀이용지
④ 유의사항 안내지

응시 관련 유의사항

- 시험을 진행할 책상에는 개인 컴퓨터, 필기구, 문제풀이용지, 휴대폰 거치대를 제외한 물건(메모지, 독서대 등)을 올려둘 수 없음
- 휴대폰 카메라를 통해 컴퓨터 모니터, 응시자의 얼굴과 양손이 보이도록 휴대폰 거치대를 세팅
- 문제풀이용지는 시험 전까지 절대 개봉하지 말 것
- 안내된 시간까지 응시프로그램에 접속완료 해야 함
- 독립된 공간에서 반드시 혼자 응시해야하며, 시험 중 소음 발생 시 부정행위 처리될 수 있으므로 가족 등 동거인과 반려동물 등에 대해 특히 유의할 것
- 휴대폰의 와이파이 접속은 비행기모드나 방해금지모드로 설정하며 휴대폰 알림음이나 진동 발생 시 부정행위 처리될 수 있음
- 시험 진행 중에 자리를 이탈할 수 없으며 모니터에 손을 대는 행위도 부정행위로 처리될 수 있음
- 휴대폰의 전원이 끊어지지 않도록 충전 수단을 확보할 것

차 례

제1편 기초능력검사

제2편 인성검사

제3편 면 접

[부록] 실전모의고사

제1편

G l o b a l S a m s u n g A p t i t u d e T e s t

기초능력검사

GSAT

Global Samsung Aptitude Test

제1장

Global Samsung Aptitude Test

수리능력검사

01 단순계산
02 할 · 푼 · 리
03 크기 비교
04 응용계산
05 자료해석

GSAT 대비 전략

수리능력검사는 2020년부터 시행한 온라인 GSAT의 신유형에서 편성된 세 과목(수리능력검사, 추리능력검사, 지각능력검사) 중 하나로, 15분 동안 40문항을 해결해야 한다. 자료해석을 제외한 유형들은 크게 복잡하지 않기 때문에 다양한 응용 계산에 익숙해지도록 연습하여 빠르고 기계적으로 풀어낼 수 있어야 하며, 자료해석의 경우에도 시간이 상당히 부족한 시험인 만큼 지나치게 어려운 도표는 잘 출제되지 않는다. 하나의 도표에 여러 문제가 묶여서 출제되므로 초기 해석에 실수가 있다면 여러 문제를 한꺼번에 놓칠 수 있음에 유의하여야 한다.

01 》 단순계산

1 출제영역

덧셈, 뺄셈, 곱셈, 나눗셈의 기본적인 사칙연산을 잘 이해하는지를 측정하기 위한 영역이다.

2 출제경향

사칙연산으로 소수와 분수의 값을 구하는 간단한 문제와 제시된 기호의 연산을 통해 값을 구하는 문제가 출제된다.

◆ 출제문제 유형 ◆

- 식의 값을 구하는 문제
- 제시된 기호의 연산으로 값을 구하는 문제

3 학습방법

- 덧셈, 뺄셈, 곱셈, 나눗셈이 섞여 있는 식에서는 곱셈이나 나눗셈을 먼저 계산하고 덧셈이나 뺄셈은 나중에 계산한다는 것을 잘 기억해야 한다.
- 괄호가 있는 식에서는 괄호 안을 먼저 계산하고, 소괄호( ) → 중괄호 { } → 대괄호[ ] 순으로 계산한다는 것을 염두에 둬야 한다.
- 소수의 곱셈은 자연수의 곱셈과 같이 계산한 후, 소수점은 두 소수의 자릿수의 합과 같은 위치에 찍으며, 소수의 나눗셈은 두 수에 10, 100, 1,000, …을 곱하여 자연수를 만든 다음 계산해야 한다.
- 대분수는 가분수로 고쳐 계산하고, 곱셈에서는 분모가 다른 분수의 계산에서는 분모가 같아지게 통분을 하여 계산하고, 나눌 때는 나누는 분수의 분모와 분자를 바꾸어 곱해서 계산해야 한다.
- 복잡한 계산을 요하는 문제가 아닌 간단한 문제이지만, 빠른 시간 안에 많은 양의 문제를 해결하다 보면 계산 실수를 범하는 경우가 많으므로 주의해야 한다.

대표 유형문제

※ 다음 식의 값을 구하시오. [1~2]

01

$$5+15\times2-28\div4$$

① 3　② 28　③ 33　④ 47

02

$$\frac{5}{6}+\frac{3}{7}-\frac{9}{14}$$

① $\frac{23}{42}$　② $\frac{13}{21}$　③ $\frac{29}{42}$　④ $\frac{15}{21}$

03 기호의 연산이 〈보기〉와 같을 때 결괏값이 옳은 것은?

보기

$$a\star b=(a^2-b)+ab$$

① $5\star9=61$　② $4\star6=21$

③ $3\star5=37$　④ $5\star15=12$

01 $5+15\times2-28\div4=5+30-7=28$

02 $\frac{5}{6}+\frac{3}{7}-\frac{9}{14}=\frac{35}{42}+\frac{18}{42}-\frac{27}{42}=\frac{26}{42}=\frac{13}{21}$

03 ① $5\star9=(5^2-9)+5\times9=16+45=61$

② $4\star6=(4^2-6)+4\times6=10+24=34$

③ $3\star5=(3^2-5)+3\times5=4+15=19$

④ $5\star15=(5^2-15)+5\times15=10+75=85$

답 01. ②　02. ②　03. ①

꼭 알아둬야 할

단순계산

(1) 제곱근의 성질

① $a>0$일 때 $\sqrt{a^2}=\sqrt{(-a)^2}=a$, $(\sqrt{a})^2=(-\sqrt{a})^2=a$

② $\sqrt{a^2}=|a|=\begin{cases} a & (a \geq 0\text{일 때}) \\ -a & (a<0\text{일 때}) \end{cases}$

(2) 거듭제곱근의 성질

m, n, p가 자연수이고 $a>0$, $b>0$일 때,

① $\sqrt[n]{a}\sqrt[n]{b}=\sqrt[n]{ab}$

② $\dfrac{\sqrt[n]{a}}{\sqrt[n]{b}}=\sqrt[n]{\dfrac{a}{b}}$

③ $(\sqrt[n]{a})^m=\sqrt[n]{a^m}$

④ $\sqrt[np]{a^{mp}}=\sqrt[n]{a^m}$

⑤ $\sqrt[n]{\sqrt[m]{a}}=\sqrt[m]{\sqrt[n]{a}}=\sqrt[mn]{a}$

(3) 지수의 성질

① 유리수 지수의 정의

- $a\neq 0$, n이 양의 정수일 때 : $a^0=1$, $a^{-n}=\dfrac{1}{a^n}$
- $a>0$, m, n이 자연수일 때 : $a^{\frac{m}{n}}=\sqrt[n]{a^m}$, $a^{\frac{1}{n}}=\sqrt[n]{a}$

② 확장된 지수 법칙 : $a>0$, $b>0$이고 m, n이 유리수일 때

- $a^m \cdot a^n=a^{m+n}$
- $a^m \div a^n=a^{m-n}$
- $(a^m)^n=a^{mn}$
- $(ab)^m=a^m b^m$

(4) 곱셈공식과 인수분해

① $(a+b)^2=a^2+2ab+b^2$

② $(a-b)^2=a^2-2ab+b^2$

③ $(a+b)(a-b)=a^2-b^2$

④ $(x+a)(x+b)=x^2+(a+b)x+ab$

⑤ $(ax+b)(cx+d)=acx^2+(ad+bc)x+bd$

⑥ $(a+b+c)^2=a^2+b^2+c^2+2ab+2bc+2ca$

⑦ $(x+a)(x+b)(x+c)=x^3+(a+b+c)x^2+(ab+bc+ca)x+abc$

(5) 상용로그의 성질

$$\log_{10}a=n+\alpha \ (n\text{은 정수, } 0\le\alpha<1)$$

① n(지표)의 성질 : 진수 a의 자리수가 $n+1$자리 수이면 지표는 n이다.

② α(가수)의 성질 : 진수 a의 숫자 배열이 같은 가수는 같다.

출제예상문제

※ 다음 식의 값을 구하시오. [1~25]

01

$$24 \times 32 \div 8$$

① 81
② 86
③ 91
④ 96

02

$$513 + 18 - 3.87$$

① 498.13
② 504.15
③ 527.13
④ 538.15

03

$$32 + (5 \times 4 - 20)$$

① 8
② 30
③ 32
④ 128

04

$$(24 + 48 \div 8) - 7$$

① 1
② 23
③ 36
④ 64

05

$$3.4+2.76-4.197$$

① 1.953 ② 1.963
③ 1.973 ④ 1.983

06

$$17\times38+10.9$$

① 537.9 ② 583.9
③ 609.9 ④ 656.9

정답 및 해설 01. ④ 02. ③ 03. ③ 04. ② 05. ② 06. ④

01 $24\times32\div8=768\div8=96$

02 $513+18-3.87=531-3.87=527.13$

03 $32+(5\times4-20)=32+(20-20)=32$

04 $(24+48\div8)-7=(24+6)-7=23$

05 $3.4+2.76-4.197=6.16-4.197=1.963$

06 $17\times38+10.9=646+10.9=656.9$

07

$$85.43 - 32.68 - 11.427$$

① 41.323 ② 42.723
③ 43.123 ④ 44.523

08

$$17.42 - 9.58 \div 2$$

① 3.92 ② 4.82
③ 12.63 ④ 14.63

09

$$31.2 \times 2.58 \div 4$$

① 18.594 ② 20.124
③ 22.264 ④ 24.374

10

$$13.7 \times 2.42 - 1 \div 10$$

① 2.3154 ② 3.3054
③ 23.154 ④ 33.054

11

$$0.3 \times 0.725 - 0.1258$$

① 0.0658　　② 0.0725

③ 0.0847　　④ 0.0917

12

$$8.1 \times 3.6 \div 1.5$$

① 19.44　　② 20.54

③ 21.44　　④ 22.54

13

$$11 \div 143$$

① $\frac{1}{12}$　　② $\frac{1}{13}$

③ $\frac{1}{14}$　　④ $\frac{1}{15}$

정답 및 해설　07. ①　08. ③　09. ②　10. ④　11. ④　12. ①　13. ②

07 $85.43 - 32.68 - 11.427 = 52.75 - 11.427 = 41.323$

08 $17.42 - 9.58 \div 2 = 17.42 - 4.79 = 12.63$

09 $31.2 \times 2.58 \div 4 = 80.496 \div 4 = 20.124$

10 $13.7 \times 2.42 - 1 \div 10 = 33.154 - 0.1 = 33.054$

11 $0.3 \times 0.725 - 0.1258 = 0.2175 - 0.1258 = 0.0917$

12 $8.1 \times 3.6 \div 1.5 = 29.16 \div 1.5$
두 수에 100을 곱하여 계산하면 $2{,}916 \div 150 = 19.44$

13 $11 \div 143 = \frac{11}{143} = \frac{1}{13}$

14

$$(325-143)\div 7+787$$

① 613 ② 743
③ 813 ④ 923

15

$$7.5-1.4\times 2.3$$

① 3.28 ② 3.78
③ 4.28 ④ 4.78

16

$$2^4\times 3^3-235$$

① 186 ② 193
③ 197 ④ 217

17

$$3^2\times 4^4-1,500$$

① 794 ② 804
③ 814 ④ 824

18

$$2\frac{2}{5}+\frac{3}{4}$$

① $2\frac{7}{20}$　② $3\frac{3}{20}$

③ $3\frac{3}{10}$　④ $4\frac{7}{10}$

19

$$\frac{5}{8}+\frac{1}{4}-\frac{4}{5}$$

① $\frac{1}{40}$　② $\frac{3}{40}$

③ $\frac{13}{40}$　④ $\frac{17}{40}$

정답 및 해설 

14. ③　15. ③　16. ③　17. ②　18. ②　19. ②

14 $(325-143)\div 7+787=182\div 7+787=26+787=813$

15 $7.5-1.4\times 2.3=7.5-3.22=4.28$

16 $2^4\times 3^3-235=(16\times 27)-235=432-235=197$

17 $3^2\times 4^4-1{,}500=(9\times 256)-1{,}500=2{,}304-1{,}500=804$

18 $2\frac{2}{5}+\frac{3}{4}=\frac{12}{5}+\frac{3}{4}=\frac{48}{20}+\frac{15}{20}=\frac{63}{20}=3\frac{3}{20}$

19 $\frac{5}{8}+\frac{1}{4}-\frac{4}{5}=\frac{25}{40}+\frac{10}{40}-\frac{32}{40}=\frac{25+10-32}{40}=\frac{3}{40}$

20

$$\frac{4}{15}\times\frac{3}{8}+\frac{4}{5}$$

① $\frac{7}{10}$ ② $\frac{17}{20}$

③ $\frac{9}{10}$ ④ $\frac{19}{20}$

21

$$1\frac{2}{5}+2\frac{1}{3}\times1\frac{1}{2}$$

① $3\frac{4}{5}$ ② $3\frac{5}{6}$

③ $4\frac{7}{10}$ ④ $4\frac{9}{10}$

22

$$2\frac{1}{4}\div3\frac{3}{5}+\frac{1}{4}$$

① $\frac{7}{20}$ ② $\frac{3}{8}$

③ $\frac{11}{20}$ ④ $\frac{7}{8}$

23

$$\frac{5}{28}\div\frac{10}{21}-\frac{3}{16}\times\frac{8}{15}$$

① $\frac{3}{40}$ ② $\frac{9}{40}$

③ $\frac{11}{40}$ ④ $\frac{21}{40}$

24

$$\sqrt{256} \times 3\sqrt{3} - 7\sqrt{3}$$

① $35\sqrt{3}$　② $37\sqrt{6}$
③ $39\sqrt{6}$　④ $41\sqrt{3}$

25

$$3(\sqrt{3} + \sqrt{5}) + 2(\sqrt{3} - 2\sqrt{5})$$

① $3\sqrt{3} - 2\sqrt{5}$　② $5\sqrt{3} - \sqrt{5}$
③ $6\sqrt{3} - 7\sqrt{5}$　④ $6\sqrt{3} - 12\sqrt{5}$

정답 및 해설 　20. ③　21. ④　22. ④　23. ③　24. ④　25. ②

20 $\frac{4}{15} \times \frac{3}{8} + \frac{4}{5} = \frac{1}{10} + \frac{8}{10} = \frac{9}{10}$

21 $1\frac{2}{5} + 2\frac{1}{3} \times 1\frac{1}{2} = \frac{7}{5} + \frac{7}{3} \times \frac{3}{2} = \frac{7}{5} + \frac{7}{2} = \frac{14}{10} + \frac{35}{10} = \frac{49}{10} = 4\frac{9}{10}$

22 $2\frac{1}{4} \div 3\frac{3}{5} + \frac{1}{4} = \frac{9}{4} \div \frac{18}{5} + \frac{1}{4} = \frac{9}{4} \times \frac{5}{18} + \frac{1}{4} = \frac{5}{8} + \frac{1}{4} = \frac{5}{8} + \frac{2}{8} = \frac{7}{8}$

23 $\frac{5}{28} \div \frac{10}{21} - \frac{3}{16} \times \frac{8}{15} = \frac{5}{28} \times \frac{21}{10} - \frac{3}{16} \times \frac{8}{15} = \frac{3}{8} - \frac{1}{10} = \frac{15}{40} - \frac{4}{40} = \frac{11}{40}$

24 $\sqrt{256} \times 3\sqrt{3} - 7\sqrt{3} = 16 \times 3\sqrt{3} - 7\sqrt{3} = 48\sqrt{3} - 7\sqrt{3} = 41\sqrt{3}$

25 $3(\sqrt{3} + \sqrt{5}) + 2(\sqrt{3} - 2\sqrt{5}) = 3\sqrt{3} + 3\sqrt{5} + 2\sqrt{3} - 4\sqrt{5} = (3+2)\sqrt{3} + (3-4)\sqrt{5}$
$= 5\sqrt{3} - \sqrt{5}$

26 다음 〈보기〉의 연산이 성립하지 않는 것은?

보기

A ◎ B = A (2B + 3)

① 4◎1 = 20
② 2◎7 = 32
③ 5◎2 = 35
④ 3◎4 = 33

※ 기호의 연산이 다음 〈보기〉와 같을 때 주어진 문제의 값을 구하시오. [27~29]

보기

A ◇ B = AB − A + B, A ◆ B = 3B − 2A

27

5 ◆ 11

① 21
② 23
③ 25
④ 27

28

15 ◇ 25

① 195
② 225
③ 385
④ 415

29

(4 ◇ 5) ◆ 27

① 35
② 37
③ 39
④ 43

※ 기호의 연산이 다음 〈보기〉와 같을 때 주어진 문제의 값을 구하시오. [30~32]

보기

$A ■ B = B(A+B)$
$A ◉ B = 9(2A-B)$

30

39 ■ 12

① 582 ② 612
③ 614 ④ 653

31

3 ◉ (2 ■ 6)

① −392 ② −378
③ 378 ④ 392

32

(8 ■ 2) ◉ (3 ■ 1)

① 324 ② 328
③ 332 ④ 336

정답 및 해설 26. ② 27. ② 28. ③ 29. ③ 30. ② 31. ② 32. ①

26 ② 2◎7 = 2(2×7+3) = 34 ≠ 32
① 4◎1 = 4(2×1+3) = 20
③ 5◎2 = 5(2×2+3) = 35
④ 3◎4 = 3(2×4+3) = 33

27 5◆11 = 3×11 − 2×5 = 23

28 15◇25 = 15×25 − 15 + 25 = 385

29 (4◇5)◆27 = (4×5−4+5)◆27 = 21◆27 = 3×27 − 2×21 = 39

30 39■12 = 12×(39+12) = 612

31 3◉(2■6) = 3◉{6×(2+6)} = 3◉48 = 9×(2×3−48) = −378

32 (8■2)◉(3■1) = {2×(8+2)}◉{1×(3+1)} = 20◉4 = 9×(2×20−4) = 324

02 》할·푼·리

1 출제영역

할·푼·리는 보수라고도 하며, 소수를 나타낼 때 쓰는 다른 방법이다. 할·푼·리를 다양한 방법으로 표현할 줄 알고, 문제를 해결하는지를 측정하기 위한 영역이다.

2 출제경향

"ㅇㅇ의 ×할 ×푼은 얼마인가"의 문제가 위주이나, 백분율이나 부분적으로 상황에 적용돼 "합격률은 얼마인가? 확률은 얼마인가?"로 문제가 출제될 수 있다.

◆ 출제문제 유형 ◆

- ㅇㅇ의 ×푼 ×리를 구하는 문제
- ㅇㅇ의 ×%를 구하는 문제
- 제시된 상황에서 확률을 구하는 문제

3 학습방법

- 비율을 소수로 나타낼 때 할은 소수 첫째 자리를, 푼은 소수 둘째 자리를, 리는 소수 셋째 자리를 말한다.
- 할·푼·리는 수가 아니므로, 사칙계산을 할 수 없기 때문에 소수로 변환해서 빠르게 문제를 해결할 수 있도록 할·푼·리에 대한 개념을 알아야 한다.
- 할·푼·리에 대한 개념을 알고 반복적으로 문제를 풀어봄으로써 유형을 익히면 쉽게 해결할 수 있다.
- 단순히 할·푼·리로만 문제가 출제되지 않을 수 있으므로 백분율이나 확률계산법 등을 적용하는 훈련도 해두면 좋다.

대표 유형문제

01 750의 1푼 5리는 얼마인가?

① 1.125
② 11.25
③ 112.5
④ 1125

02 400의 5%는 얼마인가?

① 0.02
② 0.2
③ 2
④ 20

03 14L의 1할 5푼은 얼마인가?

① 2.1mL
② 21mL
③ 210mL
④ 2,100mL

04 A는 12개의 기업에 지원서를 넣었고 총 3개 기업의 서류 전형에 합격했다. A의 합격률은 얼마인가?

① 2할 2푼
② 2할 3푼
③ 2할 4푼
④ 2할 5푼

01 $750 \times 0.015 = 11.25$

02 $400 \times 0.05 = 20$

03 1L는 1,000mL이므로 $14 \times 0.15 \times 1{,}000 = 2{,}100$mL

04 12개의 기업 중 3개 기업의 서류 전형에 합격했으므로 합격률은
$\frac{3}{12} = \frac{1}{4} = \frac{1 \times 25}{4 \times 25} = \frac{25}{100} = 0.25$이다.

답 01. ② 02. ④ 03. ④ 04. ④

출제예상문제

01 12의 5할은 얼마인가?

① 0.5 ② 0.6
③ 6 ④ 24

02 48의 5푼은 얼마인가?

① 0.024 ② 0.24
③ 2.4 ④ 24

03 85의 4리는 얼마인가?

① 0.034 ② 0.34
③ 3.4 ④ 34

04 25의 1할 2리는 얼마인가?

① 0.3 ② 2.55
③ 3 ④ 25.5

05 54의 5푼 6리는 얼마인가?

① 3.024 ② 3.24
③ 30.24 ④ 32.4

06 260의 4할 5푼은 얼마인가?

① 0.117 ② 1.17
③ 11.7 ④ 117

07 280의 2할 5리는 얼마인가?

① 5.74 ② 7
③ 57.4 ④ 70

정답 및 해설 01. ③ 02. ③ 03. ② 04. ② 05. ① 06. ④ 07. ③

01 $12 \times 0.5 = 6$
02 $48 \times 0.05 = 2.4$
03 $85 \times 0.004 = 0.34$
04 $25 \times 0.102 = 2.55$
05 $54 \times 0.056 = 3.024$
06 $260 \times 0.45 = 117$
07 $280 \times 0.205 = 57.4$

08 405의 3할 6리는 얼마인가?

① 12.047 ② 12.393
③ 120.47 ④ 123.93

09 425의 5푼 2리는 얼마인가?

① 0.221 ② 2.21
③ 22.1 ④ 221

10 1,300의 2할 4푼은 얼마인가?

① 282 ② 292
③ 302 ④ 312

11 50의 1할 8푼 3리는 얼마인가?

① 5.415 ② 9.15
③ 54.15 ④ 91.5

12 300의 2할 7푼 5리는 얼마인가?

① 0.825 ② 8.25
③ 82.5 ④ 825

13 200의 5%는 얼마인가?

① 0.05 ② 0.1
③ 1 ④ 10

14 5L의 8푼은 얼마인가?

① 4mL ② 40mL
③ 400mL ④ 4,000mL

15 24L의 2할 5푼은 얼마인가?

① 0.6mL ② 60mL
③ 600mL ④ 6,000mL

정답 및 해설 08. ④ 09. ③ 10. ④ 11. ② 12. ③ 13. ④ 14. ③ 15. ④

08 $405 \times 0.306 = 123.93$
09 $425 \times 0.052 = 22.1$
10 $1{,}300 \times 0.24 = 312$
11 $50 \times 0.183 = 9.15$
12 $300 \times 0.275 = 82.5$
13 $200 \times 0.05 = 10$
14 1L는 1,000mL이므로 $5 \times 0.08 \times 1{,}000 = 400$mL
15 1L는 1,000mL이므로 $24 \times 0.25 \times 1{,}000 = 6{,}000$mL

16 6톤의 4푼 7리는 얼마인가?

① 2.82kg ② 28.2kg
③ 282kg ④ 2,820kg

17 12,000원짜리 신발의 값이 올라 17,400원이 되었다. 인상률을 할푼리로 나타내면 얼마인가?

① 4할 3푼 ② 4할 5푼
③ 4할 7푼 ④ 4할 9푼

18 어느 야구선수는 250타수 중에서 안타가 81개이다. 이 야구선수의 타율을 할푼리로 나타내면 얼마인가?

① 3할 1푼 2리 ② 3할 2푼 4리
③ 3할 3푼 2리 ④ 3할 4푼 4리

19 1,000,000원을 은행에 2개월간 예금하였더니 이자가 20,000원이 되었다. 이 은행의 2개월간의 이율을 할푼리로 나타내면 얼마인가?

① 1푼 2리 ② 2푼
③ 2푼 2리 ④ 3푼

20 A는 48개의 기업에 지원서를 넣었고 총 6개 기업의 서류 전형에 합격했다. A의 합격률은 얼마인가?

① 1할 2푼 2리 ② 1할 2푼 5리
③ 1할 3푼 5리 ④ 1할 4푼 2리

정답 및 해설 16. ③ 17. ② 18. ② 19. ② 20. ②

16 1톤은 1,000kg이므로 $6 \times 0.047 \times 1,000 = 282\text{kg}$

17 $17,400 - 12,000 = 5,400$
$5,400 \div 12,000 = 0.45$
따라서 4할 5푼이다.

18 $\dfrac{81\text{개}}{250\text{타수}} = \dfrac{81 \times 4}{250 \times 4} = \dfrac{324}{1,000} = 0.324 = 3\text{할 } 2\text{푼 } 4\text{리}$

19 $\dfrac{20,000}{1,000,000} = 0.02$가 된다.
따라서 2개월간의 이율은 2푼이다.

20 48개의 기업 중 6개 기업의 서류 전형에 합격했으므로 합격률은 $\dfrac{6}{48} = \dfrac{1}{8} = \dfrac{1 \times 125}{8 \times 125} = \dfrac{125}{1,000} = 0.125$이다.

03 》 크기 비교

1 출제영역

분수, 음수, 소수, 등 다양한 형태의 수의 크기를 비교하여 문제를 해결하는지를 측정하기 위한 영역이다.

2 출제경향

분수, 음수 등의 크기를 비교하거나, 두 소수 사이에 들어갈 수를 고르는 문제다. 갈수록 출제비중이 줄어들기는 하지만, 계열사별로 출제되고 있는 곳이 있어 꼭 익혀야 하는 영역이다.

◆ 출제문제 유형 ◆

- 두 분수의 크기를 비교하는 문제
- 두 소수의 사이에 들어갈 수를 고르는 문제

3 학습방법

- 분모가 다른 두 분수의 크기를 비교하는 문제를 해결할 때는 통분하여 분모를 갖게 해서 비교해야 한다.
- 주어진 문제가 소수이고, 보기가 분수인 경우에는 문제의 소수를 분수로 고쳐 답을 구해야 한다.
- 주어진 문제가 분수이고, 보기가 소수인 경우에는 문제의 분수를 소수로 고쳐 답을 구해야 한다.

대표 유형문제

01 다음 분수의 크기를 비교하면?

• $\frac{4}{5}$ • $\frac{5}{6}$

① $\frac{4}{5} > \frac{5}{6}$ ② $\frac{4}{5} < \frac{5}{6}$

③ $\frac{4}{5} = \frac{5}{6}$ ④ 알 수 없다.

※ 빈칸 안에 들어갈 알맞은 수를 고르시오. [2~3]

02

$0.3 < \square < 0.4$

① $\frac{9}{25}$ ② $\frac{2}{5}$

③ $\frac{3}{5}$ ④ $\frac{3}{4}$

03

$\frac{99}{7} < \square < \frac{99}{5}$

① $\frac{61}{5}$ ② $\frac{40}{3}$

③ $\frac{109}{6}$ ④ $\frac{165}{8}$

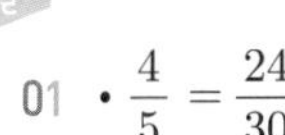

해설

01 • $\frac{4}{5} = \frac{24}{30}$ • $\frac{5}{6} = \frac{25}{30}$

$\therefore \frac{4}{5} < \frac{5}{6}$

02 $\frac{30}{100} <$ ① $\frac{9}{25} = \frac{36}{100} < \frac{40}{100}$

② $\frac{2}{5} = \frac{40}{100}$ ③ $\frac{3}{5} = \frac{60}{100}$ ④ $\frac{3}{4} = \frac{75}{100}$

03 $\frac{99}{7} ≒ 14.143$, $\frac{99}{5} = 19.8$이므로

③ $\frac{109}{6} ≒ 18.17$, ① $\frac{61}{5} = 12.2$, ② $\frac{40}{3} ≒ 13.33$, ④ $\frac{165}{8} = 20.625$이다.

답 01. ② 02. ① 03. ③

꼭 알아둬야 할

크기 비교

수(식)의 크기 비교

① $\begin{cases} a - b > 0 & \Leftrightarrow & a > b \\ a - b = 0 & \Leftrightarrow & a = b \\ a - b < 0 & \Leftrightarrow & a < b \end{cases}$

② $\begin{cases} \dfrac{a}{b} > 1 & \Leftrightarrow & a > b \\ \dfrac{a}{b} = 1 & \Leftrightarrow & a = b \\ \dfrac{a}{b} < 1 & \Leftrightarrow & a < b \end{cases}$

출제예상문제

※ 다음 분수의 크기를 비교하시오. [1~7]

01

• $\frac{4}{7}$　　• $\frac{3}{4}$

① $\frac{4}{7} > \frac{3}{4}$　　② $\frac{4}{7} < \frac{3}{4}$

③ $\frac{4}{7} = \frac{3}{4}$　　④ 알 수 없다.

02

• $\frac{5}{24}$　　• $\frac{7}{30}$

① $\frac{5}{24} > \frac{7}{30}$　　② $\frac{5}{24} < \frac{7}{30}$

③ $\frac{5}{24} = \frac{7}{30}$　　④ 알 수 없다.

정답 및 해설

01. ②　02. ②

01 • $\frac{4}{7} = \frac{16}{28}$　　• $\frac{3}{4} = \frac{21}{28}$

$\therefore \frac{4}{7} < \frac{3}{4}$

02 • $\frac{5}{24} = \frac{25}{120}$　　• $\frac{7}{30} = \frac{28}{120}$

$\therefore \frac{5}{24} < \frac{7}{30}$

03

- $\frac{17}{12}$ • $\frac{16}{13}$

① $\frac{17}{12} > \frac{16}{13}$ ② $\frac{17}{12} < \frac{16}{13}$

③ $\frac{17}{12} = \frac{16}{13}$ ④ 알 수 없다.

04

- $-\frac{11}{12}$ • $-\frac{7}{8}$

① $-\frac{11}{12} > -\frac{7}{8}$ ② $-\frac{11}{12} < -\frac{7}{8}$

③ $-\frac{11}{12} = -\frac{7}{8}$ ④ 알 수 없다.

05

- $3\frac{1}{2}$ • $1\frac{4}{5}$

① $3\frac{1}{2} > 1\frac{4}{5}$ ② $3\frac{1}{2} < 1\frac{4}{5}$

③ $3\frac{1}{2} = 1\frac{4}{5}$ ④ 알 수 없다.

06

- $2\frac{1}{2}$　　• $\frac{11}{3}$

① $2\frac{1}{2} > \frac{11}{3}$

② $2\frac{1}{2} < \frac{11}{3}$

③ $2\frac{1}{2} = \frac{11}{3}$

④ 알 수 없다.

정답 및 해설　03. ①　04. ②　05. ①　06. ②

03 • $\frac{17}{12} = \frac{221}{156}$　　• $\frac{16}{13} = \frac{192}{156}$

$\therefore \frac{17}{12} > \frac{16}{13}$

04 음수는 절댓값(실수에서 양 또는 음의 부호를 떼어 버린 수)이 작은 수가 큰 수이다.

• $-\frac{11}{12} = -\frac{22}{24}$　　• $-\frac{7}{8} = -\frac{21}{24}$

$\therefore -\frac{11}{12} < -\frac{7}{8}$

05 대분수는 자연수가 큰 수가 크다.

• $3\frac{1}{2} = \frac{7}{2} = \frac{35}{10}$　　• $1\frac{4}{5} = \frac{9}{5} = \frac{18}{10}$

$\therefore 3\frac{1}{2} > 1\frac{4}{5}$

06 • $2\frac{1}{2} = \frac{5}{2} = \frac{15}{6}$　　• $\frac{11}{3} = \frac{22}{6}$

$\therefore 2\frac{1}{2} < \frac{11}{3}$

07

- $\frac{176}{121}$　　• $1\frac{5}{11}$

① $\frac{176}{121} > 1\frac{5}{11}$　　② $\frac{176}{121} < 1\frac{5}{11}$

③ $\frac{176}{121} = 1\frac{5}{11}$　　④ 알 수 없다.

※ 빈칸 안에 들어갈 알맞은 수를 고르시오. [8~10]

08

$$\frac{3}{4} < \square < \frac{7}{8}$$

① 0.729　　② 0.785

③ 0.879　　④ 0.885

09

$$0.2 < \square < 0.3$$

① $\frac{1}{5}$　　② $\frac{1}{4}$

③ $\frac{8}{25}$　　④ $\frac{3}{5}$

10

$$0.27 < \square < 0.32$$

① $\dfrac{11}{50}$　　② $\dfrac{1}{4}$

③ $\dfrac{3}{10}$　　④ $\dfrac{8}{25}$

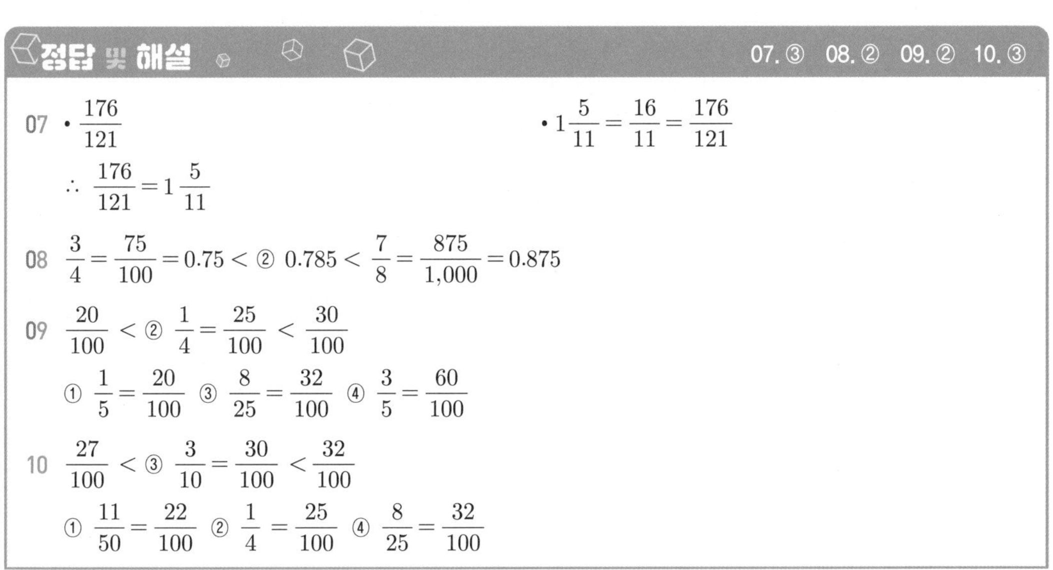

정답 및 해설　07. ③　08. ②　09. ②　10. ③

07 • $\dfrac{176}{121}$　　• $1\dfrac{5}{11}=\dfrac{16}{11}=\dfrac{176}{121}$

$\therefore\ \dfrac{176}{121}=1\dfrac{5}{11}$

08 $\dfrac{3}{4}=\dfrac{75}{100}=0.75<$ ② $0.785<\dfrac{7}{8}=\dfrac{875}{1,000}=0.875$

09 $\dfrac{20}{100}<$ ② $\dfrac{1}{4}=\dfrac{25}{100}<\dfrac{30}{100}$

① $\dfrac{1}{5}=\dfrac{20}{100}$ ③ $\dfrac{8}{25}=\dfrac{32}{100}$ ④ $\dfrac{3}{5}=\dfrac{60}{100}$

10 $\dfrac{27}{100}<$ ③ $\dfrac{3}{10}=\dfrac{30}{100}<\dfrac{32}{100}$

① $\dfrac{11}{50}=\dfrac{22}{100}$ ② $\dfrac{1}{4}=\dfrac{25}{100}$ ④ $\dfrac{8}{25}=\dfrac{32}{100}$

GSAT 5급 고졸채용

04 》 응용계산

1 출제영역

수리능력검사의 응용계산 문제는 중학교 1, 2학년 수준의 일차방정식의 문제가 주를 이룬다. 응용계산 문제를 잘 풀면 적성검사에서 승산이 있다고 할 정도로, 반드시 잘 해결해야 되는 영역이다.

2 출제경향

응용계산은 계산력과 스피드를 동시에 요하는 영역으로, 기본적인 계산능력과 수학 공식 및 원리를 활용한 거리, 속력, 시간, 농도, 일, 나이 등의 일차방정식과 연립방정식, 부등식, 확률 및 경우의 수를 묻는 문제가 출제된다.

◆ 출제문제 유형 ◆

- 거리, 시간, 속력에 관련된 문제
- 농도와 일, 간격에 관련된 문제
- 이윤율, 할인율에 관련된 문제
- 경우의 수, 확률에 관련된 문제

3 학습방법

- 방정식, 부등식 관련 공식을 이해하여야 문제를 해결할 수 있고, 응용된 문제까지 대처할 수 있도록 반드시 공식을 숙지하도록 한다.
- 빠르고 정확한 계산이 필요하므로, 출제 예상되는 다양한 문제를 풀어보는 것을 권장한다.
- 문제를 풀어보고, 오답 체크노트까지 준비하면서 정답률이 최대한 높아질 때까지 지속적으로 연습을 해야 한다.

01 집에서 회사까지 시속 8km의 속력으로 가는 것과 시속 6km의 속력으로 가는 것은 20분의 차이가 난다. 집에서 회사까지의 거리는 얼마인가?

① 6km ② 8km
③ 10km ④ 12km

02 10%의 소금물 280g이 있다. 여기에 몇 g의 물을 더 넣어야 4%의 소금물을 만들 수 있는가?

① 380g ② 400g
③ 420g ④ 440g

03 1~4가 적힌 카드 중 2장을 뽑아 두 자리 자연수를 만들 때, 십의 자릿수와 일의 자릿수의 합이 홀수일 확률은?

① $\frac{1}{3}$ ② $\frac{4}{9}$
③ $\frac{5}{9}$ ④ $\frac{2}{3}$

01 집에서 회사까지의 거리를 $x$km라고 하면 20분은 $\frac{20}{60}=\frac{1}{3}$(시간)이므로

$\frac{x}{6}-\frac{x}{8}=\frac{1}{3}$ ⇒ $x=8$(km)

02 더 넣은 물의 양을 x라 하면 $280\times\frac{10}{100}=(280+x)\times\frac{4}{100}$ ⇒ $x=420$g

03 1~4가 적힌 카드 중 2장을 뽑아 두 자리 자연수를 만드는 경우의 수는 $4\times3=12$이고,
십의 자릿수를 a, 일의 자릿수를 b라 할 때, $a+b$의 값이 홀수가 되는 순서쌍 (a, b)는
$(1, 2)$, $(1, 4)$, $(2, 1)$, $(2, 3)$, $(3, 2)$, $(3, 4)$, $(4, 1)$, $(4, 3)$으로 8가지이다.
따라서 확률은 $\frac{8}{12}=\frac{2}{3}$이다.

답 01. ② 02. ③ 03. ④

꼭 알아둬야 할

응용계산

(1) 거리, 속력, 시간

① 거리, 속력, 시간의 기초

㉠ 기초 정리

• 거리=속력×시간, • 속력=$\frac{거리}{시간}$, • 시간=$\frac{거리}{속력}$

㉡ 같은 직선상의 서로 다른 속력

갑의 속도는 X이고, 을의 속도가 Y인 경우

• 갑과 을이 반대 방향으로 움직일 때 두 사람이 느끼는 실제 속력 $=X+Y$

• 갑과 을이 동일한 방향으로 움직일 때 두 사람이 느끼는 실제 속력 $=|X-Y|$

㉢ 단위를 통일한다.

속력(km/h)를 m/sec로 바꾸는 경우

$$X\text{ km/h}=\frac{X\times1,000}{60\times60}=\frac{5X}{18}(\text{m/sec})$$

② 움직이는 기차의 길이와 속력, 시간

㉠ Am인 기차가 시속 Xkm/h로 한 지점을 통과할 때 기차가 움직인 거리는 기차의 길이(A)와 같다.

• 속력(km/h)을 m/sec로 바꾼다.

$$X\text{km/h}=\frac{X\times1,000}{60\times60}=\frac{5X}{18}(\text{m/sec})$$

• 시간 $=\frac{거리}{속력}=\frac{A}{\frac{X\times1,000}{60\times60}}=\frac{3,600A}{1,000X}=\frac{18A}{5X}(\text{sec})$

㉡ Am인 기차가 시속 Xkm/h로 Bm인 터널을 통과할 때 기차가 움직인 거리는 기차의 길이와 터널의 길이의 합(A+B)과 같다.

• 시간 $=\frac{거리}{속력}=\frac{A}{\frac{X\times1,000}{60\times60}}=\frac{18(A+B)}{5X}(\text{sec})$

③ 다른 속도로 움직이는 경우의 거리, 속력, 시간

㉠ 다른 거리($A\neq B$)를 움직이는 경우

• Akm를 시속 Xkm/h로 움직인 경우 : 시간 $=\frac{거리}{속력}=\frac{A}{X}$

Bkm를 시속 Ykm/h로 움직인 경우 : 시간 $= \frac{거리}{속력} = \frac{B}{Y}$

- 총거리 $(A+B)$km을 움직인 경우 경과된 시간

  시간 $= \frac{A}{X} + \frac{B}{Y} = \frac{AY+BX}{XY}$

- 총거리 $(A+B)$Km을 움직인 경우 속도

  속력 $= \frac{거리}{시간} = \frac{A+B}{\frac{A}{X}+\frac{B}{Y}} = \frac{A+B}{\frac{AY+BX}{XY}} = \frac{(A+B)XY}{AY+BX}$

㉡ 같은 거리(A=B)를 움직이는 경우[왕복하는 경우]

- Akm를 시속 Xkm/h로 움직인 경우 : 시간 $= \frac{거리}{속력} = \frac{A}{X}$

  AKm를 시속 Ykm/h로 움직인 경우 : 시간 $= \frac{거리}{속력} = \frac{A}{Y}$

- 총거리 $2A$km을 움직인 경우 경과된 시간

  시간 $= \frac{A}{X} + \frac{A}{Y} = \frac{A(Y+X)}{XY}$

- 총거리 $2A$km을 움직인 경우 평균속력

  속력 $= \frac{거리}{시간} \Rightarrow \frac{2A}{\frac{A}{X}+\frac{A}{Y}} = \frac{2A}{\frac{A(Y+X)}{XY}} = \frac{2XY}{X+Y}$

④ 흐르는 강물을 왕복하는 경우의 거리, 속력, 시간

㉠ 거리가 Akm, 배의 속력은 시속 Xkm/h이고, 물이 흐르는 속력(유속)이 시속 Ykm/h인 경우

- 거슬러 올라갈 때 속력 : $X-Y$, 흐름대로 내려갈 때 속력 : $X+Y$
- 거슬러 올라갈 때 걸리는 시간 ⇒ 시간 $= \frac{거리}{속력} = \frac{A}{X-Y}$
- 흐름대로 내려갈 때 걸리는 시간 ⇒ 시간 $= \frac{거리}{속력} = \frac{A}{X+Y}$
- 왕복하는 데 걸린 시간 : $\frac{A}{X-Y} + \frac{A}{X+Y} = \frac{2AX}{X^2-Y^2}$
- 왕복하는 배의 평균속력 : 속력 $= \frac{거리}{시간} = \frac{2A}{\frac{2AX}{X^2-Y^2}} = \frac{X^2-Y^2}{X}$

(2) 농도(식염수)

① 농도문제의 기초 정리

㉠ 기초 정리

- 소금물$(x+y)$=소금(x)+물(y)
- 농도 $=\dfrac{\text{소금}(x)}{\text{소금물}(x+y)}\times 100(\%)$
- 소금(x)=소금물$(x+y)\times\dfrac{\text{농도}}{100}$

㉡ 물과 소금을 가감하는 경우의 농도

- 물이 a만큼 추가되는 경우 ⇒ 농도 $=\dfrac{\text{소금}(x)}{\text{소금물}(x+y+a)}\times 100(\%)$
- 물이 a만큼 증발되는 경우 ⇒ 농도 $=\dfrac{\text{소금}(x)}{\text{소금물}(x+y-a)}\times 100(\%)$
- 소금이 b만큼 추가되는 경우 ⇒ 농도 $=\dfrac{\text{소금}(x)}{\text{소금물}(x+y+b)}\times 100(\%)$

② 농도가 다른 두 식염수를 혼합하는 경우

㉠ 농도 A%인 식염수 Xg과 B%인 식염수 Yg을 섞는 경우

- 농도 A%인 식염수의 소금의 양(a) = 소금물$(X)\times\dfrac{A}{100}=\dfrac{AX}{100}$(g)
- 농도 B%인 식염수의 소금의 양(b) = 소금물$(Y)\times\dfrac{B}{100}=\dfrac{BY}{100}$(g)
- 혼합물 전체의 소금의 양$(a+b)=\dfrac{AX}{100}+\dfrac{BY}{100}=\dfrac{AX+BY}{100}$(g)

(3) 일과 시간문제

① 하루(1시간) 동안 일한 양이 주어진 경우

㉠ A가 한 시간 동안 한 일의 양을 a, B가 한 시간 동안 한 일의 양을 b라 하면

- A와 B가 하루(한 시간) 동안 함께 한 일의 양은 $a+b$이다.
- 전체 일의 양이 Q이면 A와 B가 함께 할 때 걸리는 시간(날짜) ⇒ $\dfrac{Q}{a+b}$시간(일)

② 전체 일을 마치는 시간(날짜 수)이 주어진 경우
전체 일의 양을 1로 놓으면

㉠ A가 X일(시간) 동안 전체 일을 마치었다면 하루(1시간) 동안 한 일의 양은 : $\frac{1}{X}$

㉡ B가 Y일(시간) 동안 전체 일을 마치었다면 하루(1시간) 동안 한 일의 양은 : $\frac{1}{Y}$

㉢ A와 B가 함께 일을 할 때 하루(1시간) 동안 한 일의 양은 : $\frac{1}{X}+\frac{1}{Y}=\frac{X+Y}{XY}$

㉣ A와 B가 함께 일을 할 때 전체 일(=1)을 마치는 일 수(시간)

$$\frac{1}{\frac{X+Y}{XY}}=\frac{XY}{X+Y}\text{일(시간)}$$

(4) 원가, 이윤율, 할인율, 정가에 대한 문제

원가가 X인 재화에

① $x\%$의 이윤율을 적용하면 정가 $A=X\left(1+\frac{x}{100}\right)$

② $y\%$의 할인율을 적용하면 정가 $A=X\left(1-\frac{y}{100}\right)$

(5) 일정한 간격으로 나무를 심는 문제

AXm의 길이에 Am 간격으로 나무를 심는 경우
① 일직 선상인 경우 : $(X+1)$그루
② 원주의 경우 : X그루 ⇨ 길 양쪽에 심는 경우에는 2배하는 것을 잊지 말아야 한다.

(6) 시침과 분침의 각도 문제

① 시침과 분침이 회전하는 각도
㉠ 시침이 1시간 동안 회전한 각도 : 30°, 1분 동안 회전한 각도 : 0.5°
㉡ 분침이 1시간 동안 회전한 각도 : 360°, 1분 동안 회전한 각도 : 6°
② A시 B분인 경우 시침과 분침의 각도(12시를 기준)
㉠ A시 B분인 경우 시침의 각도 : $30A+0.5B$
㉡ A시 B분인 경우 분침의 각도 : $6B$
㉢ 분침과 시침의 사잇각 : $|30A+0.5B-6B|$
③ 시침과 분침이 겹쳐질 조건 : $30A+0.5B=6B$
④ 시침과 분침이 일직선일 조건 : $|30A+0.5B-6B|=180°$

(7) 경우의 수, 확률

① 경우의 수

사건 A가 일어날 경우의 수가 m가지, 사건 B가 일어날 경우의 수가 n가지일 때,

㉠ 사건 A 또는 B가 일어날 경우의 수 : $m+n$

㉡ 사건 A와 B가 동시에 일어날 경우의 수 : $m \times n$

㉢ 사건 A와 B가 동시에 일어날 경우의 수 : 사건 A가 일어날 경우의 수가 m가지, 사건 B가 일어날 경우의 수가 n가지라면 사건 A, B가 동시에 일어날 경우의 수는 $m \times n$이다.

② 순 열

서로 다른 n개에서 r개를 택하여 순서를 생각하여 일렬로 배열하는 경우의 수

㉠ 순열의 수 : ${}_n\mathrm{P}_r = \underbrace{n(n-1)(n-2)\cdots(n-r+1)}_{r\text{개}} = \dfrac{n!}{(n-r)!}$ $(0 \le r \le n)$

㉡ 순열의 성질

- ${}_n\mathrm{P}_n = n!$
- ${}_n\mathrm{P}_0 = 1$
- $0! = 1$

㉢ 원순열 : 서로 다른 n개를 원형으로 배열하는 방법의 수 $(n-1)!$

③ 조 합

서로 다른 n개에서 순서를 생각하지 않고 r개를 택하는 경우의 수

㉠ 조합의 수 : ${}_n\mathrm{C}_r = \dfrac{{}_n\mathrm{P}_r}{r!} = \dfrac{n!}{r!(n-r)!}$ $(0 \le r \le n)$

㉡ 조합의 성질

- ${}_n\mathrm{C}_0 = {}_n\mathrm{C}_n = 1$
- ${}_n\mathrm{C}_r = {}_n\mathrm{C}_{n-r}$
- ${}_n\mathrm{C}_r = {}_{n-1}\mathrm{C}_r + {}_{n-1}\mathrm{C}_{r-1}$

④ 확 률

㉠ 사건 A가 일어날 확률 $= \dfrac{\text{사건 } A\text{가 일어날 경우의 수}}{\text{모든 경우의 수}}$

㉡ 확률의 덧셈정리 : 표본공간 S의 임의의 두 사건 A, B에 대하여 사건 A 또는 사건 B가 일어나는 사건은 $A \cup B$, 사건 A와 사건 B가 동시에 일어나는 사건은 $A \cap B$로 나타낸다.

- 두 사건 A, B에 대하여 $P(A \cup B) = P(A) + P(B) - P(A \cap B)$
- 두 사건 A, B가 서로 배반사건이면, 즉 $A \cap B = \phi$이면 $P(A \cup B) = P(A) + P(B)$

출제예상문제

01 강을 따라 36km 떨어진 A지점과 B지점을 배로 왕복했더니 거슬러 올라갈 때는 4시간, 내려올 때는 3시간이 걸렸다. 이 배의 평균 속도는 약 몇 km/h인가? (단, 강물의 유속은 생각하지 않는다)

① 7.4km/h ② 8.7km/h
③ 10km/h ④ 10.3km/h

02 일정한 속력 16m/s로 달리는 기차가 540m의 철교를 완전히 통과하는 데 40초가 걸렸다. 이 기차의 길이는 얼마인가?

① 100m ② 120m
③ 140m ④ 160m

03 10% 소금물 360g에 들어 있는 소금의 양은 얼마인가?

① 18g ② 24g
③ 30g ④ 36g

정답 및 해설 01. ④ 02. ① 03. ④

01 평균 속도$=\frac{\text{전체 거리}}{\text{전체 시간}}$이므로 $\frac{36\times2}{4+3}\fallingdotseq10.3(\text{km/h})$이다.

02 기차의 길이를 xm라 하면 기차가 움직인 거리는 $(540+x)$m이다.
거리 = 속력 × 시간이므로 $16\times40=540+x \Rightarrow x=100(\text{m})$

03 소금물의 농도$=\frac{\text{소금의 양}}{\text{소금물의 양}}\times100$이므로 소금의 양$=\frac{\text{소금물의 농도}}{100}\times$소금물의 양이다.
따라서 소금의 양은 $\frac{10}{100}\times360=36(\text{g})$이다.

04 8% 소금물 300g에서 몇 g의 물을 증발시켜야 10%의 소금물을 만들 수 있는가?

① 30g ② 40g
③ 50g ④ 60g

05 5%의 소금물 300g과 2%의 소금물 200g을 섞었을 때 소금물의 농도는?

① 2.6% ② 3.2%
③ 3.8% ④ 4.2%

06 어떤 일을 하는 데 A는 6일, B는 9일이 걸린다. A가 2일 동안 일을 한 후 B가 나머지를 하였다면 B는 며칠 만에 완성할 수 있는가?

① 5일 ② 6일
③ 7일 ④ 8일

07 땅파기 작업을 준수 혼자하면 3일이 걸리고, 민호 혼자하면 6일이 걸린다고 할 때 둘이 함께 한다면 며칠이 걸리겠는가?

① 1일 ② 2일
③ 3일 ④ 4일

08 **600m인 도로 양쪽에 12m마다 가로수를 심을 계획이라면 나무는 총 몇 그루가 필요한가?**
(단, 길의 양끝에도 나무를 심는다)

① 50그루　　② 51그루
③ 100그루　　④ 102그루

정답 및 해설　04. ④ 05. ③ 06. ② 07. ② 08. ④

04 소금의 양은 변동이 없으므로
8% 소금물 300g에 들어 있는 소금의 양은 $300 \times \frac{8}{100} = 24(g)$이다.
증발된 물의 양을 x라 하면 $\frac{24}{300-x} \times 100 = 10 \Rightarrow x = 60(g)$

05 5%의 소금물 300g에 포함된 소금의 양은 $300 \times \frac{5}{100} = 15(g)$
2%의 소금물 200g에 포함된 소금의 양은 $200 \times \frac{2}{100} = 4(g)$
따라서 두 소금물을 혼합하면 소금물의 농도는 $\frac{15+4}{300+200} \times 100 = 3.8(\%)$이다.

06 전체 일의 양을 1이라 하면
1일 동안 A, B가 할 수 있는 일의 양은 각각 $\frac{1}{6}$, $\frac{1}{9}$이므로
B가 일한 날의 수를 x라 하면 $\frac{1}{6} \times 2 + \frac{1}{9} \times x = 1 \Rightarrow x = 6$(일)

07 전체 작업량을 1이라 할 때 준수의 하루 작업량은 $\frac{1}{3}$,
민호의 하루 작업량은 $\frac{1}{6}$이므로 둘이 함께 한 작업량은 $\frac{1}{3} + \frac{1}{6} = \frac{1}{2}$이다.
함께 작업한 날의 수를 x라 하면 $\frac{1}{2} \times x = 1 \Rightarrow x = 2$(일)

08 시작과 끝이 일치하지 않으므로 $\frac{\text{전체길이}}{\text{간격}} + 1$로 계산한다.
따라서 $\left(\frac{600}{12} + 1\right) \times 2 = 102$그루가 필요하다.

09 작년 남자직원과 여자직원의 수는 총 600명이고, 올해 남자직원과 여자직원의 수는 총 620명이다. 이는 작년보다 남자는 15% 늘고, 여자는 10% 감소한 것이다. 올해 남자직원의 수는 몇 명인가?

① 252명 ② 280명
③ 320명 ④ 368명

10 연년생 삼형제의 나이의 총합이 75살일 때 첫째와 막내의 나이의 합은?

① 48살 ② 49살
③ 50살 ④ 52살

11 누나의 나이는 아버지 나이의 $\frac{1}{2}$이며, 동생의 나이는 아버지 나이의 $\frac{1}{3}$이다. 누나와 동생이 9살 차이라고 할 때 아버지의 나이는?

① 50살 ② 52살
③ 54살 ④ 56살

12 현재 철수는 영희보다 4살이 많다. 3년 전에 철수의 나이는 영희의 2배였다. 철수의 현재 나이는?

① 9살 ② 11살
③ 13살 ④ 15살

13 **준수는 수학시험에서 4점짜리 문제와 6점짜리 문제를 합하여 20개를 맞혀 88점을 받았다. 준수가 맞힌 4점짜리 문제는 몇 개인가?**

① 2개
② 8개
③ 12개
④ 16개

14 **민수는 현재 갖고 있는 돈으로 아이스크림을 16개 사면 2,000원이 모자라고, 11개를 사면 1,500원이 남는다. 그러면 민수는 현재 갖고 있는 돈으로 아이스크림을 최대 몇 개를 살 수 있는가?**

① 12개
② 13개
③ 14개
④ 15개

정답 및 해설 09. ④ 10. ③ 11. ③ 12. ② 13. ④ 14. ②

09 작년 남자직원과 여자직원의 수를 각각 x, y라 하면,
$x+y=600$ … ㉠
올해 남자직원의 수는 작년보다 15% 증가하였으므로 $1.15x$,
올해 여자직원 수는 작년보다 10% 감소하였으므로 $0.9y$이다.
그러므로 $1.15x+0.9y=620$ … ㉡
㉠식과 ㉡식을 연립하여 풀면, $x=320$(명), $y=280$(명)
따라서 올해 남자직원 수는 $1.15x=1.15\times320=368$(명)이다.

10 75를 3으로 나누면 25살이다. 그러므로 막내는 24살, 둘째는 25살, 첫째는 26살이다. 따라서 첫째와 막내의 나이의 합은 $24+26=50$(살)이다.

11 아버지의 나이를 x라 하면
누나의 나이는 $\frac{1}{2}x$, 동생의 나이는 $\frac{1}{3}x$이다.
누나와 동생의 나이 차이는 $\frac{1}{2}x-\frac{1}{3}x=9$이므로 $x=54$(살)이다.

12 현재 철수의 나이를 x라 하면, 영희의 현재 나이는 $x-4$이다. 3년 전 철수와 영희의 나이는 각각 $x-3$, $x-7$이므로 주어진 조건에 의해 $x-3=2(x-7) \Rightarrow x=11$
따라서 $x=11$(살)이다.

13 준수가 맞힌 4점짜리 문제의 개수를 x라 하면, 6점짜리 문제의 개수는 $20-x$이다.
주어진 조건에 의해 $4x+6(20-x)=88$이므로 $x=16$(개)이다.

14 아이스크림 1개의 값을 x, 민수가 갖고 있는 돈을 y라 하면,
$y=16x-2,000$ … ㉠
$y=11x+1,500$ … ㉡
㉠식과 ㉡식을 연립하여 풀면, $x=700$(원), $y=9,200$(원)이다.
따라서 민수가 갖고 있는 돈은 9,200원이므로 최대로 살 수 있는 아이스크림의 개수는 13개이다.

15 정가가 1,100원인 볼펜을 30% 할인하여 팔기로 했다. 판매가는 얼마인가?

① 700원 ② 730원
③ 750원 ④ 770원

16 원가가 10만 원인 옷에 이윤을 40% 추가하여 정가로 팔다가 팔리지 않아 정가의 20%를 할인하여 팔았다. 이윤은 얼마를 남겼는가?

① 8,000원 ② 10,000원
③ 11,000원 ④ 12,000원

17 단위당 판매가가 10,000원이고, 원가에 대한 이익률이 25%인 제품을 판매하여 90,000원의 판매이익을 얻었다면 판매한 제품은 몇 개인가?

① 40개 ② 45개
③ 50개 ④ 55개

18 월드컵 경기장의 한 부분에 태극기를 꽂으려고 한다. 총거리가 120m이고 끝에서 끝까지 3m의 간격으로 태극기를 꽂으려고 할 경우 필요한 깃발의 수는?

① 40개 ② 41개
③ 42개 ④ 43개

19 어떤 마을의 총인구는 150명이다. 어른과 어린이의 비율은 2 : 1이고, 남자어린이와 여자어린이의 비율은 2 : 3이다. 남자어린이는 몇 명인가?

① 15명　② 20명
③ 25명　④ 30명

20 다음 달부터 매달 지연은 1,500원, 정교는 2,300원씩 저축하기로 했다. 현재 지연과 정교의 통장에는 각각 4,700원, 1,500원이 있다면 두 사람의 예금액이 같아지는 것은 몇 개월 후인가?

① 4개월　② 5개월
③ 6개월　④ 7개월

정답 및 해설　15. ④　16. ④　17. ②　18. ②　19. ②　20. ①

15 (할인)판매가 = (정가)×(할인율)이므로 $1,100\times(1-0.3)=770$(원)

16 주어진 조건을 적용하면, 판매가는 $100,000\times(1+0.4)(1-0.2)=100,000\times1.4\times0.8=112,000$(원)이다.
따라서 (이윤) = (판매가) − (원가)이므로 $112,000-100,000=12,000$원이다.

17 (정가) = (원가)×(이윤율)이고, 이윤율은 $(1+0.25)=\frac{125}{100}$이므로
단위당 원가는 $10,000\times\frac{100}{125}=8,000$(원)이다.
(이익) = (판매가) − (원가)이므로 단위당 판매이익은 $10,000-8,000=2,000$(원)이다.
따라서 판매한 제품의 개수는 $\frac{90,000}{2,000}=45$(개)이다.

18 시작과 끝이 일치하지 않으므로 $\frac{\text{전체길이}}{\text{간격}}+1$로 계산한다.
따라서 $\frac{120}{3}+1=41$(개)가 필요하다.

19 150명 중 어른과 어린이의 비율은 2 : 1이므로 어린이는 $150\times\frac{1}{3}=50$(명)이다.
또한 남자어린이와 여자어린이의 비율은 2 : 3이므로 남자어린이의 수는 $50\times\frac{2}{5}=20$(명)이다.

20 x개월 후에 두 사람의 예금액이 같아진다고 하면
$4,700+1,500x=1,500+2,300x \Rightarrow x=4$(개월 후)

21 학생들에게 연필을 나누어 주는데 5자루씩 나누어 주면 2자루가 남고, 6자루씩 나누어 주면 3자루가 모자란다. 학생은 총 몇 명인가?

① 3명 ② 4명
③ 5명 ④ 6명

22 40cm 끈으로 가로가 세로보다 4cm 긴 직사각형을 만든다면 이 직사각형의 가로의 길이는 얼마인가?

① 9cm ② 10cm
③ 11cm ④ 12cm

23 축제에서 받은 상금을 영서가 40%, 나리가 30%를 사용했더니 영서가 나리보다 3,000원 더 사용했다고 한다. 이때 축제에서 받은 상금이 얼마인지 구하면?

① 20,000원 ② 25,000원
③ 30,000원 ④ 35,000원

24 지수는 500원짜리 볼펜과 600원짜리 연필을 사는 데 5,600원을 지불하고, 모두 10자루를 샀다면 연필은 몇 자루를 샀는가?

① 3자루 ② 4자루
③ 5자루 ④ 6자루

25 **윤하는 용돈 45,000원으로 1개에 1,000원인 사과와 1개에 3,000원인 배를 사려고 한다. 윤하는 사과를 배보다 두 배 더 선호한다. 선호도대로 과일을 산다면 배의 개수는?**

① 9개 ② 12개
③ 15개 ④ 18개

정답 및 해설 21. ③ 22. ④ 23. ③ 24. ④ 25. ①

21 학생 수를 x라 하면 주어진 조건에 의해
$5x+2=6x-3 \Rightarrow x=5$(명)

22 가로의 길이를 x라 하면 세로의 길이는 $(x-4)$cm이다. 끈의 길이 40cm는 직사각형의 둘레의 길이와 같으므로
$2x+2(x-4)=40 \Rightarrow x=12$(cm)

23 축제에서 받은 상금을 x라 하면 $0.4x=0.3x+3{,}000$에서 $0.1x=3{,}000$이다. 따라서 $x=30{,}000$이므로 3만 원이다.

24 볼펜을 x자루, 연필을 y자루 샀다면
$500x+600y=5{,}600$ ⋯ ㉠
$x+y=10$ ⋯ ㉡
위 ㉠식과 ㉡식을 연립하여 풀면
$x=4$(자루), $y=6$(자루)
따라서 연필은 6자루를 샀다.

25 사과의 개수를 x, 배의 개수를 y라 하면
$x=2y$ ⋯ ㉠
$1{,}000x+3{,}000y=45{,}000$ ⋯ ㉡
위 ㉠식과 ㉡식을 연립하여 풀면
$x=18$(개), $y=9$(개)
따라서 윤하가 산 배의 개수는 9개이다.

GSAT 5급 고졸채용

05 › 자료해석

1 출제영역

제시된 자료, 표나 그래프를 가지고 계산이나 해석을 통해 답을 찾아가는지를 측정하기 위한 영역이다.

2 출제경향

그래프, 도표 등의 통계 데이터를 보고 구체적인 수치나 사칙연산을 통해 계산하거나 내용을 분석하는 문제가 출제된다. 특히, 자료의 내용을 제한된 시간 내 파악하고 분석할 수 있는지에 중점을 두고 평가하는 문제가 주로 출제되고 있다.

◆ 출제문제 유형 ◆

- 제시된 조건에 따라 표에 들어갈 숫자를 고르는 문제
- 제시된 표나 그래프를 바르게(혹은 잘못) 분석한 것을 고르는 문제

3 학습방법

- 보기가 있는 문제는 무조건 보기를 먼저 보고, 해석하도록 하자. 보기에서 요구하는 사항을 찾은 다음, 표를 본다면 문제를 더 쉽게 해결할 수 있다.
- 자료해석은 계산문제가 아니기 때문에, 제시된 자료를 보고 계산은 필요한 만큼만 하고 눈으로만 빠르게 판단할 수 있는 능력을 연습하자.
- 표나 그래프를 분석하는 문제는 정확히 읽고 빠르게 계산해야 하므로 다양한 유형의 문제를 풀어봄으로써 실수하지 않고 한 번에 계산하는 능력을 기르는 것이 중요하다.

01 다음 표는 어떤 한 반의 남, 여 학생들에 대한 안경 착용 및 미착용 비율을 조사한 것이다. (가)에 들어갈 숫자로 알맞은 것은?

(단위 : %)

구 분	남 자	여 자	계
착 용	38	B	58
미착용	A	(가)	D
계	66	C	100

① 12
② 14
③ 16
④ 18

02 다음은 유나네 가족과 진수네 가족의 지난 한 해 지출 내역을 비율로 나타낸 것이다. 바르게 분석한 것은?

유나네 가족	20%	10%	30%	40%
진수네 가족	10%	30%	20%	40%

✤ 순서대로 각각 주거비, 교육비, 의료비, 기타를 나타낸다.

① 주거비는 유나네 가족이 더 많이 지출하였다.
② 교육비는 진수네 가족이 더 많이 지출하였다.
③ 유나네 가족은 의료비를 교육비 2배 이상으로 지출하였다.
④ 진수네 가족은 의료비보다 주거비를 더 많이 지출하였다.

해설

01 A = 66 − 38 = 28, D = 100 − 58 = 42이므로 (가)는 42 − 28 = 14가 된다.
또한, B = 58 − 38 = 20, C = 100 − 66 = 34이므로 역시 (가)는 34 − 20 = 14가 된다.

02 ③ 유나네 가족은 의료비 지출이 교육비 지출의 3배이다.
①·② 총 지출이 주어지지 않았으므로 비교할 수 없다.
④ 진수네 가족은 주거비보다 의료비를 더 많이 지출하였다.

답 01. ② 02. ③

꼭 알아둬야 할

자료해석

(1) 비율과 지수의 작성과 응용

① 비율 구하는 방법과 응용

㉠ 비율 구하는 방법

해당 자료(변량)를 전체 자료의 수로 나누어 나타낸다.

$$비율 = \frac{해당\ 자료의\ 수}{전체\ 자료의\ 수}$$

※ 100을 곱하여 %로 나타내기도 한다.

㉡ 해당 자료의 수 구하는 방법

해당 자료의 수 = 전체 자료의 수 × 해당 자료의 비율

㉢ 전체 자료의 수 구하는 방법 비율

$$전체자료의\ 수 = \frac{해당자료의\ 수}{해당자료의\ 비율}$$

② 지수 자료 구하는 방법과 응용

㉠ 지수 자료 구하는 방법

• 시계열 자료인 경우

－기준 시점 자료를 100으로 놓는다.

－비교 시점의 자료의 지수(INDEX)$= \frac{비교\ 시점의\ 자료}{기준\ 시점의\ 자료} \times 100$

• 횡단면 분석 자료인 경우

－기준 자료를 100으로 놓는다.

－비교 자료의 지수$= \frac{비교\ 자료}{기준\ 자료} \times 100$

㉡ 지수가 주어진 경우 비교(시점) 자료 구하는 방법

$$비교(시점)\ 자료 = \frac{비교(시점의)\ 자료의\ 지수}{100} \times 기준(시점의)\ 자료$$

(2) 변화(증감)분과 변화(증감)율

① 변화(증감)분과 변화(증감)율의 구분

연 도	2016년도	2018년도
수 량	Q_0	Q_1
가 격	P_0	P_1

㉠ 변화(증감)분

- 수량 변화(증감)분(ΔQ)= $Q_1 - Q_0$
- 가격 변화(증감)분(ΔP)= $P_1 - P_0$

㉡ 변화(증감)율

- 수량 변화(증감)율$\left(\dfrac{\Delta Q}{Q}\right) = \dfrac{Q_1 - Q_0}{Q_0} \times 100(\%)$ ⇦ 적용빈도가 매우 크다.
- 가격 변화(증감)율$\left(\dfrac{\Delta P}{P}\right) = \dfrac{P_1 - P_0}{P_0} \times 100(\%)$

㉢ 한 계

- 변화(증감)분과 변화(증감)분과의 비율
- 특히, 아래 식은 가격이 1원 변화할 때 수량의 변화(증감)분

$$\frac{\Delta Q}{\Delta P} = \frac{Q_1 - Q_0}{P_1 - P_0}$$

② 실수 자료와 비율 자료의 변화분과 변화율의 구분

㉠ 비율 자료의 변화(증감)분

연 도	2016년도	2018년도
수량 증가율	$X_0(\%)$	$X_1(\%)$
가격 상승률	$Y_0(\%)$	$Y_1(\%)$

- 수량 증가율 변화(증감)분(ΔX)=($X_1 - X_0$)%p
- 가격 상승률 변화(증감)분(ΔY)=($Y_1 - Y_0$)%p

※ 비율자료의 변화분은 변화율을 나타내는 단위인 %와 구별하기 위해서 %p로 나타낸다.

㉡ 비율 자료의 변화(증감)율

가격 상승률 변화(증감)율$= \dfrac{P_1 - P_0}{P_0} \times 100(\%)$

(3) 증감률이 주어진 경우의 계산과 역산

① 변량이 X인 자료값에 대하여 $a\%$의 증가율을 적용한 값이 A일 때

㉠ X와 증가율 $a\%$가 주어진 경우 A값은 $A=X\left(1+\frac{a}{100}\right)$

㉡ A값과 증가율 $a\%$가 주어진 경우 X값은 $X=\frac{A}{1+\frac{a}{100}}$

② 원가가 X인 재화에 대하여

㉠ $a\%$의 이윤율을 적용하면 정가 : $A=X\left(1+\frac{a}{100}\right)$

$$원가(X)=\frac{A}{1+\frac{a}{100}}$$

㉡ $b\%$의 할인율을 적용하면 정가 : $A=X\left(1-\frac{b}{100}\right)$

$$원가(X)=\frac{A}{1-\frac{b}{100}}$$

출제예상문제

01 다음 표는 30명이 두 종류의 게임을 한 후의 득점 결과이다. $a+b+c$의 값은 얼마인가?

A \ B	1	2	3	4	5	계
5				3	2	5
4			6	5		11
3		1	3	3		7
2	2	a	1			c
1	1	1				2
계	3	4	10	b	2	30

① 16　　② 18
③ 20　　④ 22

정답 및 해설　01. ②

01 B가 2일 때, $1+a+1=4$이므로 $a=2$
B가 4일 때, $3+5+3=11=b$
A가 2일 때, $2+a+1=2+2+1=5=c$
따라서 $a+b+c=2+11+5=18$이다.

02 다음은 A 도시와 다른 도시들 간의 인구 이동량과 거리를 나타낸 것이다. 인구가 적은 도시부터 많은 도시 순으로 바르게 나열한 것은?

(단위 : 천 명, km)

도시 간	인구 이동량	거 리
A ↔ B	30	6.5
A ↔ C	30	3
A ↔ D	40	5.5

✤ 두 도시 간 인구 이동량$=k\times\frac{\text{두 도시 인구의 곱}}{\text{두 도시 간의 거리}}$($k$는 양의 상수)

① C – B – D
② C – D – B
③ D – C – B
④ D – B – C

03 다음은 A, B, C 세 기업의 남자 사원 400명에게 현재의 노동조건에 만족하는가에 관한 설문조사를 실시한 결과이다. 만족도가 가장 높은 기업은?

구 분	불 만	어느 쪽도 아니다	만 족	계
A사	30	30	40	100
B사	70	20	50	140
C사	75	50	35	160
계	175	100	125	400

① A사
② B사
③ C사
④ 알 수 없다.

04 다음은 한국과 OECD 국가의 어린이 사고사망원인에 관한 통계자료이다. 다음 자료를 근거로 추론할 때 틀린 것은?

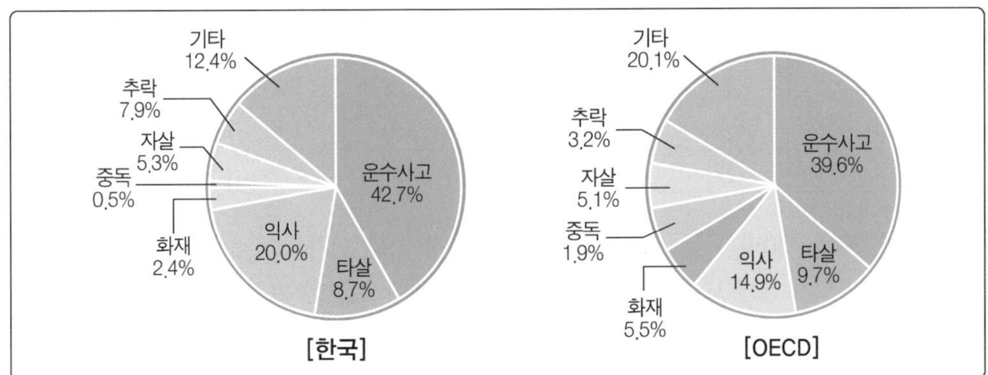

① 한국의 어린이 사고사망 3대 사인은 운수사고, 익사, 타살 순이다.
② OECD 국가의 어린이 사고사망 3대 사인은 운수사고, 타살, 익사 순이다.
③ 한국의 사고사망원인 비율 중 추락은 OECD 국가 평균보다 약 2.5배 높다.
④ 한국의 사고사망원인 비율 중 중독은 OECD 국가 평균의 약 26% 수준이다.

정답 및 해설 02. ① 03. ① 04. ②

02 각 도시 인구를 A, B, C, D라고 하면

각 도시 인구와 A도시 인구의 곱은 $AB=\frac{195}{k}$, $AC=\frac{90}{k}$, $AD=\frac{220}{k}$이다.

따라서 각각 공통부분을 소거하면 각 도시의 인구는 C<B<D 순이다.

03 A사 : $\frac{40}{100}\times100=40\%$, B사 : $\frac{50}{140}\times100≒35.7\%$, C사 : $\frac{35}{160}\times100≒21.9\%$

따라서 만족도가 가장 높은 기업은 A사이다.

04 ② OECD 국가의 어린이 사고사망 3대 사인은 운수사고, 익사, 타살 순이다.

05 다음 설명 중 옳지 않은 것은?

[여성 취업 장애요인]

(단위 : %)

나이 \ 장애요인	사회적 편견 및 관행	여성의 직업의식, 책임감 부족	불평등한 근로여건	일에 대한 여성의 능력부족	구인정보 구하기 어려움	육아 부담	가사 부담	잘 모르겠음	계
20~29세	26.4	4.8	14.6	1.9	1.8	41.6	4.2	4.7	100
30~39세	17.2	4.0	10.0	1.7	2.4	58.8	3.7	2.2	100

① 20대, 30대 모두 육아부담이 가장 큰 장애요인이다.

② 20대가 30대보다 더 사회적 편견 및 관행이 취업을 가로 막고 있다고 생각하고 있다.

③ 20대에서 30대로 갈수록 구인정보를 구하기 쉽지 않아 취업에 장애를 느낀다.

④ 30대에서는 20대보다 더 불평등한 근로여건을 취업의 장애요인이라고 느낀다.

06 다음의 시·군 통합과 시 이름변경에 관한 주민 설문조사 결과를 잘못 해석한 것은?

(단위 : %)

구 분		시·군 통합에 대한 의견			
		무조건찬성	조건부찬성	반 대	계
시 이름변경에 대한 의견	무조건찬성	2.7	9.0	15.7	27.4
	조건부찬성	9.3	25.4	11.3	46.0
	반 대	8.5	13.6	4.5	26.6
	계	20.5	48.0	31.5	100.0

① 통합에 찬성하거나 이름변경에 찬성하는 비율은 46.4%이다.

② 이름변경에는 찬성하지만 통합에는 반대하는 비율은 27%이다.

③ 통합에는 찬성하지만 이름변경에는 반대하는 비율은 22.1%이다.

④ 이름변경에 찬성하는 비율이 통합에 찬성하는 비율보다 높다.

※ 다음 표는 사회간접자본 건설비용과 기간, 그리고 총길이에 대한 자료이다. 다음 물음에 답하시오. [7~8]

구 분	건설기간(개월)	건설비(백 억)	총길이(km)
고속도로	35	25	22
해상교량	55	50	12
지하철	12	8	2
터 널	20	11	3

07 1km당 건설비용이 가장 많이 드는 시설은?

① 고속도로　② 해상교량
③ 지하철　④ 터널

정답 및 해설　05. ④　06. ①　07. ②

05 ④ 20대(14.6%)에서 30대(10%)보다 더 불평등한 근로여건을 취업의 장애요인이라고 느낀다.

06 ① 통합과 이름변경에 모두 반대하는 사람 비율인 4.5%를 전체에서 빼준 95.5%이다.
② 이름변경에 찬성하는 사람 중 통합에 반대하는 비율은 27%(=15.7+11.3)이다.
③ 통합에 찬성하는 사람 중 이름변경에 반대하는 비율은 22.1%(=8.5+13.6)이다.
④ 이름변경 찬성 비율은 73.4%(=27.4+46.0)이고, 통합 찬성 비율은 68.5%(20.5+48.0)이다.

07 1km당 건설비용을 계산하면
② 해상교량 : $\frac{50}{12} \fallingdotseq 4.2$(백 억)
① 고속도로 : $\frac{25}{22} \fallingdotseq 1.1$(백 억)
③ 지하철 : $\frac{8}{2} = 4$(백 억)
④ 터널 : $\frac{11}{3} \fallingdotseq 3.7$(백 억)
따라서 해상교량이 가장 많이 든다.

08 **사회적 비용을 건설기간과 건설비의 곱으로 계산할 때 1km당 사회적 비용이 가장 적게 드는 시설은?**

① 고속도로
② 해상교량
③ 지하철
④ 터널

※ 다음 표는 3사 반도체 사업체의 세계시장 점유율 추이를 나타낸 것이다. 다음 물음에 답하시오. [09~10]

(단위 : %)

구 분	2015년	2016년	2017년	2018년	2019년
A사	5.8	6.1	6.5	7.2	8.0
B사	4.0	3.9	3.8	3.7	3.5
C사	3.0	3.3	2.9	2.7	2.6

09 **A사의 점유율 증가폭이 가장 큰 해는 언제인가?**

① 2016년
② 2017년
③ 2018년
④ 2019년

10 **이 표에 대한 설명으로 옳지 않은 것은?**

① 2015년에서 2019년 사이 C사의 세계시장 점유율 중 가장 큰 폭으로 하락한 시기는 2019년이다.
② 2015년 이후 A사의 점유율은 계속해서 증가하고 있다.
③ 2015년 이후 B사의 점유율은 계속해서 감소하고 있다.
④ 이런 추세라면 B사의 2020년 점유율은 3.5% 미만일 것이다.

※ 다음은 A, B, C 세 기업의 매출액과 순이익을 나타낸 표이다. 물음에 답하시오. [11~13]

(단위 : 10억 원)

구 분	2014		2015		2016		2017	
	매출액	순이익	매출액	순이익	매출액	순이익	매출액	순이익
A	121.3	9.5	135.3	22.1	142	25.1	140.1	23.2
B	867.2	52.3	981	66.7	1011.2	59.8	845.2	35.1
C	54.0	11.2	62.1	22.3	81.3	24.5	80.2	26.5

11 **매출액 대비 순이익이 많이 나는 기업을 순서대로 나타낸 것은?** (단, 2017년 기준)

① A－B－C
② B－C－A
③ C－A－B
④ A－C－B

12 **다음 설명 중 옳지 않은 것은?**

① A기업은 2014년에서 2016년까지 매년 매출액이 늘고 있다.
② B기업은 2016년에 매출액과 순이익 모두 최고를 달성했다.
③ C기업은 순이익이 꾸준히 증가하고 있다.
④ A, B, C 세 기업 모두 2016년에 최고의 매출액을 달성했다.

정답 및 해설 08. ① 09. ④ 10. ① 11. ③ 12. ②

08 1km당 사회적 비용을 계산하면,

① 고속도로 : $\frac{35\times25}{22}$≒39.8(백 억)

② 해상교량 : $\frac{55\times50}{12}$≒229.2(백 억)

③ 지하철 : $\frac{12\times8}{2}=48$(백 억)

④ 터널 : $\frac{20\times11}{3}$≒73.3(백 억)

따라서 고속도로가 가장 적게 든다.

09 2019년의 점유율 증가폭이 8.0－7.2＝0.8%로 가장 크다.

10 ① C사의 세계시장 점유율 중 가장 큰 폭으로 하락한 시기는 3.3%에서 2.9%로 0.4% 하락한 2017년이다.

11 C기업($\frac{26.5}{80.2}$≒0.33) － A기업($\frac{23.2}{140.1}$≒0.17) － B기업($\frac{35.1}{845.2}$≒0.04)

12 ② B기업의 순이익은 2015년에 가장 높다.

13 다음은 10년간의 출생아 수에 관한 자료이다. 출생아 수가 가장 많았던 연도와 가장 적었던 연도를 순서대로 고르면?

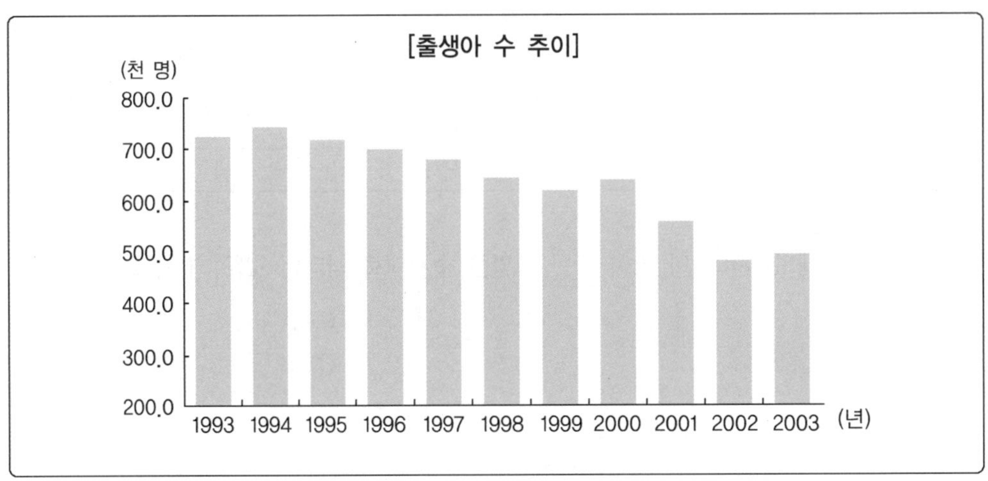

① 1993년, 2003년
② 2000년, 2002년
③ 1994년, 2002년
④ 1994년, 2003년

※ 다음은 A 지역의 용도별 물 사용량 현황을 나타낸 것이다. 물음에 답하시오. [14~16]

구 분	2015년	2016년	2017년
생활용수(단위 : m^3)	136,762	162,790	182,490
농업용수(단위 : m^3)	45,000	49,050	52,230
공업용수(단위 : m^3)	61,500	77,900	90,300
총사용량(단위 : 천 m^3)	243	290	325
사용 인구(단위 : 천 명)	379	432	531

14 사용 인구가 2015년에 비해 2016년에 몇 % 증가하였는가?

① 약 11%
② 약 14%
③ 약 17%
④ 약 20%

15 **2015년부터 2017년까지 공업용수의 총사용량은?**

① 208,700m^3 ② 210,700m^3
③ 223,700m^3 ④ 229,700m^3

16 **다음 중 옳지 않은 것은?**

① 농업용수의 사용량은 증가하고 있는 추세이다.
② 2016년 생활용수의 사용량은 162,790m^3이다.
③ 2017년의 총사용량은 2016년에 비해 350,000m^3 증가했다.
④ 2015년 생활용수의 사용량은 136,762m^3이다.

정답 및 해설 13. ③ 14. ② 15. ④ 16. ③

13 막대가 가장 긴 연도가 출생아 수가 가장 많았던 시기이고, 가장 짧은 연도가 출생아 수가 가장 적었던 시기이다.

14 $\frac{432-379}{379}\times 100=\frac{53}{379}\times 100 \fallingdotseq 14(\%)$

15 $61,500+77,900+90,300=229,700(m^3)$

16 ③ 2017년의 총사용량은 2016년에 비해 35,000m^3 증가했다.

※ 다음 표를 보고 물음에 답하시오. [17~19]

[A상점의 제품 판매 수]

구 분	X제품	Y제품
1월	17	24
2월	25	30
3월	38	42

17 A상점의 X제품 1개를 1,200원에 판매하면 X제품의 1~3월 판매 총액은 얼마인가?

① 93,600원
② 94,800원
③ 96,000원
④ 97,200원

18 A상점의 Y제품 1개를 1월과 2월에 700원, 3월에 1,100원에 판매하면 Y제품의 1~3월 판매 총액은 얼마인가?

① 84,000원
② 84,400원
③ 84,800원
④ 85,200원

19 A상점의 제품 판매 수에 있어 전월대비 증가율이 가장 큰 것은 어느 달, 어느 제품인가?

① 2월의 X제품
② 2월의 Y제품
③ 3월의 X제품
④ 3월의 Y제품

20 2014년 6월 말과 2016년 6월 말의 시중은행 ATM 수 감소율이 가장 큰 은행과 적은 은행을 순서대로 나열한 것은?

[시중은행 ATM 수 현황]

(단위 : 개)

은 행	2014년 6월 말	2014년 12월 말	2015년 6월 말	2015년 12월 말	2016년 6월 말
A은행	9,353	9,265	9,229	9,078	8,930
B은행	7,485	7,434	7,402	6,815	6,818
C은행	7,101	7,079	6,956	6,893	6,650
D은행	5,380	5,193	5,116	4,873	4,798
E은행	7,287	7,154	7,154	7,024	7,045
F은행	3,623	3,625	3,567	3,533	3,489

① A은행, C은행
② C은행, B은행
③ D은행, E은행
④ D은행, F은행

정답 및 해설 17. ③ 18. ① 19. ③ 20. ③

17 총액 = 가격 × 수량 = $1,200 \times (17+25+38) = 96,000$(원)

18 $700 \times (24+30) + 1,100 \times 42 = 84,000$(원)

19 ③ 3월의 X제품 증가율 = $\frac{38-25}{25} \times 100 = 52\%$

① 2월의 X제품 증가율 = $\frac{25-17}{17} \times 100 ≒ 47.1\%$

② 2월의 Y제품 증가율 = $\frac{30-24}{24} \times 100 = 25\%$

④ 3월의 Y제품 증가율 = $\frac{42-30}{30} \times 100 = 40\%$

따라서 3월의 X제품 증가율이 가장 크다.

20 • A은행 : $\frac{8,930-9,353}{9,353} \times 100 ≒ -4.52(\%)$

• B은행 : $\frac{6,818-7,485}{6,818} \times 100 ≒ -8.91(\%)$

• C은행 : $\frac{6,650-7,101}{7,101} \times 100 ≒ -6.35(\%)$

• D은행 : $\frac{4,798-5,380}{5,380} \times 100 ≒ -10.82(\%)$

• E은행 : $\frac{7,045-7,287}{7,287} \times 100 ≒ -3.32(\%)$

• F은행 : $\frac{3,489-3,623}{3,623} \times 100 ≒ -3.70(\%)$

2014년 6월 말과 2016년 6월 말의 시중은행 ATM 수의 감소율이 가장 큰 은행은 D은행이며, 적은 은행은 E은행이다.

나만의 정리노트

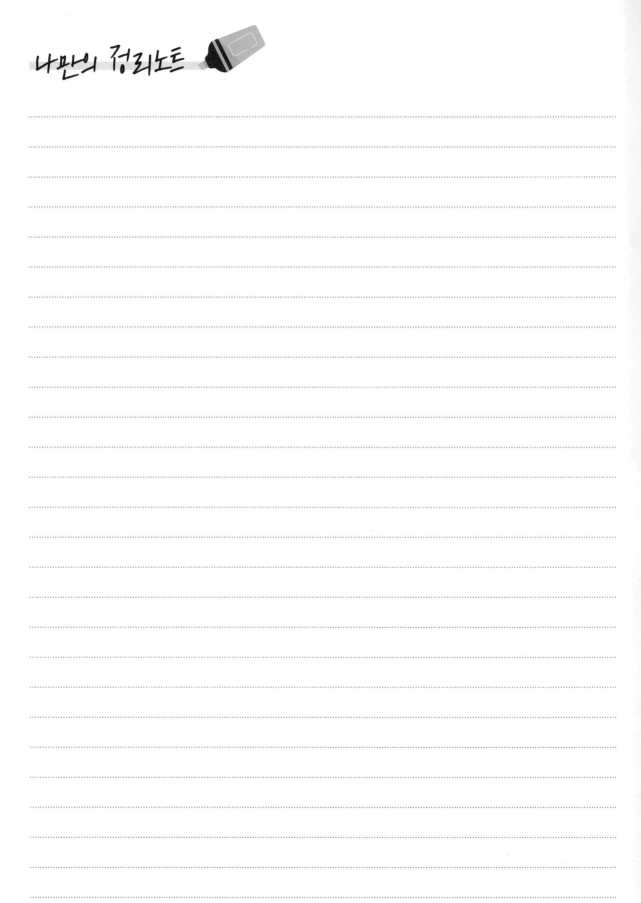

제2장

G l o b a l S a m s u n g A p t i t u d e T e s t

추리능력검사

01 수 · 문자추리
02 언어추리
03 과학추리

GSAT 대비 전략

추리능력검사는 2020년부터 시행한 온라인 GSAT의 신유형에서 편성된 세 과목(수리능력검사, 추리능력검사, 지각능력검사) 중 하나로, 20분 동안 40문항을 해결해야 한다. 수 · 문자 추리 문제는 꾸준하게 출제된 편이지만 최근 시험에서는 분수 등의 규칙이 다소 복잡하게 출제된 바 있으며 도표에 대해 분석하여 추리하는 유형이 새로 출제되었다. 반면 과학추리 유형은 기존보다 비중이 줄어들고 있는 추세로 전체적으로 보았을 때 수열에 따른 규칙성을 판단하는 능력이 과거에 비해 가장 중요해졌다고 할 수 있다.

01 》 수 · 문자추리

1 출제영역

수·문자추리는 추리능력검사에서 가장 큰 비중을 차지하는 영역으로, 일정 규칙에 따라 배열된 숫자 또는 문자의 배열을 보고 숨겨진 원리를 찾아서 일반화하는 귀납추리의 능력을 측정하는 영역이다.

2 출제경향

일정한 규칙을 가지고 나열되어 있는 숫자나 문자의 배열을 보고 빈칸에 해당하는 값을 찾아내는 문제로 구성되어 있다. 단순히 나열이 아닌, 표나 삼각형, 원 등의 도형을 활용하여 문제가 출제될 수 있다. 수열의 일반항을 구해서 문제를 풀기보다는 주어진 수 간의 관계로 규칙을 찾아내는 것이 문제풀이 시간을 단축할 수 있다.

◆ 출제문제 유형 ◆

- 일정한 규칙에 의해 나열된 숫자의 규칙을 찾아 괄호 안에 들어갈 숫자를 고르는 문제
- 일정한 규칙에 의해 나열된 숫자의 규칙을 찾아 괄호 안에 들어갈 문자를 고르는 문제

3 학습방법

- 수추리는 '+2, +4, +6, +8' 혹은 '+1, +2, +5, +7' 등의 규칙이 자주 나오기 때문에 문제를 풀면서 자주 나오는 규칙은 암기해 두는 것이 좋다.
- 문자추리는 알파벳이나 한글을 숫자로 미리 치환하여 적은 다음 문제를 풀면서 연습해보면 실전에서 좀 더 쉽게 문제를 해결할 수 있다.
- 수추리의 경우, 숫자 차이를 보고 덧셈 연산과 곱셈 연산 등의 적합한 방식을 선택하여 문제를 해결하고, 알파벳이나 한글이 나열된 문자추리는 모두 숫자화시켜 규칙을 찾아 해결하는 연습을 하도록 한다.

대표 유형문제

※ 다음에 나열된 숫자 또는 문자의 일정한 규칙을 찾아 빈칸에 들어갈 알맞은 것을 고르시오.

01

−8　−7　−5　−1　7　(　)

① 8　② 10
③ 15　④ 23

02

A　I　R　F　(　)

① A　② D
③ G　④ L

03 다음 중 나머지 셋과 규칙이 다른 하나를 고르면?

① 슈 쇼 셔 샤　② H E C B
③ S P N M　④ 핑 칭 잉 싱

01 −8　−7　−5　−1　7　(23)
+1　+2　+4　+8　+16

02 A　I　R　F　(L)
27　9　18　6　(12)
÷3　×2　÷3　×2

03 ②, ③, ④는 앞 문자에 −3, −2, −1로 나열한 것이고, ①은 −2규칙이다.

답 01. ④　02. ④　03. ①

꼭 알아둬야 할

수 · 문자추리

(1) 수 추리

① 기본수열

a_1, a_2, a_3, a_4, ... a_n

㉠ 등차수열 : $a_n - a_{n-1} = d$ (일정 : 공차)

㉡ 등비수열 : $a_n \div a_{n-1} = r$ (일정 : 공비)

㉢ 계차수열 : $b_n = a_n - a_{n-1}$, b_n이 등차, 등비수열을 이룸

㉣ 군수열 : a_1, (a_2, a_3), (a_4, a_5, a_6) ……

㉤ 조화수열 : 역수가 등차수열을 이룸

② 교대수열

a_1, b_1, a_2, b_2, a_3, b_2, ... a_n, b_n

③ 묶음수열

a_1, a_2, a_3, b_1, b_2, b_3, c_1, c_2, c_3 ......

④ 단순계차수열 : 계차 b_n이 등차, 등비수열은 아니지만 규칙성을 쉽게 알 수 있는 형

a_1 a_2 a_3 a_4 a_5 …… a_n

b_1 b_2 b_3 b_4 …… b_n

⑤ 일정규칙이 반복되는 수열 제2법칙 : 사칙연산 중 2개 법칙이 반복된다.

a_1 a_2 a_3 a_4 a_5 …… a_n

$+a$ $\times b$ $+a$ $\times b$

⑥ 일정규칙이 반복되는 수열 제3법칙 : 사칙연산 중 3개 법칙이 반복된다.

a_1 a_2 a_3 a_4 a_5 a_6 a_7 …… a_n

$+a$ $\times b$ $-c$ $+a$ $\times b$ $-c$

⑦ 수열의 비($a_n \div a_{n-1}$)가 등차수열

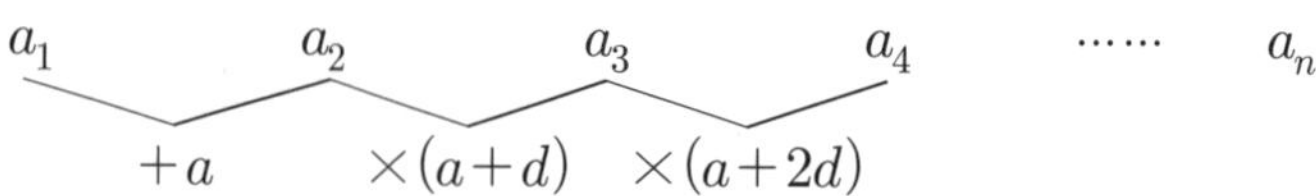

⑧ **변화규칙의 수열 제2법칙** : 1개 법칙 또는 2개 법칙이 규칙적인 수열인 경우

㉠ 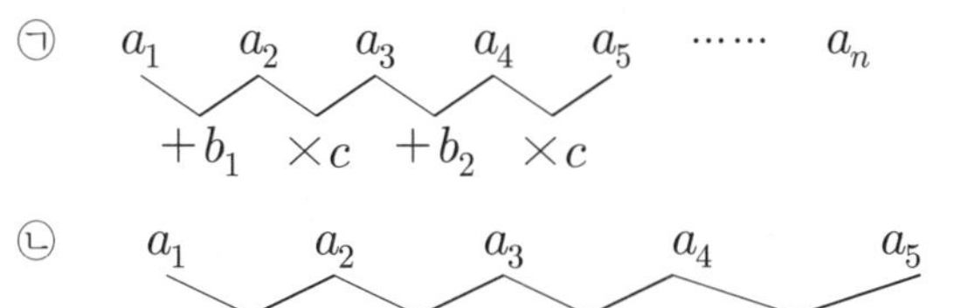

㉡ a_1 a_2 a_3 a_4 a_5 …… a_n

$+b_1$ $\times c$ $+b_2$ $\times(c+d)$

⑨ **변화규칙의 수열 제3법칙** : 1개, 2개 또는 3개 법칙이 규칙적인 수열인 경우

㉠ 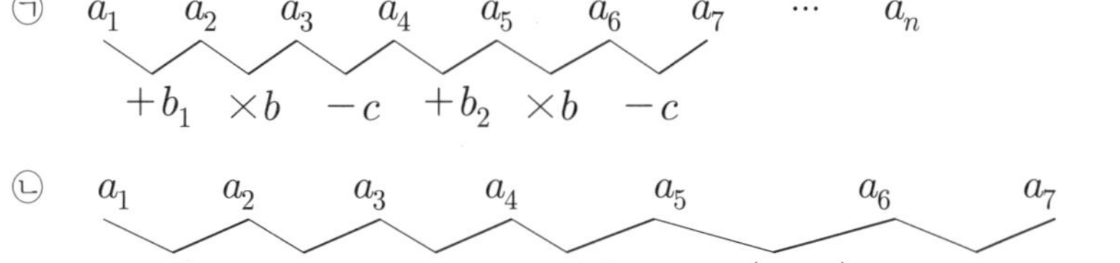

㉡ a_1 a_2 a_3 a_4 a_5 a_6 a_7 … a_n

$+b_1$ $\times c$ $-e$ $+b_2$ $\times(c+d)$ $-e$

(2) 문자추리

① **알파벳 문자** : 알파벳이 다음과 같은 숫자와 대응하므로 숫자수열로 바꾼다. 26을 초과하는 수는 다시 A부터 순환하는 것으로 간주한다.

1	2	3	4	5	6	7	8	9	10	11	12	13	14	15
A	B	C	D	E	F	G	H	I	J	K	L	M	N	O
16	17	18	19	20	21	22	23	24	25	26	27	28	29	…
P	Q	R	S	T	U	V	W	X	Y	Z	A	B	C	…

② **한글 문자** : 한글 자음·모음이 다음과 같은 숫자와 대응하므로 숫자수열로 바꾼다. 한편, 복자음이 나오거나 이중모음이 나오면 사전과 동일한 순서로 숫자수열로 바꾼다.

㉠ 한글 단자음

1	2	3	4	5	6	7	8	9	10	11	12	13	14
ㄱ	ㄴ	ㄷ	ㄹ	ㅁ	ㅂ	ㅅ	ㅇ	ㅈ	ㅊ	ㅋ	ㅌ	ㅍ	ㅎ

㉡ 한글 단모음

1	2	3	4	5	6	7	8	9	10
ㅏ	ㅑ	ㅓ	ㅕ	ㅗ	ㅛ	ㅜ	ㅠ	ㅡ	ㅣ

출제예상문제

※ 다음에 나열된 숫자들의 일정한 규칙을 찾아 빈칸에 들어갈 알맞은 것을 고르시오. [1~25]

01

4 7 2 9 0 ( )

① 8 ② 9
③ 10 ④ 11

02

40 30 22 16 12 ( )

① 8 ② 9
③ 10 ④ 11

03

13 18 22 25 27 ( )

① 25 ② 26
③ 27 ④ 28

04

5 7 3 9 1 ( )

① 7 ② 9
③ 11 ④ 13

05

14　19　15　18　16　(　)

① 17　② 18
③ 19　④ 20

06

1　4　16　64　(　)

① 80　② 159
③ 256　④ 342

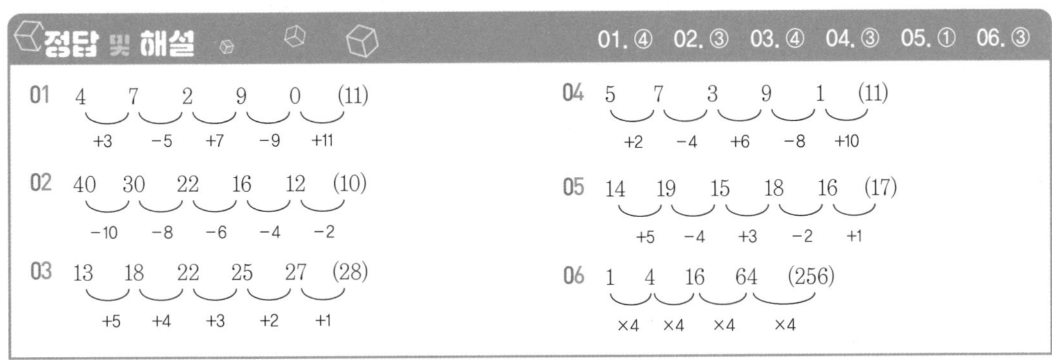

정답 및 해설　01. ④　02. ③　03. ④　04. ③　05. ①　06. ③

01 4　7　2　9　0　(11)
+3　−5　+7　−9　+11

02 40　30　22　16　12　(10)
−10　−8　−6　−4　−2

03 13　18　22　25　27　(28)
+5　+4　+3　+2　+1

04 5　7　3　9　1　(11)
+2　−4　+6　−8　+10

05 14　19　15　18　16　(17)
+5　−4　+3　−2　+1

06 1　4　16　64　(256)
×4　×4　×4　×4

07

130 110 95 ( ) 80

① 90
② 87
③ 85
④ 82

08

120 60 54 27 ( )

① 20
② 21
③ 22
④ 23

09

22 20 17 15 12 ( )

① 11
② 10
③ 9
④ 8

10

−7 −2 −4 1 2 ( )

① 5
② 6
③ 7
④ 8

11

2 8 5 20 17 68 ( )

① 65
② 67
③ 69
④ 71

12

8　4　12　6　18　9　(　)

① 18　② 27
③ 36　④ 45

13

7　9　12　8　10　13　(　)

① 7　② 9
③ 11　④ 13

14

3　4　12　14　42　45　(　)

① 90　② 105
③ 120　④ 135

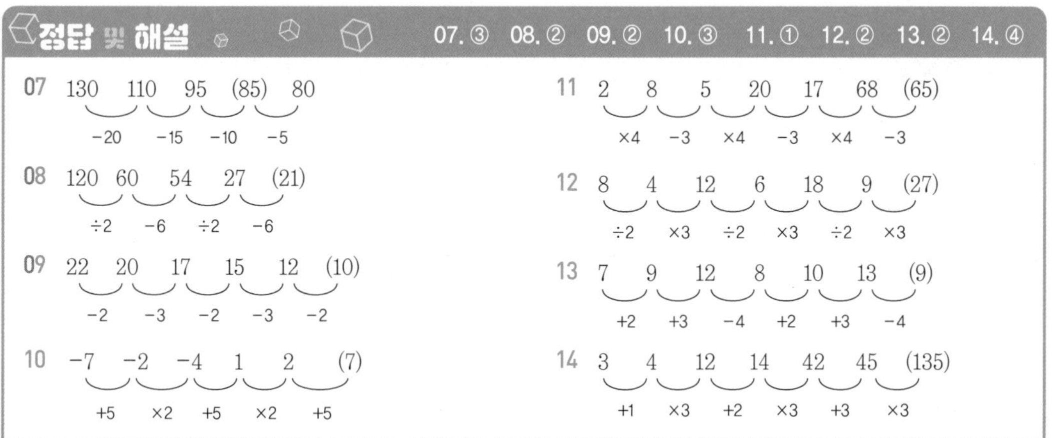

정답 및 해설　07. ③　08. ②　09. ②　10. ③　11. ①　12. ②　13. ②　14. ④

07　130　110　95　(85)　80
　−20　−15　−10　−5

08　120　60　54　27　(21)
　÷2　−6　÷2　−6

09　22　20　17　15　12　(10)
　−2　−3　−2　−3　−2

10　−7　−2　−4　1　2　(7)
　+5　×2　+5　×2　+5

11　2　8　5　20　17　68　(65)
　×4　−3　×4　−3　×4　−3

12　8　4　12　6　18　9　(27)
　÷2　×3　÷2　×3　÷2　×3

13　7　9　12　8　10　13　(9)
　+2　+3　−4　+2　+3　−4

14　3　4　12　14　42　45　(135)
　+1　×3　+2　×3　+3　×3

15

7 9 12 14 18 ( ) 25

① 19　② 20
③ 21　④ 22

16

12 17 34 26 31 62 ( )

① 43　② 47
③ 54　④ 60

17

2 3 5 7 11 ( ) 17

① 12　② 13
③ 14　④ 15

18

1 9 25 49 ( )

① 64　② 81
③ 100　④ 121

19

2 5 7 12 19 31 ( )

① 44　② 46
③ 48　④ 50

20

$-5 \quad 3 \quad -2 \quad 1 \quad -1 \quad (\quad)$

① -3　　② 0
③ 2　　④ 5

21

3　4　8　17　33　(　)

① 58　　② 68
③ 78　　④ 88

22

10　11　11　10　12　(　)

① 8　　② 9
③ 10　　④ 11

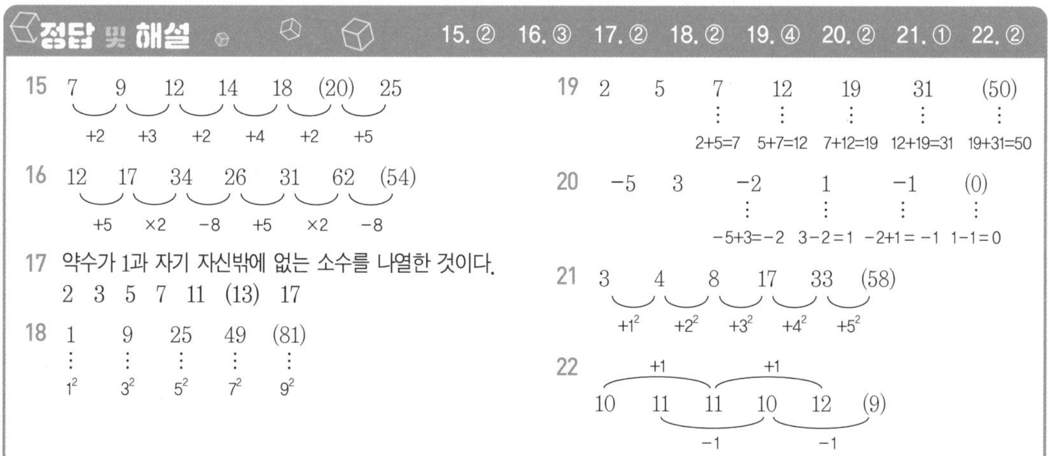

정답 및 해설　15. ②　16. ③　17. ②　18. ②　19. ④　20. ②　21. ①　22. ②

15　7　9　12　14　18　(20)　25
+2　+3　+2　+4　+2　+5

16　12　17　34　26　31　62　(54)
+5　×2　−8　+5　×2　−8

17　약수가 1과 자기 자신밖에 없는 소수를 나열한 것이다.
2　3　5　7　11　(13)　17

18　1　9　25　49　(81)
1^2　3^2　5^2　7^2　9^2

19　2　5　7　12　19　31　(50)
2+5=7　5+7=12　7+12=19　12+19=31　19+31=50

20　−5　3　−2　1　−1　(0)
−5+3=−2　3−2=1　−2+1=−1　1−1=0

21　3　4　8　17　33　(58)
$+1^2$　$+2^2$　$+3^2$　$+4^2$　$+5^2$

22　10　11　11　10　12　(9)
+1　+1
−1　−1

23

6 3 8 6 12 11 ( )

① 13 ② 15
③ 18 ④ 21

24

3 12 4 8 7 2 ( )

① 12 ② 13
③ 14 ④ 15

25

1 4 8 14 23 36 ( )

① 54 ② 55
③ 56 ④ 57

※ 다음에 나열된 문자의 일정한 규칙을 찾아 빈칸에 들어갈 알맞은 것을 고르시오. [26~40]

26

A B E J ( )

① L ② N
③ Q ④ T

27

X P L J ( )

① F ② G
③ H ④ I

28

D E G J ( ) S

① N ② O
③ P ④ Q

29

P K M H J ( )

① G ② F
③ E ④ D

30

F E J I R ( )

① O ② P
③ Q ④ R

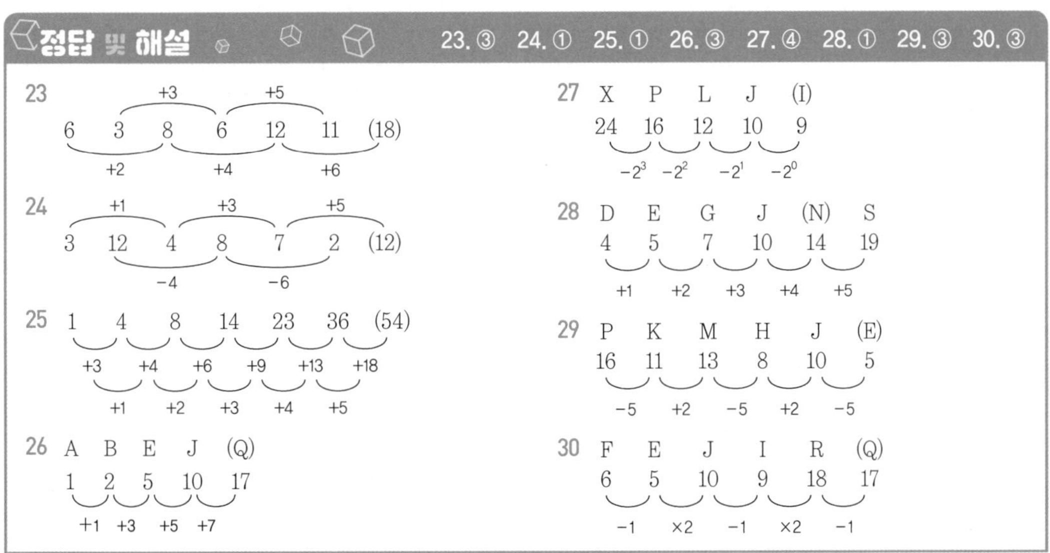

정답 및 해설
23. ③ 24. ① 25. ① 26. ③ 27. ④ 28. ① 29. ③ 30. ③
23
+3 +5
6 3 8 6 12 11 (18)
+2 +4 +6
24
+1 +3 +5
3 12 4 8 7 2 (12)
−4 −6
25 1 4 8 14 23 36 (54)
+3 +4 +6 +9 +13 +18
+1 +2 +3 +4 +5
26 A B E J (Q)
1 2 5 10 17
+1 +3 +5 +7
27 X P L J (I)
24 16 12 10 9
−2³ −2² −2¹ −2⁰
28 D E G J (N) S
4 5 7 10 14 19
+1 +2 +3 +4 +5
29 P K M H J (E)
16 11 13 8 10 5
−5 +2 −5 +2 −5
30 F E J I R (Q)
6 5 10 9 18 17
−1 ×2 −1 ×2 −1

31

B H D P ( )

① H　② I
③ J　④ K

32

N C M D L E ( )

① H　② I
③ J　④ K

33

ㄷ ㄹ ㅂ ㅈ ( )

① ㅋ　② ㅌ
③ ㅍ　④ ㅎ

34

ㄱ ㄴ ㅁ ㅊ ㄷ ( )

① ㅋ　② ㅌ
③ ㅍ　④ ㅎ

35

ㄹ ㅇ ㅁ ㅊ ㅅ ( )

① ㅋ　② ㅌ
③ ㅍ　④ ㅎ

36

ㅊ ㅋ ㅈ ㅌ ㅇ ( )

① ㅋ ② ㄷ
③ ㅍ ④ ㅎ

37

나 다 사 하 ( )

① 바 ② 사
③ 자 ④ 차

38

라 사 바 자 아 카 ( )

① 자 ② 차
③ 타 ④ 하

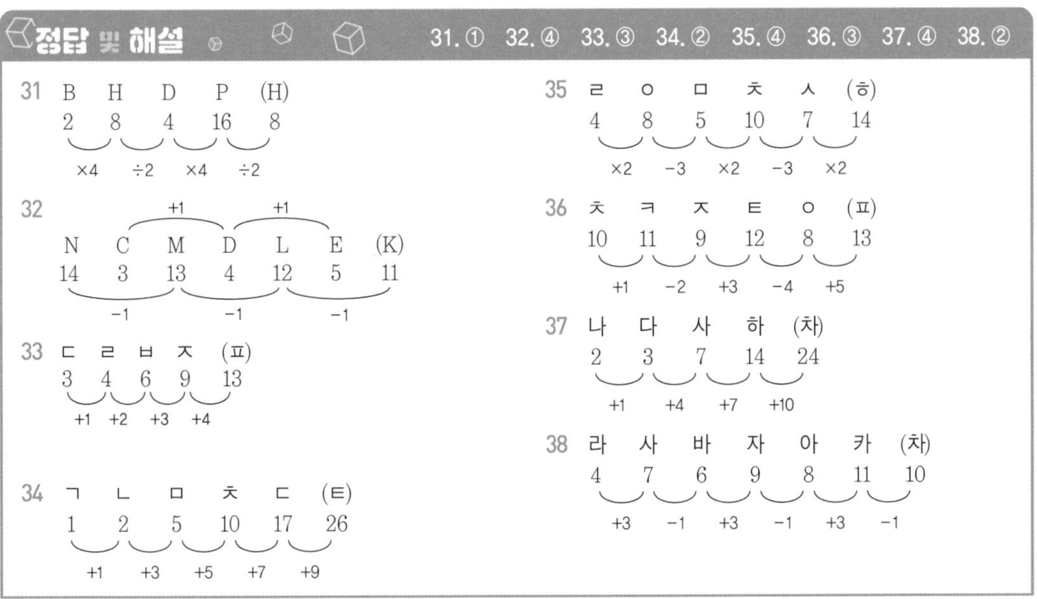

정답 및 해설 31. ① 32. ④ 33. ③ 34. ② 35. ④ 36. ③ 37. ④ 38. ②

31 B H D P (H)
2 8 4 16 8
×4 ÷2 ×4 ÷2

32 N C M D L E (K)
14 3 13 4 12 5 11
+1 +1
−1 −1 −1

33 ㄷ ㄹ ㅂ ㅈ (ㅍ)
3 4 6 9 13
+1 +2 +3 +4

34 ㄱ ㄴ ㅁ ㅊ ㄷ (ㅌ)
1 2 5 10 17 26
+1 +3 +5 +7 +9

35 ㄹ ㅇ ㅁ ㅊ ㅅ (ㅎ)
4 8 5 10 7 14
×2 −3 ×2 −3 ×2

36 ㅊ ㅋ ㅈ ㅌ ㅇ (ㅍ)
10 11 9 12 8 13
+1 −2 +3 −4 +5

37 나 다 사 하 (차)
2 3 7 14 24
+1 +4 +7 +10

38 라 사 바 자 아 카 (차)
4 7 6 9 8 11 10
+3 −1 +3 −1 +3 −1

39

화 목 월 일 ( )

① 월　② 화
③ 수　④ 목

40

ㄱ 2 D 8 ㅊ ( )

① P　② R
③ T　④ V

※ 다음 중 나머지 셋과 규칙이 다른 하나를 고르시오. [41~45]

41
① 사 아 자 차　② 10 9 8 7
③ 4 5 6 7　④ E F G H

42
① 1 3 9 27　② ㄷ ㅂ ㅈ ㅌ
③ B E H K　④ 아 여 우 이

43
① 가 나 라 아　② 3 6 12 24
③ 八 四 二 一　④ B D H P

44 ① S T V Y ② 5 6 7 8
③ 나 다 마 아 ④ 월 화 목 일

45 ① 카 차 아 사 ② 十 九 七 六
③ N M K J ④ 12 11 13 12

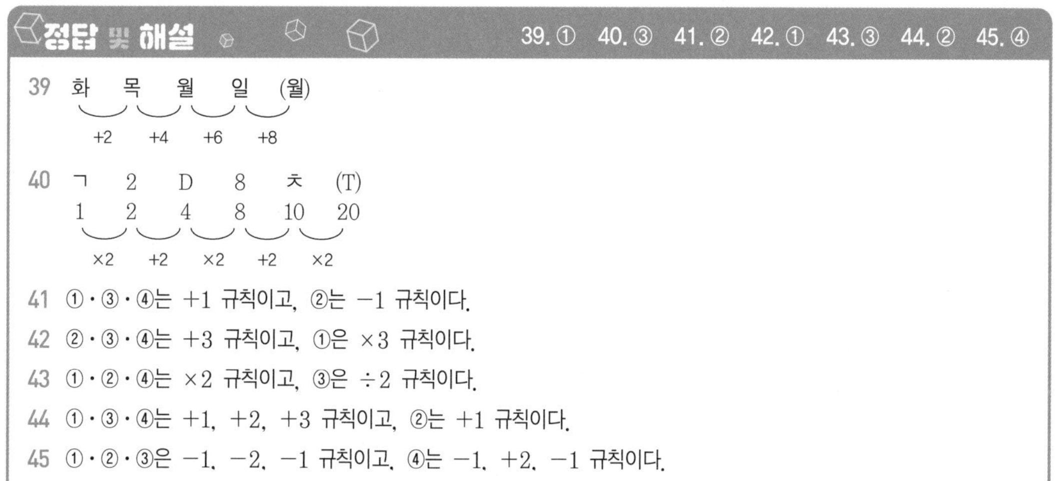

정답 및 해설 39. ① 40. ③ 41. ② 42. ① 43. ③ 44. ② 45. ④

39 화 목 월 일 (월)
+2 +4 +6 +8

40 ㄱ 2 D 8 ㅊ (T)
1 2 4 8 10 20
×2 +2 ×2 +2 ×2

41 ①·③·④는 +1 규칙이고, ②는 −1 규칙이다.

42 ②·③·④는 +3 규칙이고, ①은 ×3 규칙이다.

43 ①·②·④는 ×2 규칙이고, ③은 ÷2 규칙이다.

44 ①·③·④는 +1, +2, +3 규칙이고, ②는 +1 규칙이다.

45 ①·②·③은 −1, −2, −1 규칙이고, ④는 −1, +2, −1 규칙이다.

02 》 언어추리

1 출제영역

제시된 조건을 바탕으로 새로운 판단을 추출해내거나 제시된 지문을 토대로 제시문의 진위를 판별하는 능력을 측정하는 영역이다.

2 출제경향

언어추리는 명제, 삼단논법을 이용하여 푸는 문제와 주어진 조건을 이용해 진위 판단을 하는 문제로 나뉜다. 명제는 보통 대우를 이용해 푸는 문제가 출제되며, 삼단논법은 전제와 결론 등을 묻고, 진위 판단은 여러 3~4가지 조건을 제시하고 참·거짓·알 수 없음의 진위를 판단하는 유형이 출제된다.

◆ 출제문제 유형 ◆

- 명제나 삼단논법을 통해 새로운 판단을 추출하는 문제
- 주어진 조건에 의해 알맞은 위치(순서)를 고르는 문제
- 제시된 조건을 통해 참·거짓·알 수 없음을 것을 고르는 문제

3 학습방법

- 위치나 순서를 묻는 문제는 조건에 의해 위치가 명확한 것을 기준으로 정하고, 다른 조건을 그림이나 부등호, 표를 사용하여 순서를 정해 나간다.
- 주어진 경우가 여러 가지가 있을 수 있으므로, 그림이나 표를 그리면서 판단해야 하며, 모든 경우를 빼놓지 않고 정확하게 추리하는 것이 중요하다.
- 진위 판단 문제의 경우, 조건을 읽기 전에 세부 질문을 먼저 파악한 후, 풀면 시간을 단축시킬 수 있다.

대표 유형문제

01 **밑줄 친 부분에 들어갈 알맞은 문장은?**

- 진혁은 영진보다 키가 크다.
- 영진은 광수보다 키가 작다.
- 그러므로 ____________________

① 영진은 키가 가장 작다.
② 진혁은 키가 가장 크다.
③ 광수는 키가 가장 작다.
④ 진혁과 광수는 키가 같다.

02 **서로 다른 색깔의 공 18개를 3개씩 6개의 봉지에 담았다. 각 봉지에 같은 색깔의 구슬은 없다. 이에 대한 〈제시문 1〉의 조건에 따라 〈제시문 2〉의 진위를 제대로 판별한 것은?**

제시문 1

㉠ 적색, 흑색, 남색의 합계는 백색, 자색, 녹색의 합계와 같다.
㉡ 자색의 수는 흑색의 3배이다.
㉢ 백색은 녹색보다 많고, 녹색은 흑색보다 많다.
㉣ 적색은 백색과 녹색의 합계와 같다.

제시문 2

적색 공의 개수는 5개이다.

① 참　　② 거짓　　③ 알 수 없음

01 주어진 조건을 보면,
'진혁>영진, 광수>영진' 이므로 영진의 키가 가장 작다.

02 제시문을 정리하면,
㉠ 적색 + 흑색 + 남색 = 백색 + 자색 + 녹색 = 9개
㉡ 자색 = 흑색 × 3
㉢ 백색>녹색>흑색
㉣ 적색 = 백색 + 녹색이다.
이를 정리해서 풀면,
적색 6개, 흑색 1개, 남색 2개, 백색 4개, 자색 3개, 녹색 2개이다.
그러므로 〈제시문 2〉는 거짓이 된다.

답 01. ① 02. ②

(1) 명제 · 논리추리

① 명 제

명제란 참과 거짓을 판별할 수 있는 문장이다. 예를 들어 '동물은 사람이다.'라는 문장은 거짓이고 '사람은 동물이다.'라는 문장은 참인데, 둘 다 참과 거짓을 판정해 낼 수 있으므로 모두 명제라고 할 수 있다.

② 정언 명제와 가언 명제

정언 명제란 우리가 알고 있는 '어떤 P는 Q다.' 또는 '모든 P는 Q다.'와 같은 명제를 뜻한다. 반면에 가언 명제란 '가정'의 의미가 명제 속에 포함된 것으로 'P ⇒ Q' 혹은 'P ⇒ ~Q' 등을 뜻한다.

정언 명제가 나타내는 상황은 소위 벤다이어그램이라는 그림을 이용하여 문제를 쉽게 풀 수가 있다. 그러나 가언 명제의 경우는 이러한 방식으로 접근하기가 어렵다. 예를 들면 '모든 사람은 동물이다.' 라는 정언 명제는 오른쪽 그림과 같이 간단히 나타낼 수 있지만 '철수가 학교에 간다면 영희도 학교에 간다.' 라는 가언 명제는 그림으로 나타내기 어렵다. 따라서 '정언 명제' 나 '가언 명제' 라는 용어의 의미를 암기하는 것보다 이러한 특성을 아는 것이 실제 문제 풀이에 도움이 된다.

③ 명제의 역 · 이 · 대우

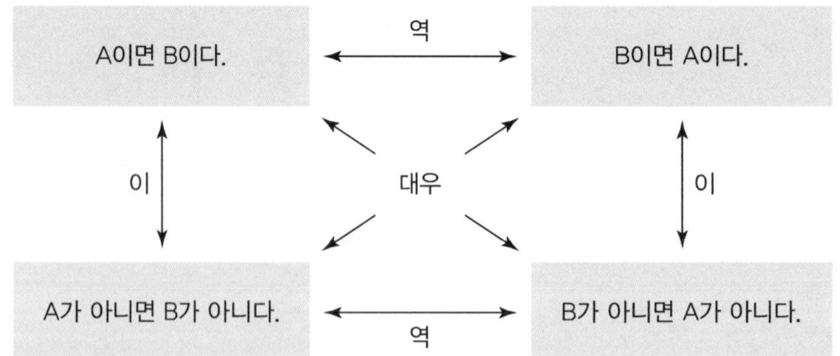

본 명제(A이면 B이다.)와 대우(B가 아니면 A가 아니다.)는 항상 동치(≡)이다.
(동치란 참과 거짓이 같은 명제를 의미한다.)
본 명제의 이와 역은 서로 대우이므로 동치이다.

④ 필요 · 충분조건

$p \rightarrow q$가 참일 때 ⇔ $P \subset Q$

p는 q이기 위한 충분조건, q는 p이기 위한 필요조건

(2) 귀납 추론과 연역 추론

① 귀납 추론

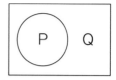

㉠ 개별의 경험적 사실로부터, 즉 이를 전제로 결론을 이끌어내는 것을 귀납 추론이라고 한다.

㉡ 귀납 추론에 의한 결론은 결론에 반(反)하는 단 하나의 사례만으로도 부정될 수 있다.

P Q

(전제 1) 영희의 할아버지는 재작년에 돌아가셨다.
(전제 2) 철수의 아버지도 올봄에 지병으로 돌아가셨다.
(결　론) 사람은 모두 죽는다.

② 연역 추론(삼단논법)

㉠ 보편적이고 일반적인 원리나 전제로부터 특수한 사실을 이끌어 내는 것을 연역 추론이라 한다.

㉡ 연역 추론에 의한 판단은 전면적이고 그 자체도는 절대적이다.

(대전제) 사람은 죽는다.
(소전제) 소크라테스는 사람이다.
(결　론) 소크라테스는 죽는다.

※ 위의 추론에서 대전제와 소전제를 참이라고 가정할 경우 결론은 반드시 참이다.

출제예상문제

※ 다음 제시된 문장에 미루어 바르게 추리된 것을 고르시오. [1~9]

01

> ㉠ 참나무는 소나무보다 크다.
> ㉡ 소나무는 배나무보다 작지 않다.

① 배나무는 참나무보다 작다.
② 소나무가 가장 작다.
③ 배나무가 두 번째로 크다.
④ 참나무는 배나무보다 크지 않다.

02

> ㉠ 연필은 볼펜보다 길다.
> ㉡ 만년필도 볼펜보다 길다.

① 연필이 만년필보다 길다.
② 만년필이 연필보다 짧다.
③ 만년필이 가장 길다.
④ 볼펜이 가장 짧다.

03

> ㉠ 물이 커피보다 좋다.
> ㉡ 콜라는 커피보다 나쁘다.

① 커피가 가장 좋다.
② 커피가 가장 나쁘다.
③ 콜라는 물보다 좋다.
④ 물은 콜라보다 좋다.

04

> 모든 여성은 쇼핑을 좋아한다.
> 지수는 쇼핑을 좋아하지 않는다.

① 지수는 자린고비이다.
② 지수는 여성이 아니다.
③ 어떤 여성은 쇼핑을 싫어한다.
④ 지수는 백수이다.

05

> • TGV는 KTX보다 넓다.
> • KTX는 신칸센보다 빠르다.
> • KTX는 TGV보다 빠르다.

① KTX는 신칸센보다 넓다.
② TGV는 신칸센보다 느리다.
③ 신칸센은 TGV보다 넓다.
④ 신칸센은 KTX보다 느리다.

정답 및 해설 01. ① 02. ④ 03. ④ 04. ② 05. ④

01 ㉠에서 참나무 > 소나무를, ㉡에서 소나무 ≥ 배나무임을 알 수 있다.
따라서 '참나무 > 소나무 ≥ 배나무'를 추리할 수 있다.

02 제시된 조건에 따라,
㉠ 연필 > 볼펜, ㉡ 만년필 > 볼펜
따라서 연필과 만년필의 길이 차이는 알 수 없고, 볼펜이 가장 짧다는 사실만 알 수 있다.

03 ㉠에 의해, 물 > 커피를 알 수 있고, ㉡에 의해 커피 > 콜라를 알 수 있다.
따라서 물 > 커피 > 콜라의 순서임을 알 수 있다.

04 명제의 대우는 항상 참이 된다. '모든 여성은 쇼핑을 좋아한다.'의 대우는 '쇼핑을 좋아하지 않으면 여성이 아니다.'이다.
따라서 '지수는 여성이 아니다.'를 추리할 수 있다.

05 제시된 조건을 정리하면,
넓이 : TGV > KTX
빠르기 : KTX > TGV, KTX > 신칸센
④ 신칸센은 KTX보다 느리다.
① KTX는 신칸센보다 넓은지는 알 수 없다.
② TGV는 신칸센보다 느린지는 알 수 없다.
③ 신칸센은 TGV보다 넓은지는 알 수 없다.

06

• 선규는 운동선수다.
• 음악을 좋아하면 활동적이다.
• 음악을 좋아하지 않으면 운동선수가 아니다.

① 선규는 활동적이다.
② 운동선수는 활동적이지 않다.
③ 선규는 음악을 좋아하지 않는다.
④ 활동적인 사람은 운동선수가 아니다.

07

• 준수의 아버지는 성수이다.
• 준호의 아버지는 성수이다.
• 준형의 아버지는 준호이다.

① 준수는 준형의 삼촌이다.
② 준수와 준형은 형제이다.
③ 준형의 삼촌은 성수이다.
④ 성수는 준형의 아버지이다.

08

• 수학을 잘하는 사람은 과학도 잘한다.
• 미술을 못하는 사람은 철학도 못한다.
• 과학을 못하는 사람은 미술도 못한다.

① 수학을 잘하는 사람은 철학을 못한다.
② 철학을 잘하는 사람은 수학을 못한다.
③ 미술을 잘하는 사람은 수학을 못한다.
④ 과학을 못하는 사람은 철학도 못한다.

09

- 철수는 영수보다 키가 크다.
- 영수는 길동이보다 몸무게가 더 나간다.
- 철수는 영수보다 몸무게가 더 나간다.

① 철수는 길동이보다 키가 크다.
② 철수는 길동이보다 몸무게가 더 나간다.
③ 영수는 철수보다 몸무게가 더 나간다.
④ 길동이의 키가 가장 작다.

10 **다음 글을 바탕으로 추론할 수 없는 것은?**

- 책이란 인류의 기억 창고이다.
- 이것은 인간이 다른 동물과 구별되게 하는 특징 중의 하나이다.

① 책을 만들고 이용하는 능력은 인간만이 지니고 있다.
② 책이 없다면 인간은 과거에 대한 지식을 얻을 수 없다.
③ 인간은 먼 과거에 대해 다른 동물들보다 많은 것을 알 수 있다.
④ 과거에 대한 인간의 지식의 일부는 책을 통해 얻을 수 있다.

정답 및 해설 06. ① 07. ① 08. ④ 09. ② 10. ②

06 대우는 참이므로, '음악을 좋아하지 않으면 운동선수가 아니다.'의 대우는 '운동선수는 음악을 좋아한다.'가 된다.
따라서 '선규 → 운동선수 → 음악 → 활동적'이다.

07 준수와 준호의 아버지는 모두 성수이므로 준수와 준호는 형제이다.
준형은 준호의 자녀이므로 준수는 준형의 삼촌이 되며, 성수는 준형의 할아버지가 된다.

08 조건을 정리하면,
'과학을 못하는 사람은 미술도 못하고, 미술을 못하는 사람은 철학도 못한다.'가 된다.
그러므로 과학을 못하는 사람은 철학도 못한다.

09 조건을 정리하면,
키 : 철수 > 영수, 몸무게 : 철수 > 영수 > 길동
② 철수는 길동이보다 몸무게가 더 나간다.
① 철수는 길동이보다 키가 큰지는 알 수 없다.
③ 영수는 철수보다 몸무게가 적게 나간다.
④ 길동이의 키가 가장 작은지는 알 수 없다.

10 책이 기억의 창고라는 말이 과거에 대한 지식을 얻는 유일한 수단이 책이라는 뜻을 함축하고 있지 않다.

11 **다음과 같은 전제가 있을 때 도출할 수 있는 결론으로 적당한 것은?**

> ㉠ 성실한 사람은 신뢰를 받는다.
> ㉡ 정직한 사람은 모두가 좋아한다.
> ㉢ 신뢰받는 사람은 모두가 좋아한다.

① 모두가 좋아하는 사람은 성실한 사람이다.
② 정직한 사람은 성실한 사람이다.
③ 신뢰받는 사람은 정직한 사람이다.
④ 성실한 사람은 모두가 좋아한다.

12 **다음 빈칸에 들어갈 알맞은 것은?**

> 코끼리를 좋아하는 사람은 토끼도 좋아한다.
> 토끼를 좋아하지 않는 사람은 병아리도 좋아하지 않는다.
> 병아리를 좋아하지 않는 사람은 고양이도 좋아하지 않는다.
> 그러므로 ( )

① 병아리를 좋아하는 사람은 코끼리도 좋아하지 않는다.
② 고양이를 좋아하는 사람은 코끼리를 좋아하지 않는다.
③ 토끼를 좋아하지 않는 사람은 고양이도 좋아하지 않는다.
④ 코끼리를 좋아하지 않는 사람은 고양이도 좋아한다.

13 **다음 조건이 성립한다고 가정할 때, 반드시 참인 것은?**

> • 성훈이는 활기차고 똑똑하다.
> • 소연이는 총무팀 소속이다.
> • 활기차거나 똑똑한 사람들은 모두 영업팀이다.

① 성훈이는 총무팀이다.
② 성훈이는 영업팀이다.
③ 영업팀 사람들은 전부 똑똑하다.
④ 총무팀은 전반적으로 영업팀보다 활기차지 못하다.

14 건어물 가게, 옷가게 및 식당은 직선도로를 따라 서로 이웃하고 있다. 이들 가게 간판 색깔은 빨강, 파랑, 노랑이며 가게 앞에서 가게를 바라볼 때 다음과 같이 되어 있다. 다음 중 옳은 추론은?

> ㉠ 파랑 간판은 왼쪽 끝에 있는 상점의 것이다.
> ㉡ 옷가게는 식당 오른쪽 옆에 있다.
> ㉢ 식당의 간판색은 빨강색이다.

① 건어물 가게의 간판색은 파랑이다.
② 식당의 간판색은 노랑이다.
③ 맨 왼쪽부터 파랑, 노랑, 빨강 순이다.
④ 맨 왼쪽부터 식당, 옷가게, 건어물 가게 순이다.

정답 및 해설 11. ④ 12. ③ 13. ② 14. ①

11 제시된 전제를 3단 논법에 의해 정리하면, 다음과 같다.
성실한 사람 → 신뢰를 받는다. → 모두가 좋아한다.
따라서 '성실한 사람은 모두가 좋아한다.'를 도출할 수 있다.

12 둘째 명제와 셋째 명제를 연결하면 '토끼를 좋아하지 않는 사람은 병아리도 좋아하지 않고, 그런 사람은 고양이도 좋아하지 않는다.'가 된다.
이 명제로부터 '토끼를 좋아하지 않는 사람은 고양이도 좋아하지 않는다.'는 명제를 이끌어 낼 수 있다.

13 조건을 보면,
- 성훈 ⇒ 활기차고 똑똑하다.
- 소연 ⇒ 총무팀 소속
- 활기차거나 똑똑한 사람 ⇒ 영업팀 소속

따라서 활기차고 똑똑한 사람인 성훈이는 영업팀임을 알 수 있다.
① 성훈이는 영업팀 소속이다.
③ 영업팀 사람들이 전부 똑똑한지 알 수 없다.(역은 알 수 없다.)
④ 총무팀이 전반적으로 영업팀보다 활기찬지 아닌지 알 수 없다.

14 주어진 조건을 분석하면 ㉠, ㉡에 의해 다음과 같이 2가지 경우가 발생한다.

(1)

식당	옷가게	
파랑		

(2)

	식당	옷가게
파랑		

(1)은 조건 ㉢에 어긋나므로 조건을 충족하면 다음과 같다.

건어물 가게	식당	옷가게
파랑	빨강	노랑

15 **A, B, C, D, E 다섯 사람이 달리기 시합을 했다. 그 결과가 〈보기〉와 같았다면 먼저 들어온 순서로 알맞은 것은?**

보기

㉠ B는 A보다 먼저 들어왔다.
㉡ B와 A 사이에 들어온 사람이 한 명 있다.
㉢ E가 A보다 늦게 들어오고 C보다 빨리 들어왔다.

① B−D−A−C−E
② B−D−A−E−C
③ B−E−A−D−C
④ B−E−A−C−D

16 **A, B, C, D, E 다섯 명이 다음 〈보기〉에 따라 일렬로 줄을 섰을 때, 그 순서는?**

보기

㉠ A는 왼쪽에서 두 번째이다.
㉡ C는 A보다 오른쪽에 있다.
㉢ D와 E는 이웃해 있다.
㉣ A와 E는 이웃해 있다.

① B−A−C−D−E
② B−A−C−E−D
③ B−A−D−E−C
④ B−A−E−D−C

17 **A, B, C, D, E 5개의 분식집이 학교 앞에 일렬로 붙어 있다. 다음 중 옳은 것은?**

㉠ 학교에서 가장 가까운 곳은 C분식집이고, 한집 건너 B분식집이다.
㉡ 가장 먼 곳에는 E분식집이 위치해 있다.
㉢ A분식집이 D분식집보다 학교에서 더 멀리 있다.

① A는 E와 붙어 있다.
② B는 C와 붙어 있다.
③ D와 A는 붙어 있다.
④ E와 D는 붙어 있다.

18 **지수, 진아, 영식, 민수, 원이 다섯 명이 교실에 들어온 순서를 묻는 질문에 다음과 같이 대답하였다. 먼저 들어온 순서로 알맞은 것은?**

보기

㉠ 진아 : 나는 지수보다 빨리 교실에 들어왔다.
㉡ 민수 : 나는 영식보다 늦게, 진아보다 먼저 들어왔다.
㉢ 원이 : 내 앞으로 민수가 들어가는 것을 보았다.
㉣ 지수 : 나는 원이보다 먼저 교실에 들어왔다.

① 영식 → 민수 → 원이 → 지수 → 진아
② 영식 → 민수 → 진아 → 원이 → 지수
③ 영식 → 민수 → 원이 → 진아 → 지수
④ 영식 → 민수 → 진아 → 지수 → 원이

정답 및 해설 15. ② 16. ④ 17. ① 18. ④

15 ㉢에 의해 먼저 들어온 순서는 'A-E-C'가 된다.
㉠, ㉡에 의해 'B-D-A-E-C'가 된다.

16 ㉢, ㉣에 의해 (1) D-E-A 또는 (2) A-E-D인데 ㉠에 의해 (1)은 될 수 없다.
따라서 ㉡에 의해 B-A-E-D-C가 된다.

17 학교에서 가까운 위치부터 차례대로 C-D-B-A-E 순서로 위치한다.

㉠에서 보면,

학교	C분식집		B분식집

㉠과 ㉡에서 보면,

학교	C분식집		B분식집		E분식집

㉠·㉡·㉢을 종합하면,

학교	C분식집	D분식집	B분식집	A분식집	E분식집

18 ㉠ 진아 > 지수, ㉡ 영식 > 민수 > 진아, ㉢ 민수 > 원이, ㉣ 지수 > 원이
따라서 영식 > 민수 > 진아 > 지수 > 원이 순이다.

19 **다음 내용을 통해 유추할 수 있는 문장은?**

• 어떤 야구 선수는 팀을 옮긴 사람이다.
• 팀을 옮긴 모든 타자는 홈런을 25개 이상 친다.

① 모든 팀을 옮긴 타자는 야구 선수이다.
② 어떤 야구 선수는 홈런을 25개 이상 친다.
③ 모든 야구 선수는 홈런을 25개 이상 친다.
④ 모든 홈런을 25개 이상 치는 타자는 야구 선수이다.

※ 다음 물음이 논리적으로 참이면 ①, 명확하게 거짓이면 ②, 참 · 거짓이 명확하지 않으면 ③을 선택하시오. [20~21]

㉠ B는 A보다 무겁고, F보다 무겁다.
㉡ C는 B보다 무겁고, D보다 가볍다.
㉢ E는 C보다 가볍다.

20

E는 D보다 가볍다.

① 참 ② 거짓 ③ 알 수 없음

21

A는 E보다 무겁다.

① 참 ② 거짓 ③ 알 수 없음

※ 다음 물음이 논리적으로 참이면 ①, 명확하게 거짓이면 ②, 참 · 거짓이 명확하지 않으면 ③을 선택하시오. [22~23]

- 준수는 정희보다 많이 먹는다.
- 정현은 철수보다 많이 먹는다.
- 지원은 정현보다 많이 먹는다.

22

지원은 정희보다 많이 먹는다.

① 참 ② 거짓 ③ 알 수 없음

23

지원은 철수보다 많이 먹는다.

① 참 ② 거짓 ③ 알 수 없음

정답 및 해설 19. ② 20. ① 21. ③ 22. ③ 23. ①

19 주어진 명제를 정리하면 '어떤 야구 선수는 팀을 옮긴 사람이고, 팀을 옮긴 타자는 홈런을 25개 이상 친다.'가 된다. 따라서 '어떤 야구 선수는 홈런을 25개 이상 친다.'를 유추할 수 있다.

20 ㉠ B > A, B > F ㉡ D > C > B ㉢ C > E
㉡과 ㉢에 의해 D가 E보다 가볍다는 것을 알 수 있다.

21 위의 정리에 의하면, A가 E보다 무거운지는 알 수 없다.

22 제시된 조건에 의하면,
준수 > 정희, 지원 > 정현 > 철수가 된다.
따라서 지원이가 정희보다 많이 먹는지는 알 수 없다.

23 위의 정리에 의하면, 지원은 철수보다 많이 먹는다는 것을 알 수 있다.

※ 대한, 민국, 만세, 광복, 평화 다섯 명이 다음 전제에 따라 일렬로 줄을 서 있을 때, 다음 물음이 논리적으로 참이면 ①, 명확하게 거짓이면 ②, 참•거짓이 명확하지 않으면 ③을 선택하시오. [24~25]

- 대한은 왼쪽에서 두 번째이다.
- 만세는 대한보다 오른쪽에 있다.
- 광복과 평화는 이웃해 있다.

24

가장 왼쪽에 서 있는 사람은 민국이다.

① 참 ② 거짓 ③ 알 수 없음

25

만세는 가장 오른쪽에 서 있다.

① 참 ② 거짓 ③ 알 수 없음

※ 원형 테이블에 번호 순서대로 앉아 있는 다섯 명의 여자 1, 2, 3, 4, 5 사이에 다섯 명의 남자 A, B, C, D, E가 〈보기〉와 같이 앉았다. 다음 물음이 논리적으로 참이면 ①, 명확하게 거짓이면 ②, 참 · 거짓이 명확하지 않으면 ③을 선택하시오. [26~28]

보기

㉠ C는 3 옆에 앉고, D는 1 옆에 앉는다.
㉡ B는 짝수 번호의 여자 옆에 앉을 수 없다.
㉢ E는 3 옆에 앉을 수 없고, A는 5 옆에 앉을 수 없다.

26

D는 1과 5 사이에 앉는다.

① 참 ② 거짓 ③ 알 수 없다.

27

A는 2와 3 사이, C는 3과 4 사이에 앉는다.

① 참　　② 거짓　　③ 알 수 없다.

28

1의 양옆에는 B와 D가 앉는다.

① 참　　② 거짓　　③ 알 수 없다.

정답 및 해설

24. ① 25. ③ 26. ② 27. ③ 28. ①

24 조건을 정리하면 다음과 같다.

1	2	3	4	5
민국	대한	만세	광복	평화
민국	대한	만세	평화	광복

또는

1	2	3	4	5
민국	대한	광복	평화	만세
민국	대한	평화	광복	만세

따라서 가장 왼쪽에 서 있는 사람은 민국이임을 알 수 있다.

25 위의 표를 참조하면, 가장 오른쪽에 서 있는 사람은 알 수 없다.

26 〈보기〉에 따르면 B는 1과 5 사이, D는 1과 2 사이, E는 4와 5 사이에 앉는다.

27 A가 2와 3 사이에 앉는다면 C는 3과 4 사이에 앉고, A가 3과 4 사이에 앉는다면 C는 2와 3 사이에 앉게 되므로 알 수 없다.

28 〈보기〉에 따르면 1의 양옆에는 B와 D가 앉는다.

03 》 과학추리

1 출제영역

공식을 이용한 문제보다는 주로 중・고등학교 수준의 과학적 지식을 이용하여 풀 수 있는 문제들로 구성되어 있다.

2 출제경향

중・고등학교 과학 과목의 내용에 기반을 둔 문제로 구성돼 있으며 운동법칙이나 굴절현상, 물질의 상태변화 등의 문제가 주로 출제되며, 계열사별로 과학추리가 출제되는 곳이 있으므로 학습해둬야 한다.

◆ 출제문제 유형 ◆

- 가속도, 운동의 원리, 힘의 작용 등 물리 관련 문제
- 상태변화, 화학반응, 용액 등 화학 관련 문제
- 지구와 달의 자전, 공전 등 지구과학 관련 문제
- 광합성, 생태계 등 생물 관련 문제

3 학습방법

- 운동법칙이나 굴절현상, 물질의 상태 변화, 화학반응, 광합성 등 과학추리 영역에서 자주 출제되는 부분은 학습할 때 염두에 두고 시간을 할애해서 공부해두자.

01 **다음 중 달리던 사람이 갑자기 멈추기 어려운 이유와 같은 원리인 것은?**

① 로켓이 가스를 뒤로 배출하면서 앞으로 나아간다.
② 버스가 앞쪽으로 이동할 때 버스 안의 손잡이는 뒤쪽으로 움직인다.
③ 스케이트를 타는 두 사람이 서로 밀면 함께 밀려난다.
④ 비탈면을 따라 움직이던 수레가 멈추었다.

02 **마찰이 없는 수평면 위에서 2kg의 수레를 밀었더니 가속도가 10m/s^2이었다. 같은 힘으로 4kg의 수레를 밀 때 가속도는?**

① 5m/s^2 ② 10m/s^2
③ 20m/s^2 ④ 40m/s^2

01 달리던 사람이 갑자기 멈추기 어려운 것은 관성의 원리가 작용하기 때문이다.
따라서 같은 원리는 ②이다.
①, ③ 작용 · 반작용의 원리
④ 마찰력

02 $F = ma$
$F = 2 \times 10 = 20\text{N}$
같은 힘으로 4kg의 수레를 밀었으므로
$20 = 4 \times a$
$a = 5\text{m/s}^2$

답 01. ② 02. ①

꼭 알아둬야 할

과학추리

(1) 힘

① 여러 가지 힘

㉠ 탄성력 : 탄성체에 힘을 주었다가 그 힘을 없앨 때 처음의 상태로 되돌아가려는 힘

- 탄성력의 크기 : 탄성체에 가해 준 힘의 크기와 같다(훅의 법칙).
- 탄성력의 방향 : 변형되기 전의 상태로 되돌아가려는 방향으로 작용

㉡ 마찰력 : 두 물체가 운동할 때 운동을 방해하는 힘

② 힘의 작용

㉠ 같은 방향으로 작용하는 두 힘 : 두 힘 F_1과 F_2가 직선상에서 같은 방향으로 작용하는 경우, 두 힘의 합력 F의 크기는 두 힘의 크기의 합과 같고 방향도 같다.

㉡ 반대 방향으로 작용하는 두 힘 : 크기가 다른 두 힘이 한 물체에 동시에 작용할 때 합력의 크기는 큰 힘에서 작은 힘을 뺀 값과 같다.

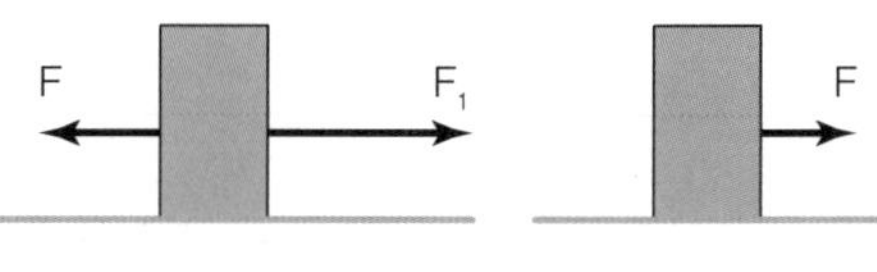

(2) 여러 가지 운동

① 속력(빠르기) : 단위 시간(1초) 동안의 이동 거리(s)

$$\text{속력} = \frac{\text{이동 거리}}{\text{걸린 시간}} \left(v = \frac{s}{t}\right)$$

② 속도 : 단위 시간 동안 물체의 변한 위치

$$\text{속력}(v) = \frac{\text{변한 위치}(S)}{\text{걸린 시간}(t)} = \frac{\text{나중 위치} - \text{처음 위치}}{\text{걸린 시간}} [\text{단위 : m/s, km/h}]$$

③ 운동법칙

㉠ 운동 제1법칙(관성의 법칙) : 외부에서 힘이 가해지지 않는 한 모든 물체는 자기의 상태를 그대로 유지하려고 하는 것

예 관성의 법칙

- 이불을 막대기로 두드리면 먼지가 떨어진다.
- 버스가 급정거 시, 앞으로 당겨지는 느낌을 가진다.
- 버스에서 앞으로 급출발 시, 뒤로 당겨지는 느낌을 가진다.
- 스프린터들이 100m를 뛰고 결승점에 들어 올 때, 곧바로 서지 못한다.
- 식탁보 위에 물컵을 올려놓고 식탁보를 빨리 빼면 물컵은 쓰러지지 않는다.

㉡ 운동 제2법칙(가속도의 법칙) : 물체에 힘이 작용하면 힘의 크기에 비례하고, 질량에 반비례하는 가속도가 생긴다.

$$F = ma$$ (물체에 작용하는 힘=물체의 질량×가속도)

예 가속도의 법칙

- 떨어지는 공의 속력이 점점 더 빨리잔다.
- 정지해 있는 자전거의 페달을 밟으면 자전거는 움직이며, 더 세게 밟으면 더 빠르게 움직인다.

㉢ 운동 제3법칙(작용－반작용의 법칙) : 한 물체가 다른 물체에 힘을 작용하면 다른 물체도 힘을 작용한 물체에 크기가 같고 방향이 반대인 힘을 작용한다.

예 작용－반작용의 법칙

- 로켓이 가스를 뒤로 분출하면서 앞으로 나아간다.
- 얼음판 위에서 사람이 벽을 빌면 사람이 뒤로 밀려난다.

(3) 일과 에너지

① 일과 일률

㉠ 일의 양 : 힘의 크기와 이동한 거리의 곱으로 나타낸다.

일 = 힘의 크기 × 힘의 방향으로 이동한 거리 $W = F \times s$

㉡ 일의 표현 : 일은 힘의 크기와 이동한 거리의 곱으로 나타낸다.

㉢ 물체를 미는 일과 들어올리는 일의 계산
- 미는 일=마찰력×물체의 이동거리
- 들어올리는 일=물체의 무게×들어올린 높이

㉣ 일이 0인 경우
- 물체를 움직이는 데 드는 힘이 0일 때
- 힘을 가해도 물체의 움직인 거리가 0일 때
- 힘의 방향과 이동 방향이 직각일 때

㉤ 일률 : 1초(단위시간) 동안에 하는 일의 양
- 1W : 1초 동안에 1J의 일을 할 때의 일률
- 일의 양과 일률 : 일을 한 시간이 일정할 때 한 일의 양은 일률에 비례한다.

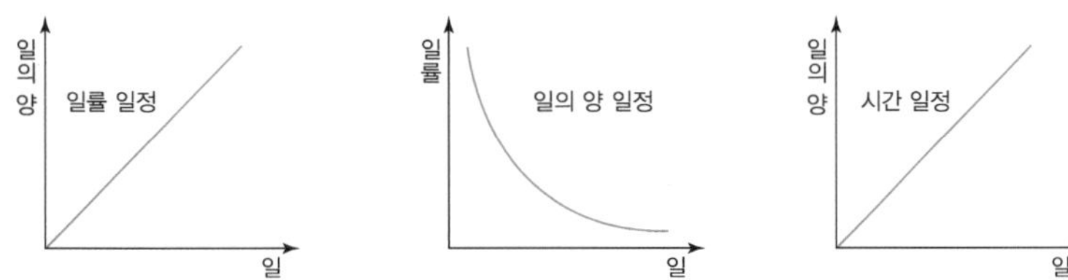

② 일의 원리

㉠ 고정 도르래 : 힘과 일 모두에 이득이 없다.

- 줄을 당기는 데 드는 힘 : 물체의 무게와 같다.
- 당기는 줄의 길이 : 물체가 올라간 높이와 같다.
- 힘의 방향을 바꿀 수 있다.

㉡ 움직 도르래 : 힘에는 이득이 있으나, 일에는 이득이 없다.

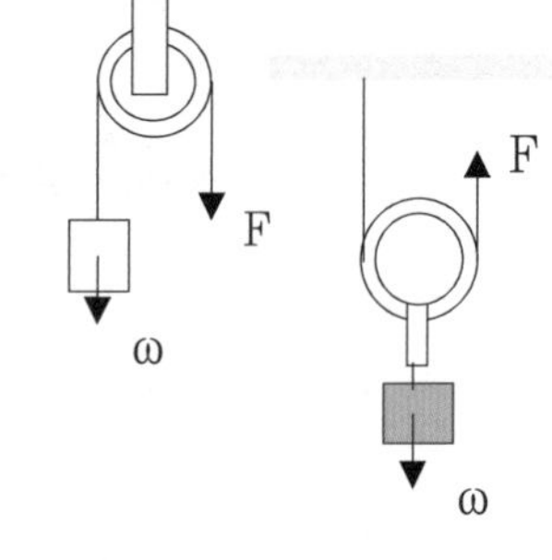

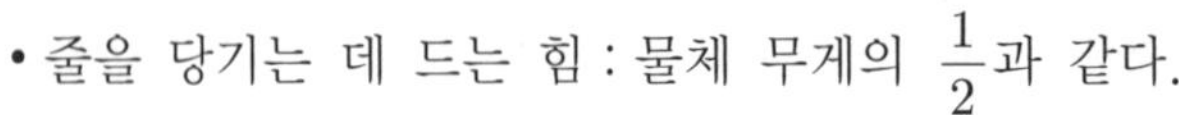

- 줄을 당기는 데 드는 힘 : 물체 무게의 $\frac{1}{2}$과 같다.

- 당기는 줄의 길이 : 물체가 올라간 높이의 2배이다.
- 움직 도르래를 여러 개 조합하여 사용하면 힘의 이득이 커진다.

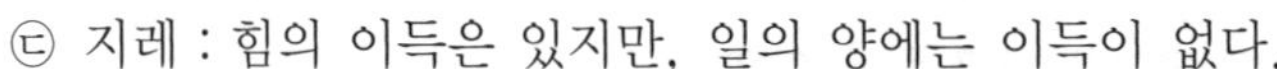

㉢ 지레 : 힘의 이득은 있지만, 일의 양에는 이득이 없다.

- 힘의 크기 : 무게가 W인 물체를 올리는 데 드는 최소의 힘이 F, 받침점에서 작용점과 힘점까지의 거리가 각각 a, b 작용점과 힘점의 이동거리가 각 h, s일 때

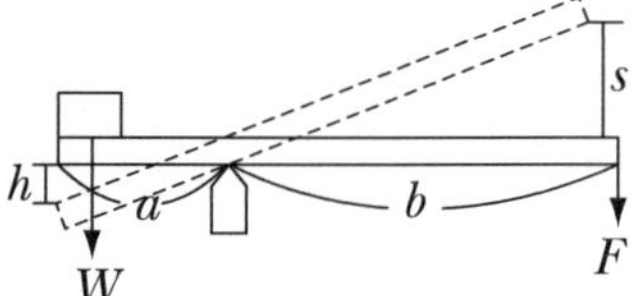

$$F \times b = W \times a \Rightarrow F = W \times \frac{a}{b}$$

- 일의 양 : $W = F \times s = (W \times \frac{a}{b}) \times (h \times \frac{b}{a}) = W \times h$

㉣ 빗면

- 빗면의 원리 : 빗면의 기울기가 작을수록, 빗면 위에 놓인 물체 무게의 빗면 성분도 작아지므로 물체를 위로 이동시키는 데 드는 힘이 작아진다($F < F'$). 그러나 같은 높이까지 위로 올리는 이동 거리는 길어진다.

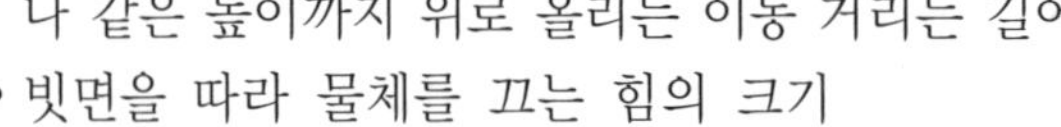

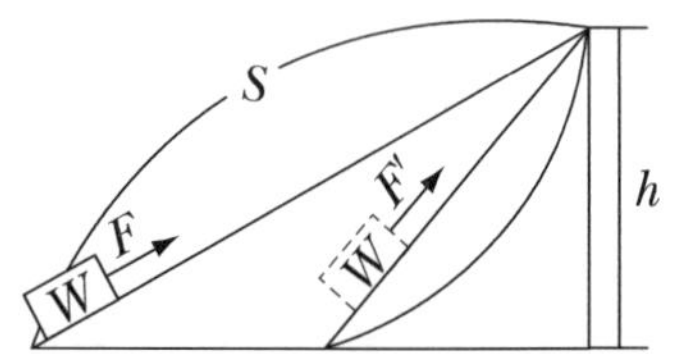

- 빗면을 따라 물체를 끄는 힘의 크기

$$F = W \times \frac{h}{s}$$

- 빗면을 사용할 때의 일 : $W = Fs = Wh$

③ 전기 에너지

㉠ 전기 에너지의 크기 : 저항에 공급되는 전기 에너지는 저항(R)에 걸리는 전압(V), 저항(R)에 걸리는 전류(I), 전류가 흐른 시간(t)의 곱으로 나타낼 수 있다.

$$\text{전기에너지}(E) = \text{전압}(V) \times \text{전류}(I) \times \text{시간}(t) = I^2Rt = \frac{V^2}{R}t$$

↑ ↑

$(V = IR)$ $(I = \frac{V}{R})$

㉡ 전기 에너지의 단위 : J(줄)을 사용하며, 1J은 1V의 전압으로 1A의 전류가 1s 동안 흐를 때 공급되는 전기 에너지(1J = 1V × 1A × 1s)

㉢ 전기 에너지의 이용

- 발열 작용 : 전기 에너지 → 열 에너지로 전환되는 작용 예 전열기, 전등, 전기밥솥, 다리미, 전기난로 등
- 자기 작용 : 전기 에너지 → 자기 에너지로 전환되는 작용 예 전자석, 전기 모터 등
- 화학 작용 : 전기 에너지 → 화학 에너지로 전환되는 작용 예 물이나 전해질의 전기 분해, 전기 도금 등

④ 전류 · 저항 · 전압

㉠ 전류 : 전기장에 의해 전기력을 받은 전하의 이동 현상

- 방향 : +전하의 이동 방향(−전하의 이동 방향과 반대), 고전위에서 저전위로 흐른다.
- 크기 : 단위 시간 동안에 도선의 한 단면을 지나는 전하량

㉡ 전기 저항 : 도선에 흐르는 전류가 흐르는 것을 방해하는 정도

- 도선의 전기 저항 : 도선의 길이에 비례하고, 단면적에 반비례한다.
- 온도에 따른 저항의 변화 : 도체에 온도가 상승하면 도체 내의 원자들의 진동이 활발해져 자유 전자의 이동은 더욱 방해

㉢ 전압 : 전기장 내의 임의의 두 점 사이에서 단위 전하를 옮기는 데 필요한 일

㉣ 옴의 법칙 : 전압과 전류와의 관계

$$I \propto V \Rightarrow V = IR$$

⑤ 저항의 직렬 · 병렬연결

직렬연결	병렬연결
① 전류 : $I = I_1 = I_2$ ② 전압 : $V = V_1 + V_2$ ③ 저항 : $R = R_1 + R_2$ 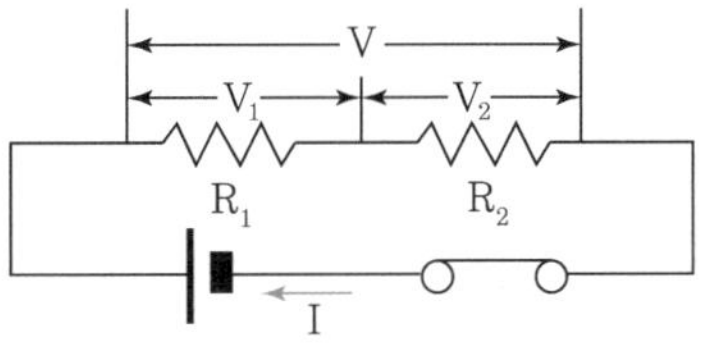 V, V_1, V_2, R_1, R_2, I	① 전류 : $I = I_1 + I_2$ ② 전압 : $V = V_1 = V_2$ ③ 저항 : $\frac{1}{R} = \frac{1}{R_1} + \frac{1}{R_2}$ 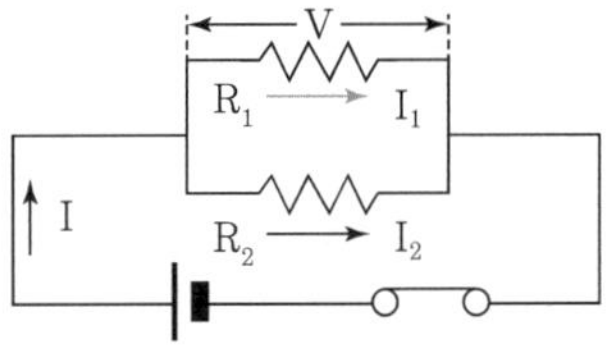 V, R_1, I_1, R_2, I_2, I

(4) 물질의 상태변화

① **융해** : 고체가 액체로 변하는 현상 예 얼음이 녹는다. 여름철에 아이스크림이 녹아 흘러내린다.

② **응고** : 액체가 고체로 변하는 현상 예 물이 얼다.

③ **기화** : 액체가 기체로 변하는 현상 예 물이 끓는다.

④ **액화** : 기체가 액체로 변하는 현상 예 이슬이 맺힌다. 찬물이 들어 있는 컵 바깥에 물방울이 맺힌다.

⑤ **승화** : 고체가 직접 기체로 또는 기체가 직접 고체로 변하는 현상 예 서리가 생긴다. 옷장 속의 나프탈렌이 작아진다. ※ 승화성 물질 : 요오드, 나프탈렌, 드라이아이스 등

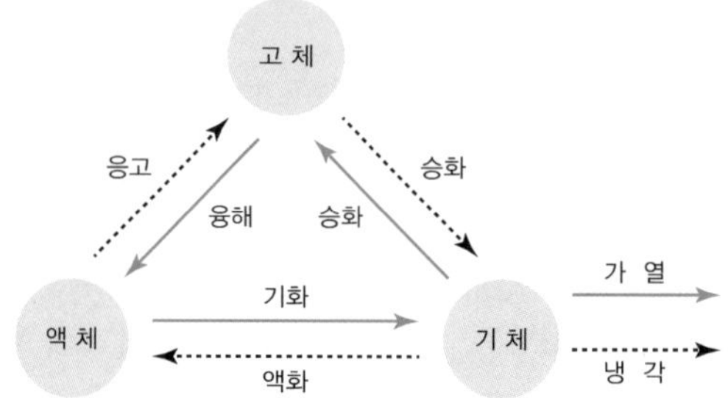

(5) 물질의 성질

① **녹는점** : 고체가 녹기 시작하여 액체로 되는 동안 일정하게 유지되는 온도

② **어는점** : 액체가 얼기 시작하여 고체로 되는 동안 일정하게 유지되는 온도

③ 순수한 물질에서 녹는점과 어는점은 같다.

예 압력과 녹는점 및 어는점의 관계

① 얼음은 같은 질량의 물보다 부피가 더 크므로 압력을 받으면 부피가 줄기 때문에 물로 변한다. 예 스케이트를 탈 때는 얼음이 녹아 잘 미끄러진다.

② 얼음의 경우는 압력이 높을수록 녹는점이 낮아진다.

③ 녹을 때 부피가 증가하는 물질의 경우는 압력이 높을수록 녹는점이 높아진다.

④ 고체와 액체 사이에는 부피 변화가 작기 때문에 압력에 따른 녹는점과 어는점의 변화는 아주 작다.

④ **끓는점**

㉠ 액체가 끓기 시작하여 기체로 되는 동안 일정하게 유지되는 온도

㉡ 한 물질에서 액체가 끓어 기체로 되는 온도와 기체가 식어 액체로 되는 온도는 같다.

㉢ 일정한 압력에서 끓는점은 물질의 양에 관계없이 항상 일정하다.

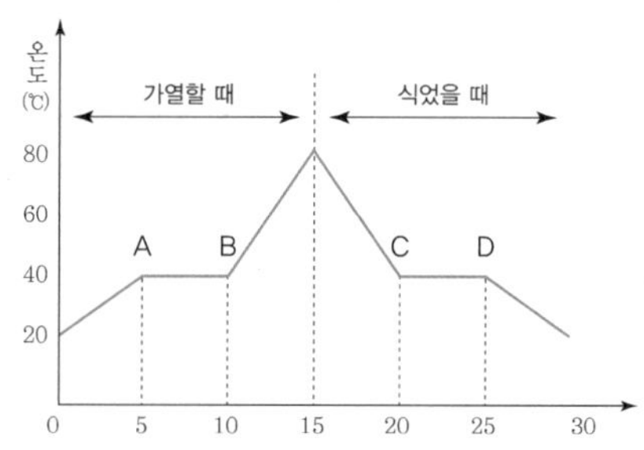

(6) 광합성

① **광합성** : 녹색 식물의 엽록체에서 빛에너지를 이용하여 CO_2와 H_2O부터 유기물인 $C_6H_{12}O_6$(포도당)을 합성하는 과정. 빛에너지를 화학 에너지로 저장한다.

$$6CO_2 + 12H_2O \xrightarrow{\text{빛에너지}} C_6H_{12}O_6 + 6O_2 + 6H_2O$$

② **광합성이 일어나는 장소** : 녹색 식물의 엽록체

③ **광합성에 영향을 주는 요인**

㉠ 빛의 세기 : 온도와 이산화탄소의 농도를 일정하게 유지할 때 광합성 속도는 어느 한계까지는 증가하지만, 그 이상은 더 이상 증가하지 않는다.

- 보상점 : 광합성량과 호흡량이 같을 때의 빛의 세기로 외관상 CO_2의 출입이 없다.
- 광포화점 : 광합성량이 더 이상 증가하지 않을 때의 빛의 세기

㉡ 온도 : 약한 빛에서는 온도의 영향을 거의 받지 않으나, 강한 빛에서는 535℃ 범위 안에서 온도가 10℃ 상승함에 따라 광합성 속도가 2배씩 증가한다.

㉢ 이산화탄소의 농도 : 대기 중의 이산화탄소 농도가 0.1%가 될 때까지는 이산화탄소의 농도가 증가함에 따라 광합성 속도도 증가하지만 그 이상의 농도에서는 일정하다.

㉣ 빛의 파장 : 가시광선 중 적색광과 청자색광에서 광합성이 잘 일어난다.

(7) 지구의 구조

① **대기권** : 지구 표면을 둘러싸고 있는 공기의 층으로, 높이에 따른 기온의 변화를 통해 대류권, 성층권, 중간권, 열권으로 분류한다.

㉠ 대류권(지표~약 10km)

- 높이 올라갈수록 기온과 기압이 낮아지고 공기의 밀도가 커 불안정함
- 전체 공기의 70~80%가 포함되어 있으며, 대류현상(기상현상)이 일어남

㉡ 성층권(10~50km)

- 높이 올라갈수록 기온이 상승(O_3층이 존재)
- 안정한 층으로 대류 현상이 없음

㉢ 중간권(50~80km)

- 높이 올라갈수록 기온이 하강함
- 불안정한 층으로 공기층이 희박하여 기상 현상이 없음

㉣ 열권(80~1,000km)

- 높이 올라갈수록 기온이 상승함
- 공기가 희박하여 밤과 낮의 기온 차가 매우 큼

② **지구 내부 구조**

㉠ 지진파

- 지진 : 지구 내부의 에너지 분출로 땅이 흔들리는 현상이며, 지구 내부에서 발생한 흔들림이 지진파의 형태로 지표로 전달된다.

• 지진파의 종류와 특성

종 류	속 도	도착순서	진 폭	피 해	파 동	통과물질
P파	5~8km	첫째	작다	작다	종파	고체, 액체, 기체 통과
S파	약 4Km/s	둘째	중간	중간	횡파	고체만 통과
L파	약 3Km/s	셋째	크다	크다	혼합	지표면으로 통과

㉡ 지각 : 지구 전체 부피의 약 1%를 차지함
- 모호로비치치 불연속면(모호면) : 지각과 맨틀의 경계면으로 위쪽을 지각, 아래쪽을 맨틀이라 한다.
- 지각의 두께 : 지역에 따라 두께가 다르다.
  - 대륙 지각 : 평균 35km
  - 해양 지각 : 평균5km

㉢ 맨틀 : 지구 전체 부피의 약 80%를 차지, 모호면에서 지하 2,900km까지 분포함
- 지진파의 속도가 빨라지는 것으로 보아 고체 상태의 물질로 추정
- 암영대의 존재 : 지진파가 굴절되어 진원지와 일정 각도상에는 도달하지 않는 영역

㉣ 외핵 : 지하 2,900km에서 약 5,100km까지 분포함
- 구텐베르크면 : 맨틀과 외핵의 경계면, S파는 전파되지 못하고 P파만 통과하는 성질로 보아 외핵이 액체 상태의 물질로 추정
- 레만면 : 외핵과 내핵의 경계면

㉤ 내핵 : 지하 5,100km~지구 중심부까지 분포함
- P파의 속력이 빨라지는 것으로 보아 고체 상태임
- 암영대에서 약한 P파의 관측으로 고체 상태의 물질이 액체인 외핵의 안쪽에 있는지를 확인함

출제예상문제

01 다음 〈보기〉에 해당하는 운동 법칙은?

보기
- 로켓이 가스를 뒤로 분출하면서 앞으로 나아간다.
- 얼음판 위에서 사람이 벽을 밀면 사람이 뒤로 밀려난다.

① 관성의 법칙 ② 케플러 법칙
③ 가속도의 법칙 ④ 작용·반작용의 법칙

02 다음 중 관성의 법칙과 가장 관계가 먼 현상은?

① 걷다가 돌부리에 걸려 넘어진다.
② 이불에 묻은 먼지를 두드려 턴다.
③ 떨어지는 공의 속력이 점점 빨라진다.
④ 버스가 갑자기 출발하면 승객이 뒤로 쏠린다.

정답 및 해설 01. ④ 02. ③

01 작용·반작용의 법칙이 적용되는 사례에서는 반드시 힘을 받는 대상이 둘 나온다. 이 문제에서는 '로켓과 가스', '사람과 벽'이 그에 해당한다.

02 관성 : 물체가 현재의 운동 상태를 그대로 유지하려는 성질
③ 가속도의 법칙과 관련된 현상으로, 떨어지는 공은 중력의 힘을 받기 때문에 속력이 점점 빨라지게 된다.
① 걷다가 돌부리에 걸려 넘어지면 발은 일시로 정지하게 되지만, 몸통과 얼굴 쪽은 계속해서 속도를 유지하려 하여 무게중심이 앞쪽으로 쏠려서 넘어지게 된다.
② 이불은 터는 방향 쪽으로 움직이지만, 먼지는 그 자리에서 머물다가 떨어진다.
④ 승객은 버스와 같이 정지하고 있는데 버스가 갑자기 출발하게 되면 승객은 정지상태를 계속 유지하려고 하므로 뒤로 몸이 쏠리게 된다.

03 **다음 중 물체가 직접 접촉할 때만 힘이 작용하는 경우는?**

① 자기력 ② 전기력
③ 마찰력 ④ 중력

04 **자동차의 에어백은 차가 충돌할 때 충격력을 완화하는 역할을 한다. 다음 중 이것과 원리가 같은 것은?**

① 대포를 쏘면 포신이 뒤로 밀린다.
② 보트가 노를 젓는 방향의 반대로 나아간다.
③ 떨어지는 물체의 낙하 속력이 점점 빨라진다.
④ 공을 받을 때 손을 몸 쪽으로 당기면서 받는다.

05 **다음 중 도르래의 원리를 이용한 것은?**

① 가위 ② 병따개
③ 기중기 ④ 손톱깎이

06 **높은 곳에서 물체를 가만히 떨어뜨렸을 때, 물체가 낙하하는 동안 일정하게 유지되는 것은?** (단, 공기의 저항은 무시한다)

① 물체의 속력 ② 물체의 운동 에너지
③ 물체의 위치 에너지 ④ 물체의 역학적 에너지

07 **수평면 위에 놓인 질량 10kg인 물체에 50N의 일정한 힘을 작용하였더니 $3m/s^2$의 가속도로 운동하였다. 물체에 작용하는 마찰력 F의 크기는?**

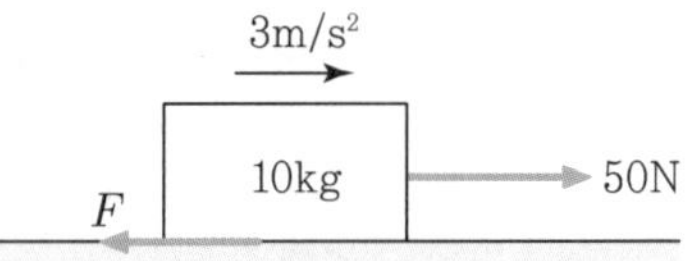

① 5N ② 10N
③ 20N ④ 30N

08 그림과 같이 놀이 공원에서 롤러코스터가 내려올 때 A~D 중 위치 에너지가 최대인 지점은?

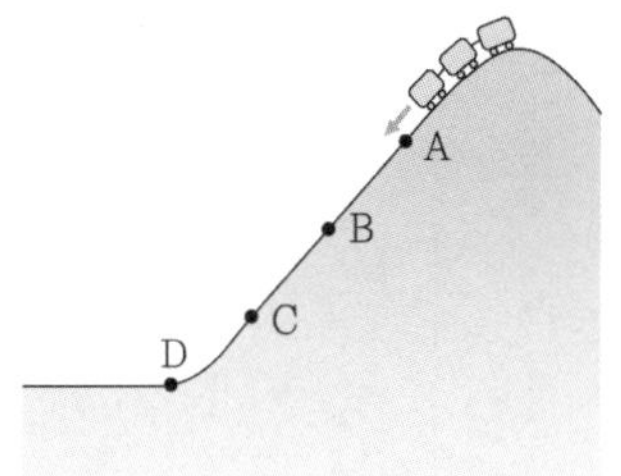

① A ② B
③ C ④ D

09 다음 중 일이 0인 경우는?

① 1N의 힘으로 물체를 1m 이동시킬 때
② 1kg의 물체를 1m 들어 올릴 때
③ 1kg의 물체를 들고 가만히 서 있을 때
④ 1kg중의 힘으로 물체를 1m 이동시킬 때

정답 및 해설 03. ③ 04. ④ 05. ③ 06. ④ 07. ③ 08. ① 09. ③

03 • 접촉해서 작용하는 힘 : 마찰력, 탄성력
• 떨어져도 작용하는 힘 : 중력, 자기력, 전기력

04 충격력을 완화하려면 힘이 작용하는 시간을 늘리면 된다. 공을 받을 때 손을 몸 쪽으로 당기면서 받으면 힘이 작용하는 시간을 늘릴 수 있다.
①, ② 대포를 쏠 때 포신이 밀리는 현상이나 보트가 노를 젓는 방향의 반대로 나가는 것은 작용·반작용의 결과이다.
③ 떨어지는 물체의 낙하 속력이 점점 빨라지는 것은 중력 가속도에 의한 힘이 일정하게 가해지기 때문이다.

05 ①, ②, ④는 지레의 원리를 이용한 것이다.

06 높은 곳의 물체는 위치 에너지를 가지고 있는데 떨어지게 되면 높이가 감소하므로 위치 에너지는 감소하고, 속력이 증가하므로 운동 에너지는 증가하게 된다. 공기의 저항과 마찰을 무시하게 되면 역학적 에너지는 항상 일정하게 보존된다.

07 $3m/s^2$의 가속도를 내기 위해서 필요한 힘을 구하면 $F=ma$에서 30N이다. 그런데 현재 50N의 일정한 힘이 가해지고 있으므로 20N 만큼의 힘이 마찰력으로 방해받고 있다는 이야기가 된다. 그러므로 마찰력은 20N이다.

08 높이가 가장 높은 곳에서의 위치 에너지가 최대이고, 내려올수록 위치 에너지가 운동 에너지로 전환된다.

09 이동 거리가 없는 경우, 힘이 작용하지 않은 경우, 힘의 방향과 물체의 이동 방향이 수직인 경우에는 일의 양이 0이다.

10 지레를 눌러 물체를 들어 올릴 때 힘이 가장 적게 드는 지점은?

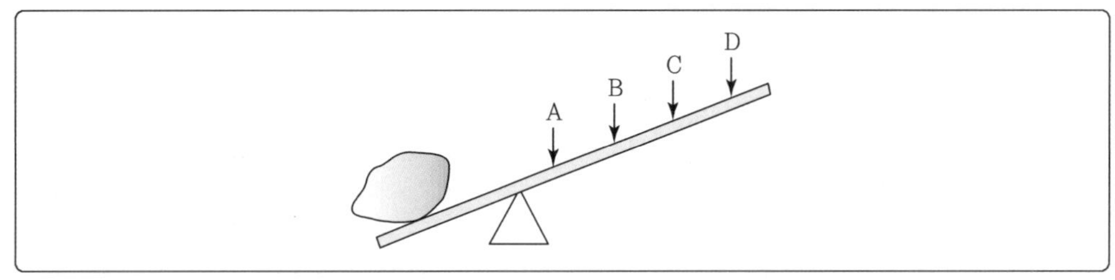

① A ② B
③ C ④ D

11 다음은 질량과 높이가 다른 물체의 모습을 나타낸 것이다. 지표면을 기준으로 하였을 때 위치 에너지가 가장 큰 것은?

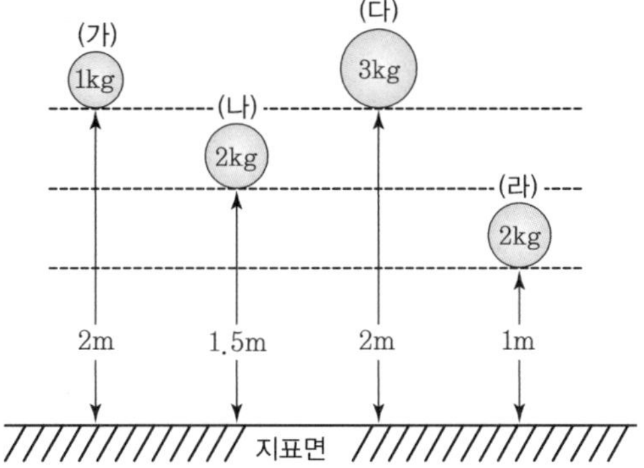

① (가)
② (나)
③ (다)
④ (라)

12 그림과 같은 장치를 이용하여 무게 20N인 물체를 2m 들어 올렸을 때, 잡아당긴 줄의 길이는?

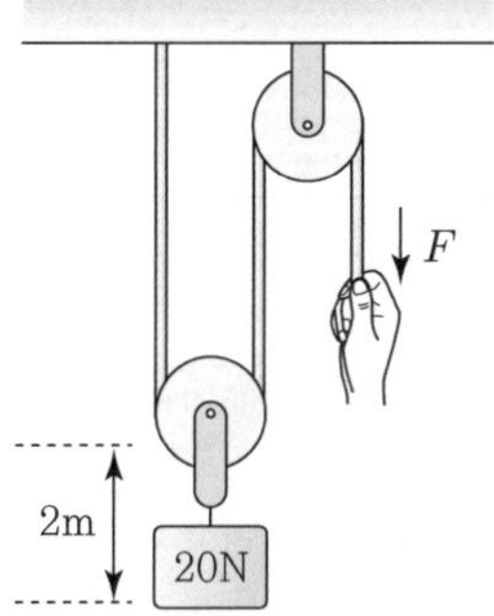

① 1m
② 4m
③ 10m
④ 20m

13 운동장에서 공을 굴리면 굴러가다가 정지하게 된다. 이 공을 정지시키는 힘의 방향은?

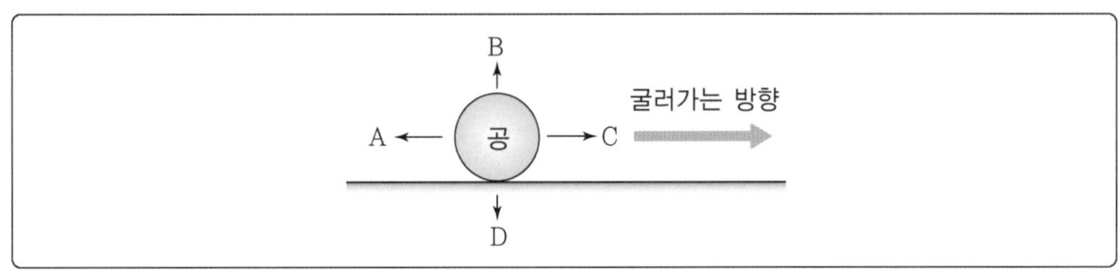

① A ② B
③ C ④ D

14 무게가 30N인 물체를 빗면을 따라 2m 높이까지 올렸을 때 한 일의 양은? (단, 마찰은 무시한다)

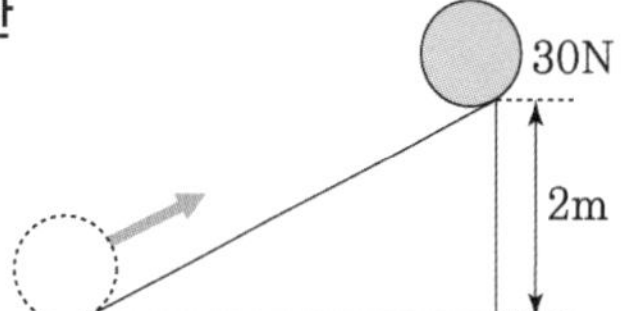

① 15J ② 30J
③ 45J ④ 60J

정답 및 해설 10. ④ 11. ③ 12. ② 13. ① 14. ④

10 받침점에서 거리가 멀수록 힘이 적게 든다. 그림에서 받침점은 지레를 받치고 있는 삼각형 받침대의 위치이며, 그 점에서 가장 먼 점은 D이다.

11 위치 에너지=9.8×질량×높이
(다) 위치 에너지=9.8×3×2=58.8
(가) 위치 에너지=9.8×1×2=19.6
(나) 위치 에너지=9.8×2×1.5=29.4
(라) 위치 에너지=9.8×2×1=19.6

12 • 움직도르래 : 힘은 $\frac{1}{2}$, 움직이는 거리(길이)는 2배
• 고정도르래 : 힘, 거리(길이) 둘 다 그대로 움직도르래와 고정도르래를 다 이용하므로 움직도르래만 생각하면 된다.
∴ 2m를 들어 올리려면 잡아당기는 줄의 길이는 2배(2×2=4m)가 되어야 한다.

13 공을 정지시키는 마찰력은 물체의 운동 방향의 반대 방향으로 작용하므로 정지시키는 힘의 방향은 A가 된다.

14 빗면을 이용할 때 한 일의 양과 물체를 직접 들어 올릴 때 한 일의 양은 같으므로
$W = wh = 30 \times 2 = 60\text{J}$

15 **다음 그림과 같이 추의 양 끝에 추의 무게보다 충분히 큰 장력을 가진 실을 매어 한쪽을 천장에 매달았다. 줄을 화살표 방향으로 천천히 잡아당길 때와 갑자기 잡아당길 때 실이 끊어지는 위치로 알맞은 것은?**

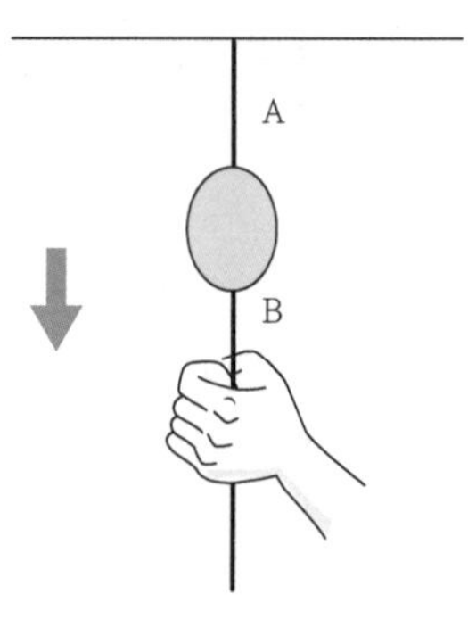

	천천히	갑자기
①	A	B
②	B	A
③	A	A
④	B	B

16 **다음 그림과 같은 궤도를 가진 공의 운동에 관한 설명으로 옳은 것은?** (단, 공기의 저항은 무시한다)

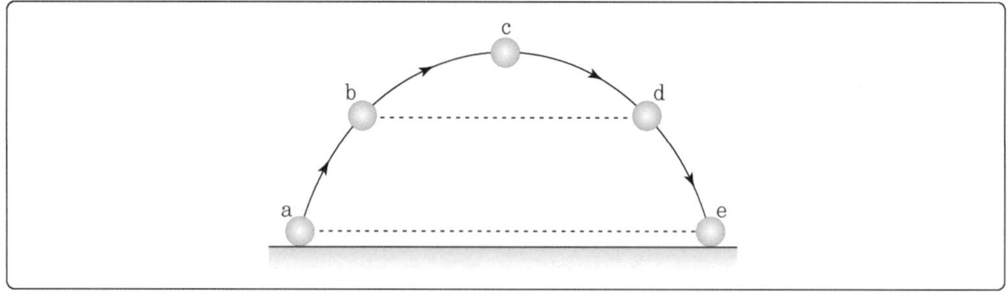

① a에서 위치 에너지가 가장 크다.
② b와 d의 역학적 에너지는 같다.
③ a에서 c로 갈수록 운동 에너지가 증가한다.
④ c에서 e로 갈수록 위치 에너지가 증가한다.

17 **질량이 각각 1kg, 2kg인 두 물체 A, B가 서로 같은 일정한 속도로 운동할 때의 설명으로 옳은 것은?**

① A, B는 가속도 운동한다.
② 관성의 크기는 A가 B보다 크다.
③ 운동량의 크기는 A가 B보다 크다.
④ 같은 시간 동안 이동한 거리는 A, B가 서로 같다.

18 **다음 전지의 연결 방법 중 전체 전압이 가장 낮은 것은?** (단, 각 전지의 전압은 1.5V이다)

①
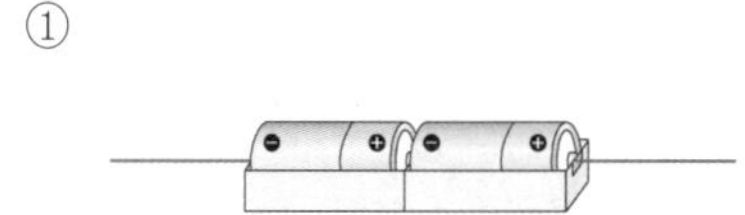

②
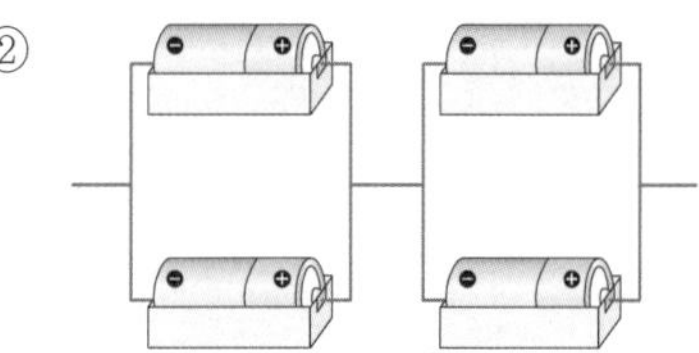

③
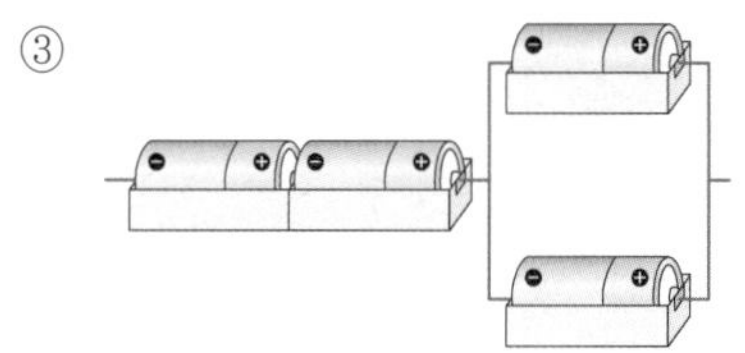

④
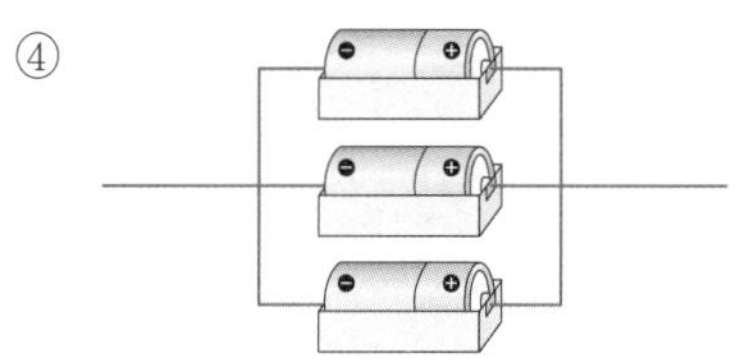

19 **그림과 같이 2Ω과 4Ω인 저항을 직렬로 연결하고 6V의 전압을 걸어주었을 때, 이 회로에 흐르는 전류의 세기는?**

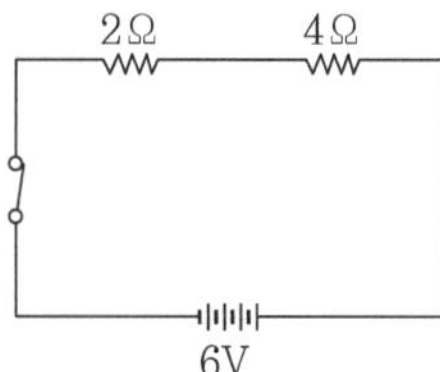

① 1A　② 2A

③ 4A　④ 6A

정답 및 해설　15.①　16.②　17.④　18.④　19.①

15 천천히 당길 때는 중력의 법칙에 의해 A줄이 받는 하중이 커지므로 윗줄이 끊어지고, 갑자기 당길 때는 관성의 법칙에 의해 아래의 B줄이 끊어지게 된다.

16 ① c에서 위치 에너지가 가장 크다.
③ a에서 c로 갈수록 운동 에너지는 감소한다.
④ c에서 e로 갈수록 위치 에너지는 감소한다.

17 ① 둘 다 등속도 운동하고 있다.
② 관성의 크기는 질량에 비례하므로 질량이 큰 B의 관성이 더 크다.
③ 운동량의 크기는 질량과 속도에 비례하므로 같은 속도인 두 물체는 질량이 큰 쪽(B)이 운동량이 더 크다.

18 전지를 직렬 연결하면 전압이 증가하고 병렬 연결하면 전압의 증가 없이 사용 시간이 늘어난다.
계산을 해 보면 ① 3V, ② 3V, ③ 4.5V, ④ 1.5V로 ④의 전압이 가장 낮다.

19 전압 : V, 전류 : I, 저항 : R
$R = 2\Omega + 4\Omega = 6\Omega$, $V = 6V$
$V = IR$
$6 = I \times 6$
$\therefore I = 1A$

20 그림과 같이 저항이 3Ω인 니크롬선에 2A의 전류가 흐를 때, 이 니크롬선에 걸리는 전압은?

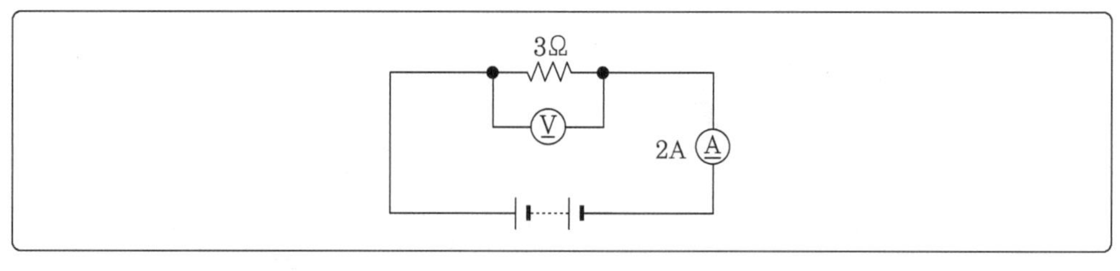

① 4V ② 6V
③ 8V ④ 10V

21 그림과 같이 빨대가 수면에서 꺾여 보이는 현상은?

① 반사
② 굴절
③ 분산
④ 합성

22 얼음물이 들어 있는 유리컵의 바깥쪽에 작은 물방울이 생기는 상태 변화는?

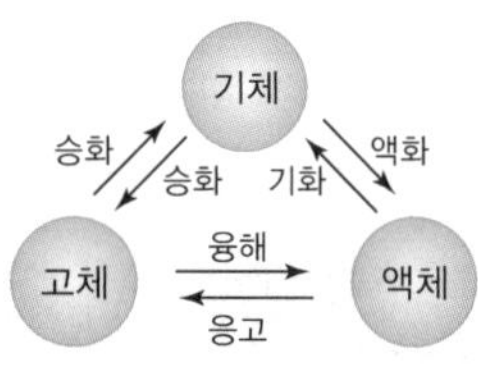

① 기화
② 액화
③ 승화
④ 응고

23 다음 상태 변화 중에서 열에너지를 방출하는 것은?

① 아이스크림이 녹았다.
② 물이 수증기로 되었다.
③ 풀잎에 맺힌 이슬이 증발했다.
④ 목욕탕에서 안경에 김이 서렸다.

24 **물질이 액체에서 기체로 변할 때 나타나는 현상이 아닌 것은?**

① 분자의 배열이 변한다.
② 분자의 질량이 증가한다.
③ 분자의 운동이 활발해진다.
④ 분자 사이의 거리가 멀어진다.

25 **다음과 같은 모형으로 나타낼 수 있는 상태 변화는?**

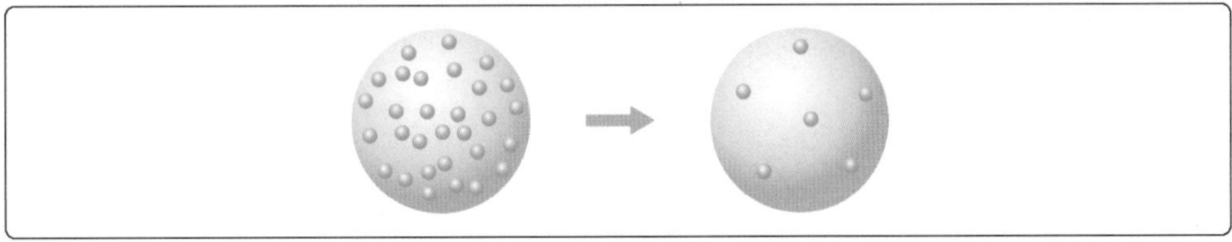

① 염전에 바닷물을 가두어 두었더니 물이 증발하였다.
② 추운 겨울날 방에 들어오면 안경에 김이 서린다.
③ 더운 여름날 아이스크림이 녹아 내렸다.
④ 이른 아침에 화단의 꽃에 이슬이 맺혔다.

정답 및 해설 20. ② 21. ② 22. ② 23. ④ 24. ② 25. ①

20 $V = IR = 2 \times 3 = 6\text{V}$

21 굴절 : 빛의 속력이 공기와 물속에서 다르므로 경계면에서 굴절률이 달라지기 때문에 나타나는 빛의 성질

22 물질의 상태 변화
- 융해 : 고체가 액체로 변하는 현상 예 양초가 녹아서 촛농이 되는 것
- 응고 : 액체가 고체로 변하는 현상 예 촛농이 굳는 것
- 액화 : 기체가 액체로 변하는 현상 예 얼음물이 들어 있는 컵 표면에 물방울이 맺히는 현상
- 기화 : 액체가 기체로 변하는 현상 예 젖은 빨래가 마르는 것, 머리가 마르는 것
- 승화 : 고체가 직접 기체, 기체가 직접 고체로 변하는 현상 예 응달에 쌓인 눈의 양이 적어지는 것

23 ④ 기체 → 액체(열에너지 방출)
① 고체 → 액체(열에너지 흡수)
② 액체 → 기체(열에너지 흡수)
③ 액체 → 기체(열에너지 흡수)

24 ② 상태변화가 일어날 때에는 물질의 질량은 변하지 않는다. 분자 사이의 간격(배열)이 변한다.

25 제시된 모형은 기화를 나타낸 것이다.
① 액체 상태의 바닷물이 열에너지를 흡수해 기체가 되어 증발하므로 기화이다.
② 추운 겨울 실온에서 차가운 안경에 수증기가 액화해서 김이 서리게 된다.
③ 고체인 아이스크림이 녹아서 액체로 흐르는 현상은 융해이다.
④ 공기 중의 수증기가 이슬로 맺히는 현상은 액화이다.

26 **다음 중 배추를 소금에 절일 때 물이 나오는 이유와 같은 원리가 아닌 것은?**

① 짠 음식을 먹었을 때 갈증을 느낌
② 식물의 뿌리에서 물과 영양분을 흡수
③ 높은 고도에 올라갔을 때 느껴지는 귀의 통증
④ 뜨거운 탕에 오래 있을 때 생기는 손가락의 주름

27 **다음 중 광합성에 대한 설명으로 옳은 것은?**

① 엽록체에서 일어난다.
② 화학 에너지가 빛에너지로 전환된다.
③ 산소를 소모하고 이산화탄소를 방출한다.
④ 포도당을 분해하여 에너지를 얻는 반응이다.

28 **다음은 식물 줄기의 횡단면과 잎의 단면을 비교한 그림이다. 광합성을 통해 만들어진 유기양분의 이동 통로들끼리 바르게 묶인 것은?**

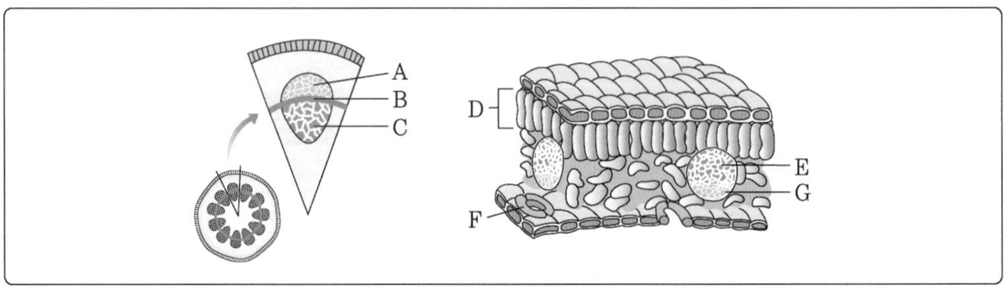

① A – D
② B – E
③ C – F
④ A – G

29 **대기권을 대류권, 성층권, 중간권, 열권과 같이 4개의 층으로 구분하는 기준은?**

① 기상 현상의 유무
② 유성 출현의 유무
③ 높이에 따른 기온의 변화
④ 공기 속에 포함된 수증기량의 정도

30 지구에 일식이 일어날 때의 달의 위치는?

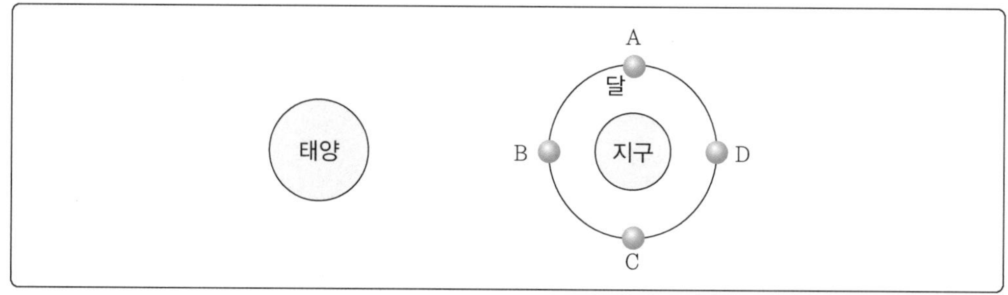

① A ② B
③ C ④ D

정답 및 해설 26. ③ 27. ① 28. ④ 29. ③ 30. ②

26 배추를 소금에 절일 때 물이 나오는 이유는 삼투압 현상 때문이다. 삼투압 현상이란 농도가 다른 두 용액의 균형을 맞추기 위해 농도가 낮은 곳에서 높은 곳으로 물 따위의 용매가 이동하는 것을 말한다. 높은 온도에 올라갔을 때 귀에 통증이 느껴지는 것은 기압차 때문이다.

27 광합성은 식물의 잎 세포에 있는 엽록체에서 일어나는 반응이다.
② 빛에너지가 화학 에너지로 전환된다.
③ 이산화탄소를 소모하고 산소를 방출한다.
④ 빛에너지와 이산화탄소를 이용하여 포도당을 합성한다.

28 유기 양분의 이동 통로인 체관은 줄기의 바깥쪽과 잎의 아래쪽에 위치한다.

29 대기권에서는 높이에 따른 기온 변화를 기준으로 크게 4개의 층상 구조로 구분한다.
〈대기권의 구조〉
- 대류권 : 전체 공기의 약 70%, 기상·대류 현상, 높아질수록 기온 하강
- 성층권 : 기층 안정, 비행기 항로, 오존층, 높아질수록 기온 상승
- 중간권 : 약간의 대류 현상, 공기 희박, 높아질수록 기온 하강
- 열권 : 오로라, 전리층 존재, 기온차가 큼, 높아질수록 기온 상승

30 일식이란 태양이 달에 가려 안 보이는 현상을 말한다. 그림에서 태양과 지구 사이에 달이 위치하면 일식이 일어나므로 B이다.

나만의 정리노트

제3장

G l o b a l S a m s u n g A p t i t u d e T e s t

지각능력검사

GSAT 대비 전략

지각능력검사는 2020년부터 시행한 온라인 GSAT의 신유형에서 편성된 세 과목(수리능력검사, 추리능력검사, 지각능력검사) 중 하나로, 10분 동안 40문항을 해결해야 한다. 세 과목 중 가장 시간이 부족한 영역이며 직관적으로 판단이 서지 못하면 시간을 많이 소모하게 될 도형 등의 유형이 많으므로 시간 배분에 특히 유의하여야 한다. 또한 새로운 유형에 포함되지 못한 언어능력검사의 유형에 가까운 문제들이 일부 출제된 바 있으므로 다양한 문제 형태 중 시간을 단축시킬 수 있는 것이 어느 것인지 판단하여 문제 풀이 순서를 결정해야 할 필요성이 있다.

GSAT 5급 고졸채용

01 》 단순지각(지각속도)

1 출제영역

문자 · 숫자 · 기호를 정확하게 식별하고 이를 토대로 신속하게 판단하는 능력을 측정하는 영역이다.

2 출제경향

그림 안에 여러 문자 · 숫자 · 기호를 넣거나 좌우의 문자나 기호, 숫자를 비교하여 같은 것이나 다른 것을 고르는 문제다.

◆ 출제문제 유형 ◆

- 제시된 좌우의 문자 또는 기호를 비교하여 같은지 다른지 고르는 문제
- 제시된 문자 · 숫자 · 기호와 같은 것을 고르는 문제
- 좌우의 문자 · 숫자 · 기호를 서로 비교하여 다른 것을 고르는 문제
- 제시된 표를 참고하여 범주에 포함되는 것 고르는 문제

3 학습방법

- 빠른 속도와 정확성이 가장 중요하다는 것을 잊지 말고 차분하게 풀면 서두르는 것보다 결과적으로 더 빠를 수 있다.
- 처음에는 정확성에 기초를 두고 유형별로 많은 문제를 풀어봄으로써 요령을 익혀 나가면서 속도를 내도록 한다.
- 실제 시험에서는 대부분 시간이 부족하므로 일단 침착하게 문제를 풀었다면 좀 미심쩍더라도 자신의 감각을 믿고 계속 진도를 나가야 집중력이 유지될 수 있다.
- 문자 · 숫자 · 기호열 등이 긴 경우(특히 무의미한 배열)에는 욕심내지 말고, 한눈에 들어올 정도로 끊어가며 비교하는 것이 더 빠르고 정확하다.

대표 유형문제

01 **제시된 좌우의 문자 또는 기호를 비교하여 같으면 ①을, 다르면 ②를 고르면?**

가걇갏갓가길갏긿기깂	가걇갏갓가길갏깋기깂

① ②

02 **다음 중 나머지 셋과 다른 하나를 고르면?**

① 9266627224 ② 9266627422
③ 9266627224 ④ 9266627224

03 **다음 좌·우의 문자나 숫자, 기호를 서로 비교하여 다른 것을 고르면?**

① setmefree – setmefree
② 맨체스터유나이티드 – 맨체스터유나이티드
③ 899863369 – 899863369
④ 스톡홀름증후군 – 스톡홀롬증후군

04 **다음 표를 참고하여 '7275'이 어느 범주에 포함되는지 찾으시오.**

범 주	㉠	㉡	㉢	㉣
구분 기준	4058~6745	6758~7349	1514~3724	7350~9084

① ㉠ ② ㉡
③ ㉢ ④ ㉣

01 가걇갏갓가길갏긿기깂 – 가걇갏갓가길갏깋기깂
02 ② 9266627422
03 ④ 스톡홀름증후군 – 스톡홀롬증후군
04 제시된 '7275'는 ㉡의 '6758~7349'에 포함된다.

답 01. ② 02. ② 03. ④ 04. ②

출제예상문제

※ 다음 좌 · 우의 문자나 기호, 숫자를 비교하여 같으면 ①을, 다르면 ②를 고르시오. [1~20]

01

グケゲサケグケ	グケゲサケグケ

① ②

02

012606041215	012608041215

① ②

03

/ // /// //// // /// / //// ///	/ // /// //// // /// / //// ///

① ②

04

aayyyyyygiirrrrl	aayyyyyggiirrrrl

① ②

05

どうもありがとうございます	どうまありがとうございます

① ②

06

nyunayunayuna	nyunayunayuna

① ②

07

TARANTALLEGRA	TARANTELLEGRA

① ②

08

♣♦♥♠♥♠♣♦♦♣	♣♦♥♠♥♠♣♦♦♣

① ②

09

17171771171 71771	17171771171 71771

① ②

정답 및 해설
01. ① 02. ② 03. ① 04. ② 05. ② 06. ① 07. ② 08. ① 09. ①

02 012606041215 – 012608041215

04 aayyyyyygiirrrrl – aayyyyyggiirrrrl

05 どうもありがとうございます – どうまありがとうございます

07 TARANTALLEGRA – TARANTELLEGRA

10

슈밥빠슈비릅비루비릅	슈밥빠슈비릅비르비릅

① ②

11

869662122211	869662122211

① ②

12

SsPpFf25PpA++	SsPpFp25PpA++

① ②

13

모두악마앙마악마악마	모두악마앙마앙마악마

① ②

14

사싫삷삿사실삷싫사싫	사싫삷삿사실삷싫사싫

① ②

15

成均館戀愛談善俊	成均館戀愛談繕俊

① ②

16

%%$###!!@@&$%	%%$###!!@@&$%

① ②

17

꽃이진후에우리는다시시작	꽃이진후애우리는다시시작

① ②

정답 및 해설 10. ② 11. ① 12. ② 13. ② 14. ① 15. ② 16. ① 17. ②

10 슈밥빠슈비룹비루비룹 – 슈밥빠슈비룹비르비룹
12 SsPpFf25PpA++ – SsPpFp25PpA++
13 모두악마앙마악마악마 – 모두악마앙마앙마악마
15 成均館戀愛談善俊 – 成均館戀愛談繕俊
17 꽃이진후에우리는다시시작 – 꽃이진후애우리는다시시작

18

엘리자벳나의엘리자벳나의그녀	엘리자벳나의엘리자벳나의그녀

① ②

19

babybabebabybaby	babybabebabybeby

① ②

20

missionmakeitmission	missionmakeitmission

① ②

※ 다음 중 나머지 셋과 다른 하나를 고르시오. [21~26]

21 ① 263424319 ② 236424319
③ 236424319 ④ 236424319

22 ① ☆★▲◐△◐◉☆ ② ☆★▲◐△◐◉☆
③ ☆★▲◐△◐◉☆ ④ ☆★▲◐△◑◉☆

23 ① monmamelela ② monmemalela
③ monmamelela ④ monmamelela

24 ① ザシセゼジス ② ザシセゼシス
③ ザシセゼジス ④ ザシセゼジス

25 ① ɮɯɰɱɲɳɴɵ ② ɮɯɰɱɳɲɴɵ
③ ɮɯɰɱɲɳɴɵ ④ ɮɯɰɱɲɳɴɵ

정답 및 해설 18. ② 19. ② 20. ① 21. ① 22. ④ 23. ② 24. ② 25. ②

18 엘리자벳나의엘리자벳나의그녀 – 엘리자벳나의엘리자뱃나의그녀
19 babybabebabybaby – babybabebabybeby
21 ① 263424319
22 ④ ☆★▲◐△◑◉☆
23 ② monmemalela
24 ② ザシセゼシス
25 ② ɮɯɰɱɳɲɴɵ

26

① 知彼知己百戰百勝
② 知彼知己百戰百勝
③ 知疲知己百戰百勝
④ 知彼知己百戰百勝

※ 다음 중 제시된 문자·숫자·기호와 같은 것을 고르시오. [27~28]

27

わすれないで

① わすれないて
② わすねないで
③ わずれないで
④ わすれないで

28

2390fxt8732

① 2399fxt8732
② 2390fxt8832
③ 2390fxl8732
④ 2390fxt8732

※ 다음 중 제시된 문자·숫자·기호와 다른 것을 고르시오. [29~30]

29

연말특집촬영편집기사

① 연말특집촬영편집기사
② 연말특집촵영편집기사
③ 연말특집촬영편집기사
④ 연말특집촬영편집기사

30

uncommitted

① uncommitted
② uncommitted
③ uncommiited
④ uncommitted

※ 다음 좌 · 우의 문자나 숫자, 기호를 서로 비교하여 다른 것을 고르시오. [31~34]

31
① 오시리팡팡보루팡팡 – 오시리팡팡보루팡팡
② 아에나이히메와에히메 – 아에나이히메아에히메
③ 오츠카레사마데시타 – 오츠카레사마데시타
④ 쿠지라와사카나쟈나이 – 쿠지라와사카나쟈나이

32
① tldkwnstn – tldkvnstn
② qkrdbcjs – qkrdbcjs
③ rlawownd – rlawownd
④ wldhkwk – wldhkwk

33
① ごあじゃん – ごおじゃん
② みるきいい – みるきいい
③ ぐくじゃに – ぐくじゃに
④ ぎむばきむ – ぎむばきむ

정답 및 해설 26. ③ 27. ④ 28. ④ 29. ② 30. ③ 31. ② 32. ① 33. ①

26 ③ 知疲知己百戰百勝
27 ① わすれないて
② わすねないで
③ わずれないで
28 ① 2399fxt8732
② 2390fxt8832
③ 2390fxl8732
29 ② 연말특집촵영편집기사
30 ③ uncommiited
31 ② 아에나이히메와에히메 – 아에나이히메아에히메
32 ① tldkwnstn – tldkvnstn
33 ① ごあじゃん – ごおじゃん

34 ① PrinceEdWardress – PrinceEdWardress
② StcoTuNotreDame – StcoTuNotreDane
③ ToiEtmOIeTbrQX – ToiEtmOIeTbrQX
④ oKonomiYAkIDeli – oKonomiYAkIDeli

※ 다음 표에 있는 정보를 참고하여 주어진 문자가 어느 범주에 포함되는지 찾으시오. [35~37]

범 주	①	②	③	④
구분 기준	A ~ H	S ~ X	I ~ N	O ~ R

35

Queen

36

Daily

37

Tablet

※ 다음 제시된 숫자나 문자가 속하는 분류표의 해당 번호를 〈보기〉에서 고르시오. [38~40]

보기

①	②	③	④
규 ~ 기	살 ~ 정	노 ~ 득	티 ~ 혼
Sd ~ Tp	Bc ~ Cs	Ku ~ Mj	Or ~ Ph
2246 ~ 2298	5043 ~ 5887	8047 ~ 9031	1120 ~ 1549

38

프래틀러

① ② ③ ④

39

5878

① ② ③ ④

40

Oswald

① ② ③ ④

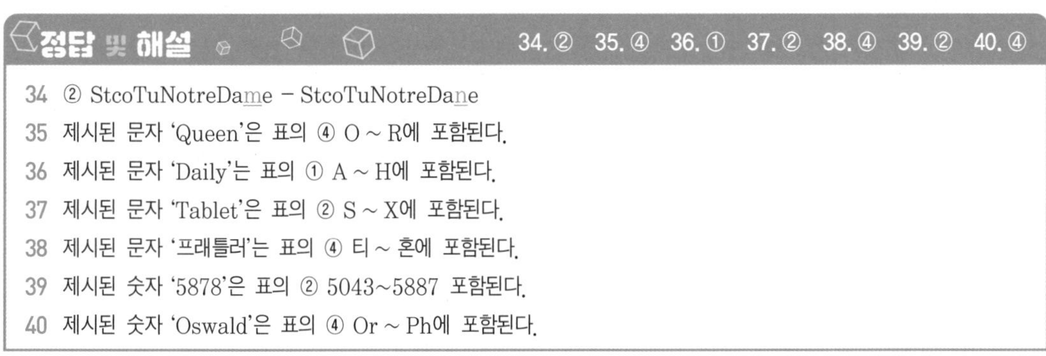

정답 및 해설 34. ② 35. ④ 36. ① 37. ② 38. ④ 39. ② 40. ④

34 ② StcoTuNotreDame – StcoTuNotreDane
35 제시된 문자 'Queen'은 표의 ④ O ~ R에 포함된다.
36 제시된 문자 'Daily'는 표의 ① A ~ H에 포함된다.
37 제시된 문자 'Tablet'은 표의 ② S ~ X에 포함된다.
38 제시된 문자 '프래틀러'는 표의 ④ 티 ~ 혼에 포함된다.
39 제시된 숫자 '5878'은 표의 ② 5043~5887 포함된다.
40 제시된 숫자 'Oswald'은 표의 ④ Or ~ Ph에 포함된다.

02 》 블록 세기

1 출제영역

블록을 다방면에서 바라보고, 제시된 블록의 개수를 구하거나 접해 있는 블록 또는 보이지 않는 블록을 구하는 문제로 구성되며, 공간감각능력을 측정하는 영역이다.

2 출제경향

블록 세기 문제가 삼성 계열사별로 출제되는 곳도 있으므로 꼭 학습해둬야 하며, 대체로 제시된 블록의 개수, 도형을 만들기 위해 추가로 필요한 블록의 개수, 색칠된 블록과 맞닿은 블록의 개수, 제시된 블록에서 보이지 않은 블록의 개수를 묻는 문제가 출제된다.

◆ 출제문제 유형 ◆

- 제시된 블록의 개수를 구하는 문제
- 블록을 쌓아 정육면체를 만들기 위해 추가로 필요한 블록의 개수를 구하는 문제
- 색칠된 블록과 맞닿은 블록 또는 밑면에 맞닿은 블록의 개수를 구하는 문제
- 제시된 블록에서 어느 방향에서도 보이지 않는 블록의 개수를 구하는 문제

3 학습방법

- 전체 블록의 개수를 세는 기본적인 것뿐만 아니라, 여러 가지 출제유형을 파악하고 반복적으로 문제를 풀어보는 것이 중요하다.
- 문제를 풀 때 대부분 숨어 있는 블록을 잘 신경 쓰지 못하여 실수를 범하는 경우가 많으므로 이 점을 특별히 주의해야 한다.

01 다음 그림에서 쓰인 블록의 개수를 구하면?

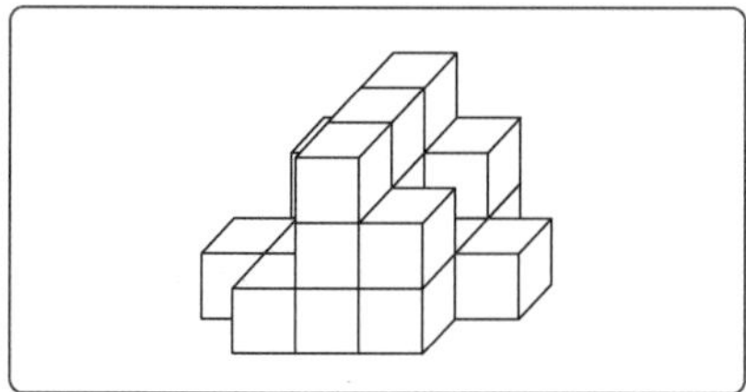

① 20개 ② 21개
③ 22개 ④ 23개

02 다음 그림에서 색칠된 블록과 맞닿은 블록의 개수는 몇 개인가?

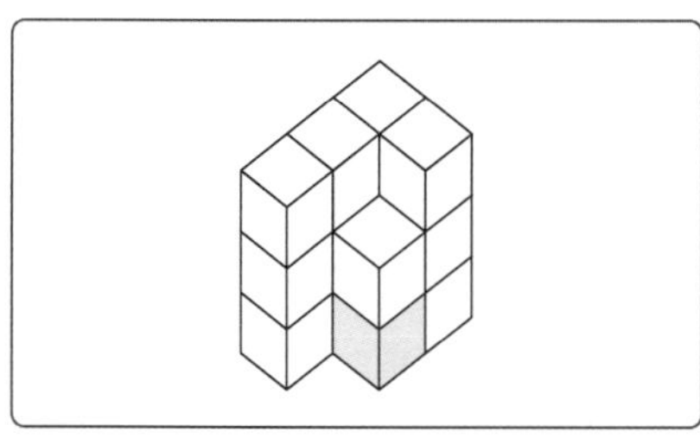

① 2개 ② 3개
③ 4개 ④ 5개

01 3단 : 3개, 2단 : 6개, 1단 : 11개
따라서 $3+6+11=20$(개)이다.

02 색칠된 블록과 맞닿은 블록은 왼쪽, 위쪽, 앞쪽에 각각 1개씩 총 3개이다.

답 01. ① 02. ②

(1) 제시된 블록 세기

제시된 블록 세기는 쌓여 있는 블록의 개수를 파악하는 문제유형으로, 보이는 블록 외에 보이지 않는 블록의 개수까지 유추하여 총개수를 파악해야 하므로, 자칫 잘못하면 실수를 범하기 쉽다. 그렇기 때문에 아래의 블록 개수를 세는 여러 가지 방법 중 본인에게 맞는 방법을 선택하여 진행해야 한다.

① **앞에서 뒤로 세는 방법** : 정면에서부터 보이는 대로 단면을 머릿속으로 생각한 다음, 더하여 총 개수를 구한다.

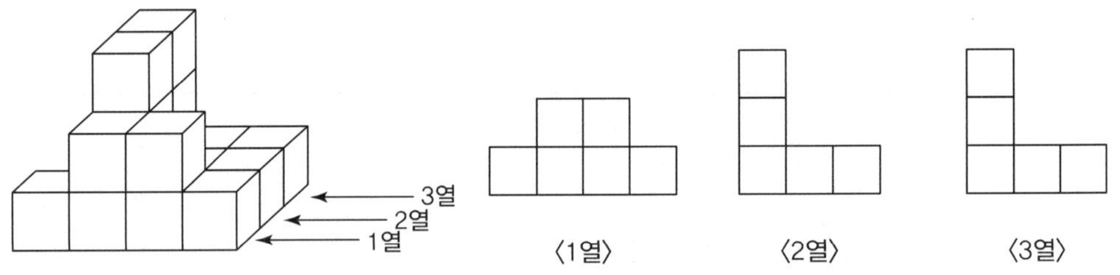

1열 6개, 2열 5개, 3열 5개 총 16개

② **위(아래)에서 아래(위)로 세는 방법** : 위(아래)에서부터 보이는 블록의 단면을 머릿속으로 생각한 다음, 더하여 총 개수를 구한다.

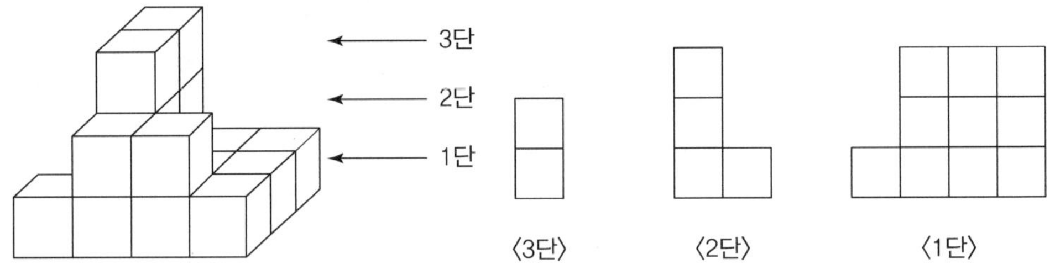

3단 2개, 2단 4개, 1단 10개 총 16개

③ **옆에서부터 세는 방법** : 좌(우)측에서부터 보이는 블록의 단면을 머릿속으로 생각한 다음, 더하여 총 개수를 구한다.

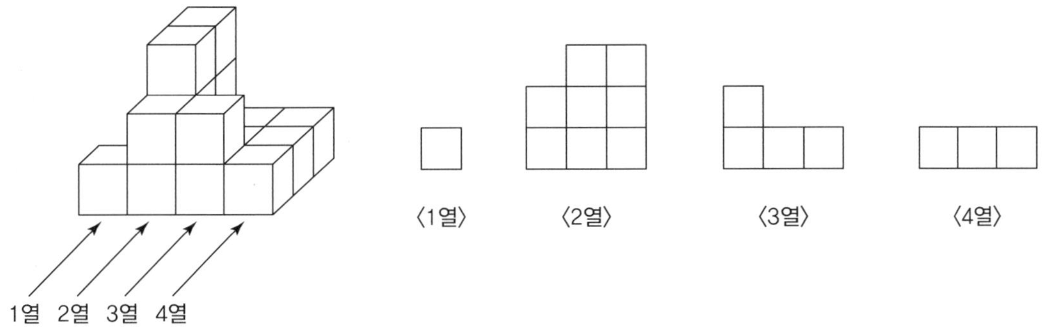

1열 1개, 2열 8개, 3열 4개, 4열 3개 총 16개

(2) 직육면체(정육면체)를 만들기 위해 필요한 블록 개수

직육면체(정육면체)를 만들기 위해 필요한 블록의 개수를 구하는 문제 또한 위에서 언급한 보이는 블록의 개수를 구하는 방식과 같은 방법을 사용할 수 있다. 눈대중으로 해결할 수 있는 것은 굳이 방법을 쓰지 않아도 되지만, 복잡하거나 헷갈리기 쉬운 문제들은 규칙을 정해서 해결하도록 하자.

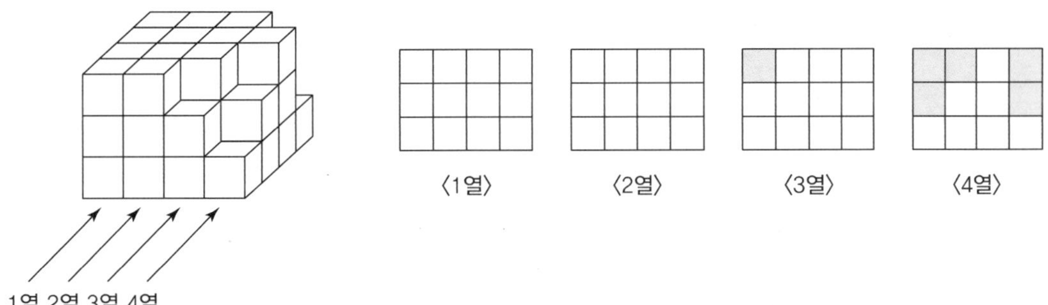

1열과 2열은 블록이 더 필요하지 않고, 3열과 4열을 확인하면 된다.
3열 1개, 4열 5개 총 6개의 블록이 필요하다.

출제예상문제

※ 다음 그림에서 쓰인 블록의 개수를 구하시오. [1~10]

01

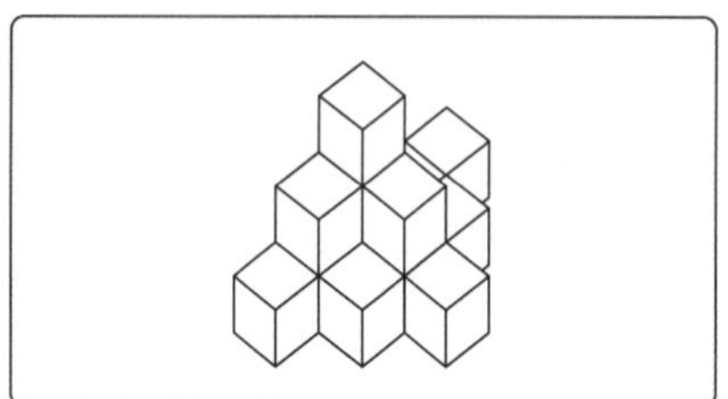

① 10개 ② 11개
③ 12개 ④ 13개

02

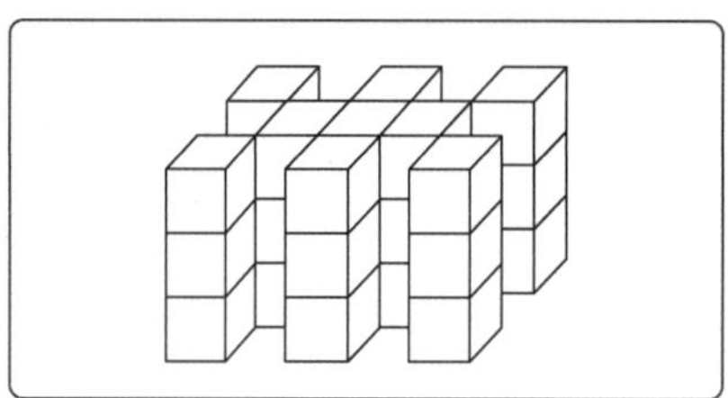

① 25개 ② 27개
③ 29개 ④ 31개

03

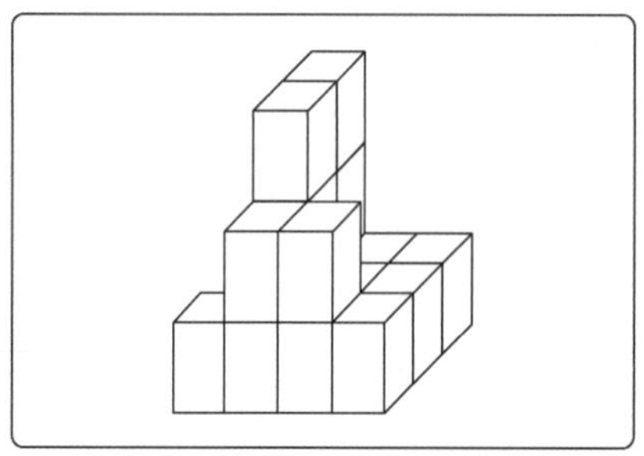

① 13개 ② 14개
③ 15개 ④ 16개

04

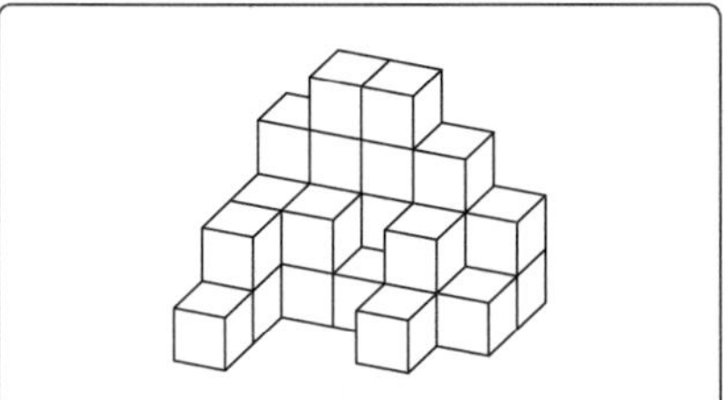

① 26개 ② 27개
③ 28개 ④ 29개

05

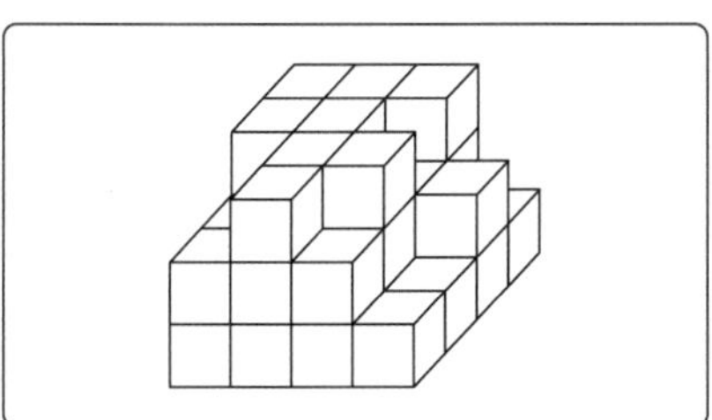

① 35개 ② 36개
③ 37개 ④ 38개

정답 및 해설  01. ④ 02. ② 03. ④ 04. ③ 05. ③

01 3단 : 1개, 2단 : 3개, 1단 : 9개
따라서 $1+3+9=13$(개)이다.

02 1단, 2단, 3단 모두 같은 모양이므로 $9\times3=27$(개)

03 3단 : 2개, 2단 : 4개, 1단 : 10개
따라서 $2+4+10=16$(개)이다.

04 4단 : 2개, 3단 : 4개, 2단 : 9개, 1단 : 13개
따라서 $2+4+9+13=28$(개)이다.

05 1층은 16개, 2층은 13개, 3층은 8개
따라서 $16+13+8=37$(개)이다.

06

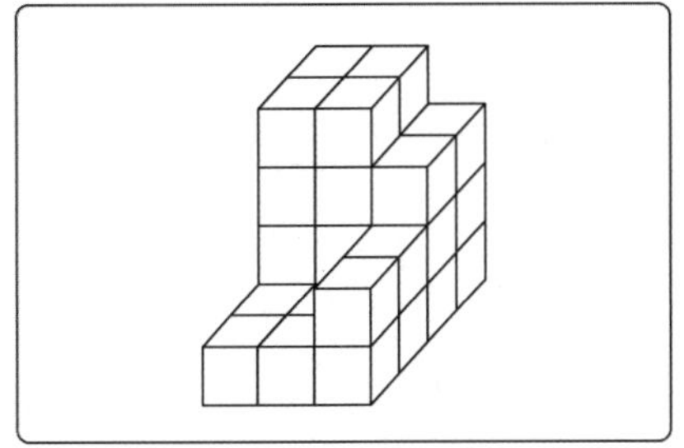

① 28개 ② 29개
③ 30개 ④ 31개

07

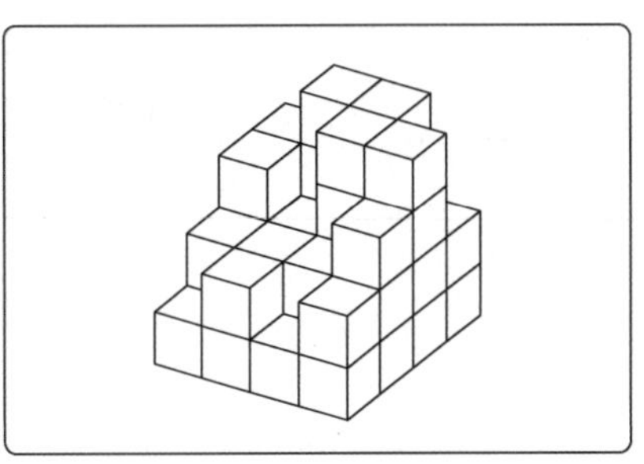

① 37개 ② 39개
③ 41개 ④ 43개

08

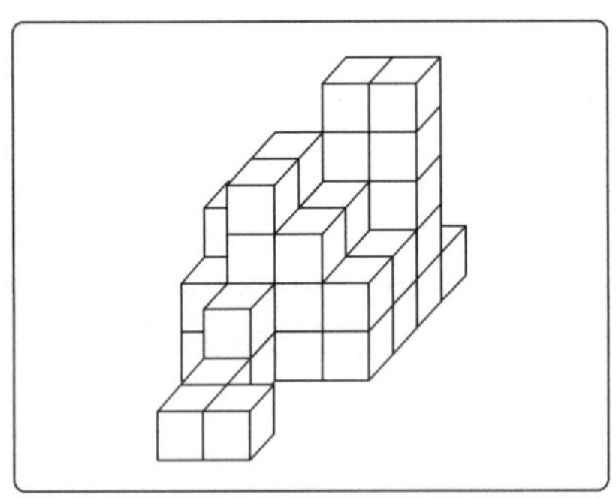

① 36개 ② 39개
③ 42개 ④ 45개

09

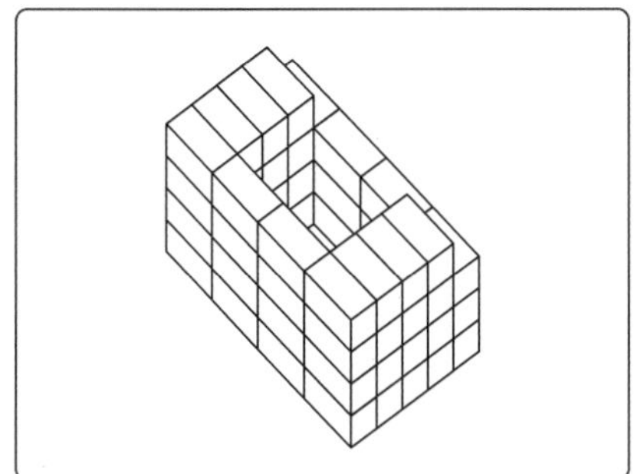

① 50개 ② 52개
③ 56개 ④ 58개

10

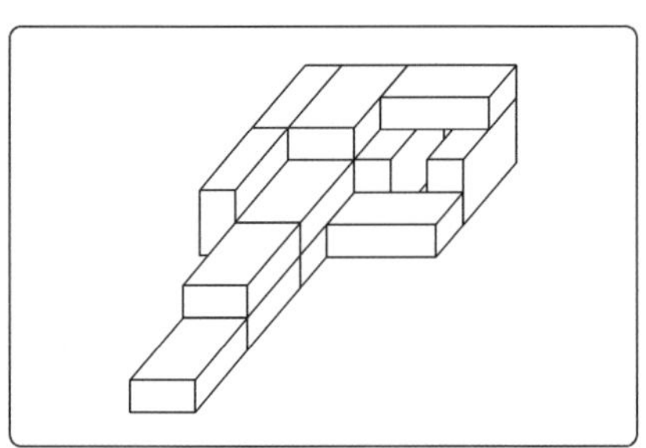

① 14개 ② 15개
③ 16개 ④ 17개

정답 및 해설 06. ③ 07. ③ 08. ② 09. ② 10. ①

06 4단 : 4개, 3단 : 6개, 2단 : 8개, 1단 : 12개
따라서 $4+6+8+12=30$(개)이다.

07 4단 : 4개, 3단 : 7개, 2단 : 14개, 1단 : 16개
따라서 $4+7+14+16=41$(개)이다.

08 5단 : 2개, 4단 : 4개, 3단 : 7개, 2단 : 11개, 1단 : 15개
따라서 $2+4+7+11+15=39$(개)이다.

09 전체 $4\times5\times4=80$개의 블록에서 비어 있는 부분의 블록의 수를 빼주면 된다.
따라서 $80-(2\times3\times4)-4=52$(개)이다.

10 그림처럼 세 부분으로 나누어 생각하면
A : 2개, B : 8개, C : 4개
따라서 $2+8+4=14$(개)이다.

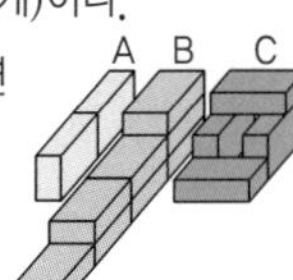

※ 다음 그림에서 블록을 쌓아 정육면체를 만들려면 몇 개의 블록이 추가로 더 필요한지 구하시오. [11~12]

11

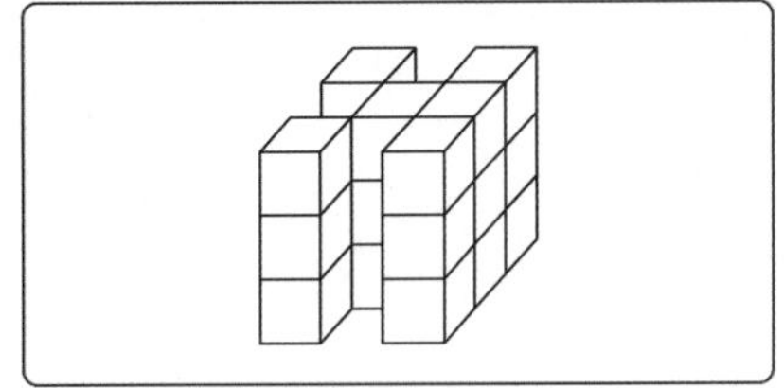

① 6개 ② 7개
③ 8개 ④ 9개

12

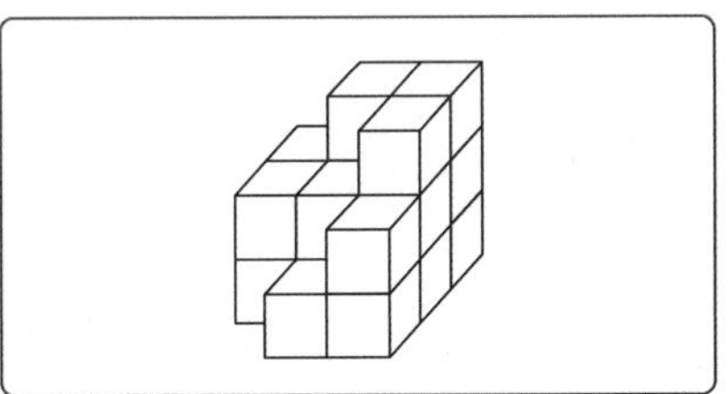

① 7개 ② 8개
③ 9개 ④ 10개

※ 다음 그림에서 블록을 쌓아 직육면체를 만들려면 몇 개의 블록이 추가로 더 필요한지 구하시오. [13~14]

13

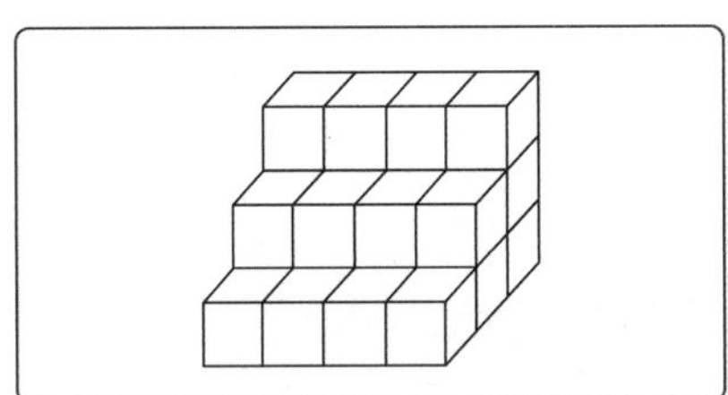

① 10개 ② 11개
③ 12개 ④ 13개

14

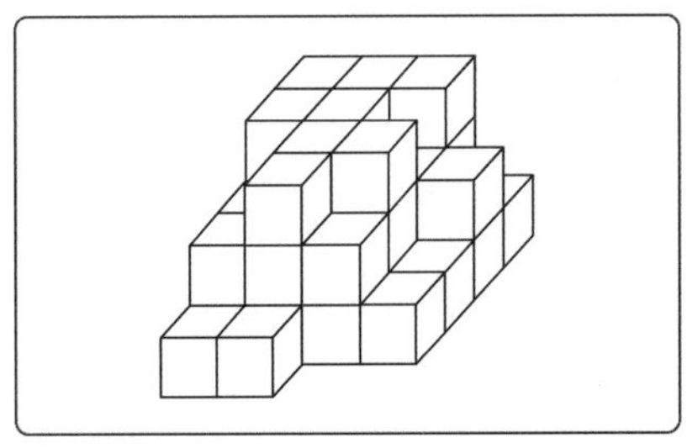

① 21개 ② 22개
③ 23개 ④ 24개

※ 다음 그림에서 색칠된 블록의 밑면과 윗면에 맞닿은 블록의 개수는 몇 개인지 구하시오. [15~16]

15

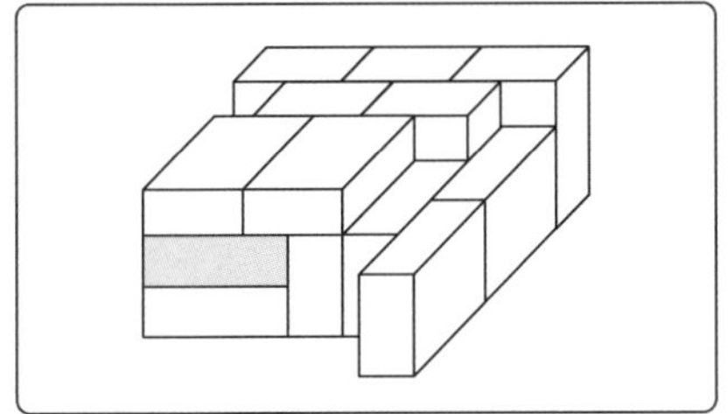

① 1개 ② 2개
③ 3개 ④ 4개

16

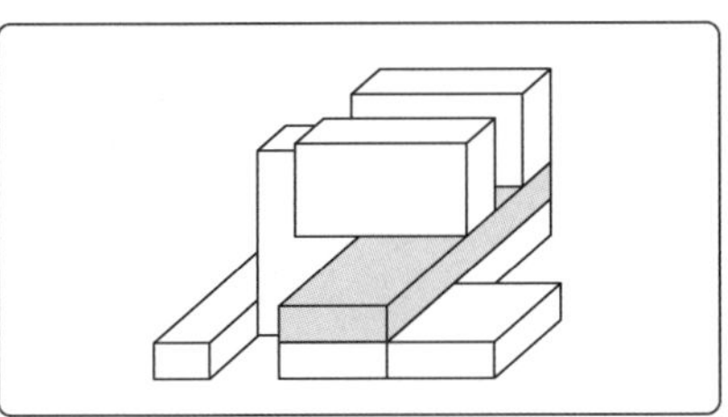

① 2개 ② 3개
③ 4개 ④ 5개

정답 및 해설 11. ④ 12. ③ 13. ③ 14. ① 15. ③ 16. ②

11 정육면체를 만들려면 총 $3 \times 3 \times 3 = 27$(개), 단별로 3씩 총 9개의 블록이 필요하다.

12 정육면체를 만들려면 총 $3 \times 3 \times 3 = 27$(개),
그러므로 아래부터 채워 나가면 1단 : 1개, 2단 : 2개, 3단 : 6개로
$1 + 2 + 6 = 9$(개)가 더 필요하다.

13 직육면체를 만들려면 한 층에 $4 \times 3 = 12$개씩 3층이 필요하다.
1층 : 0개, 2층 : 4개, 3층 : 8개이므로 $4 + 8 = 12$(개)이다.

14 직육면체를 만들려면 한 층에 $5 \times 4 = 20$개씩 3층이 필요하다.
1층 : 2개, 2층 : 7개, 3층 : 12개이므로 $2 + 7 + 12 = 21$(개)이다.

※ 다음 그림에서 색칠된 블록과 맞닿은 블록의 개수는 몇 개인지 구하시오. [17~18]

17

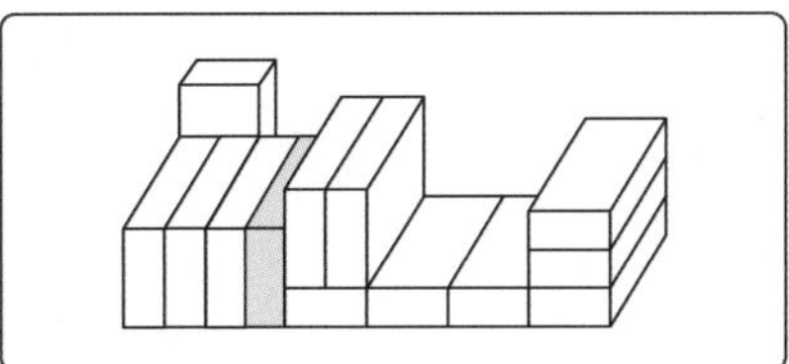

① 2개 ② 3개
③ 4개 ④ 5개

18

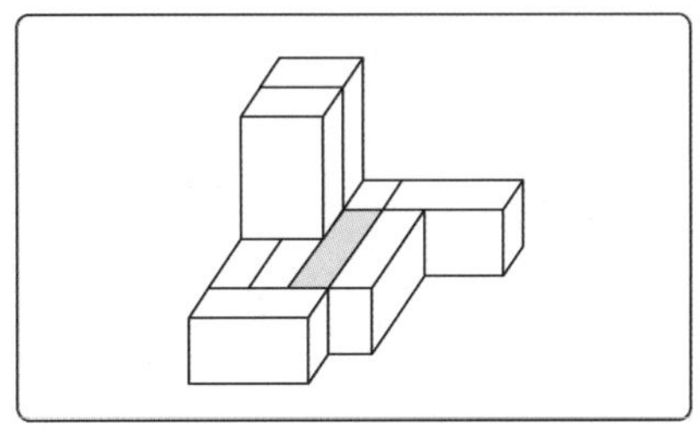

① 1개 ② 2개
③ 3개 ④ 4개

※ 다음 입체도형을 밑에서 봤을 때 블록의 개수는 몇 개인지 구하시오. [19~20]

19

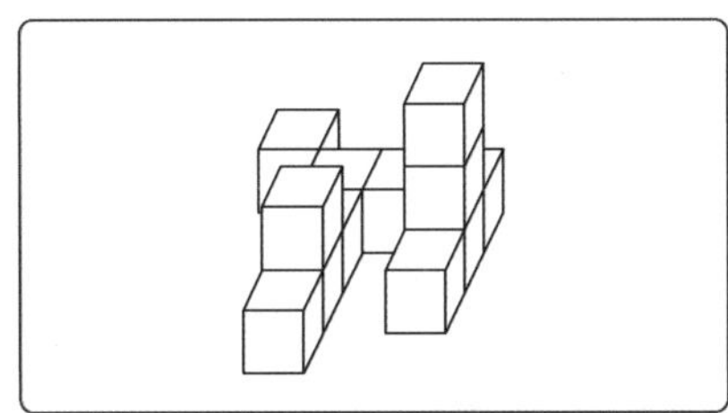

① 7개 ② 8개
③ 9개 ④ 10개

20

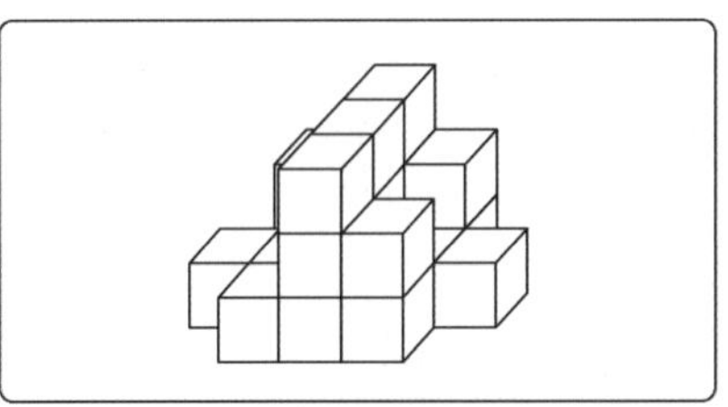

① 8개 ② 9개
③ 10개 ④ 11개

※ 어느 방향에서도 보이지 않는 블록의 개수는 몇 개인지 구하시오. [20~21]

21

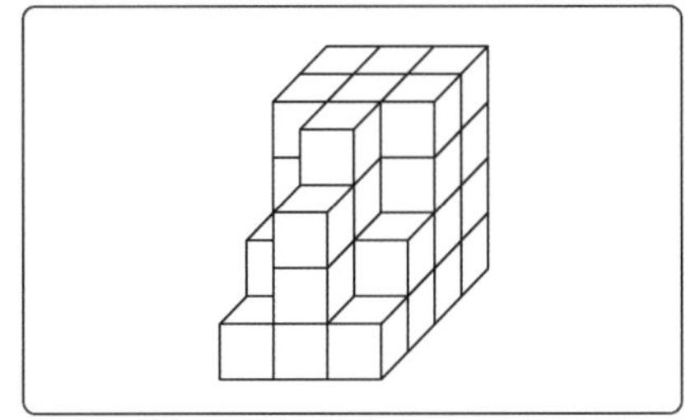

① 1개　　② 2개
③ 3개　　④ 4개

22

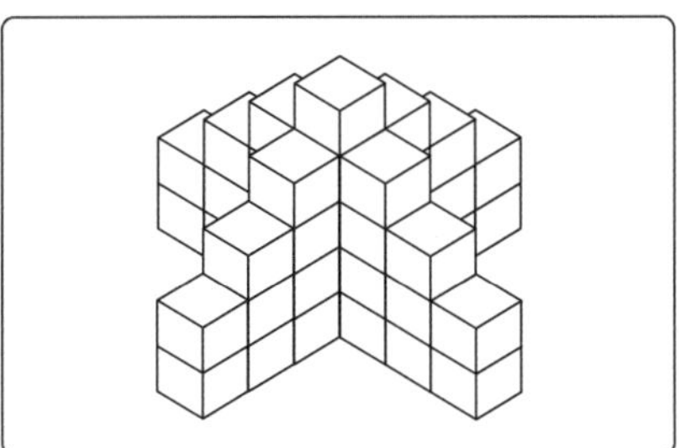

① 2개　　② 3개
③ 4개　　④ 5개

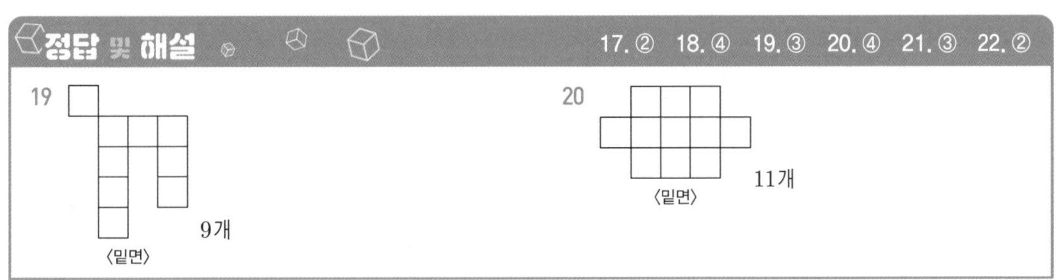

※ 다음 입체도형에서 두 면이 다른 블록과 접해 있는 블록의 개수는 몇 개인지 구하시오. [23~24]

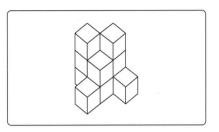

23

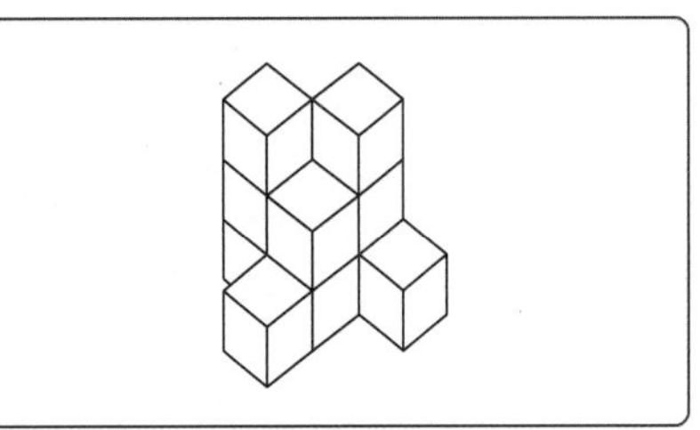

① 1개 ② 2개
③ 3개 ④ 4개

24

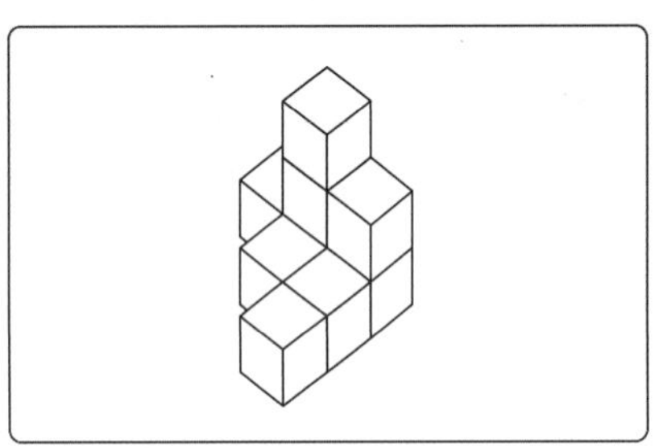

① 2개 ② 3개
③ 4개 ④ 5개

25 다음 입체도형에서 밑면을 빼고 페인트칠을 할 때 1개의 면만 칠해지는 블록의 개수는?
(단, 한 면 전체를 칠할 수 없는 면은 제외할 것)

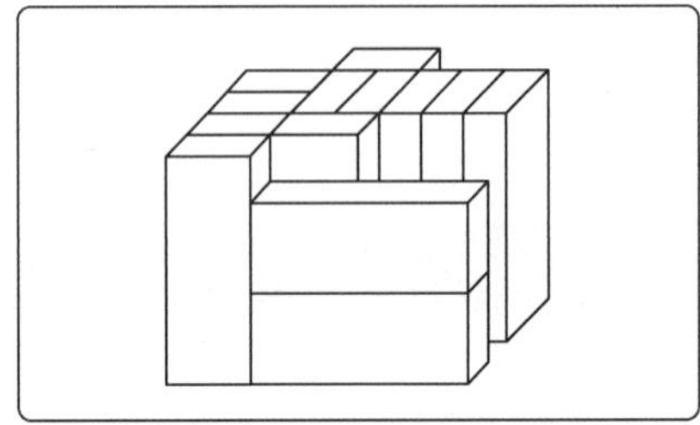

① 1개 ② 2개
③ 3개 ④ 4개

26 **다음 입체도형에서 밑면을 빼고 페인트칠을 할 때 2개의 면만 칠해지는 블록의 개수는?**
(단, 한 면 전체를 칠할 수 없는 면은 제외할 것)

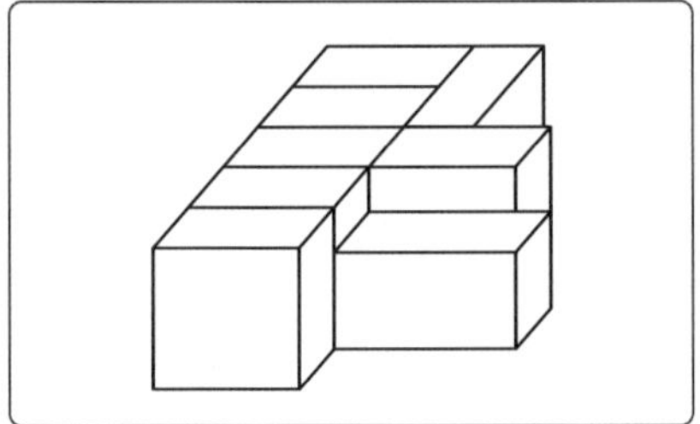

① 1개　　② 2개
③ 3개　　④ 4개

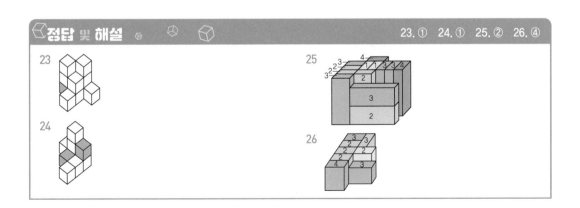

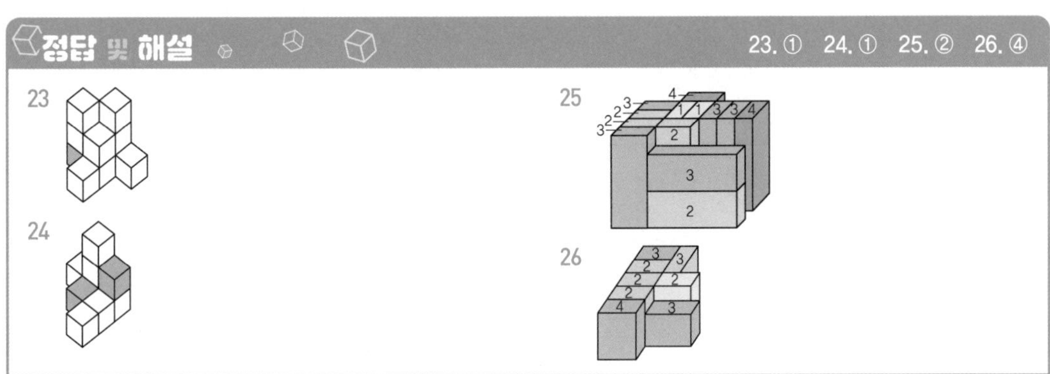

※ 다음 입체도형에서 밑면을 빼고 페인트칠을 할 때 2개의 면이 칠해지는 블록의 개수를 구하시오.
(단, 한 면 전체를 칠할 수 없는 면은 제외할 것) [27~28]

27

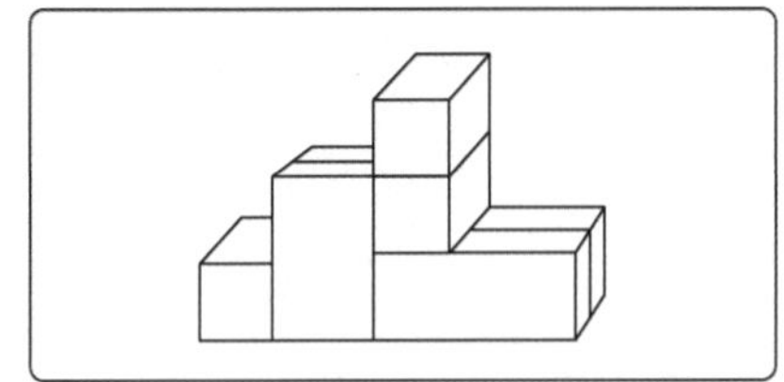

① 3개　② 4개
③ 5개　④ 6개

28

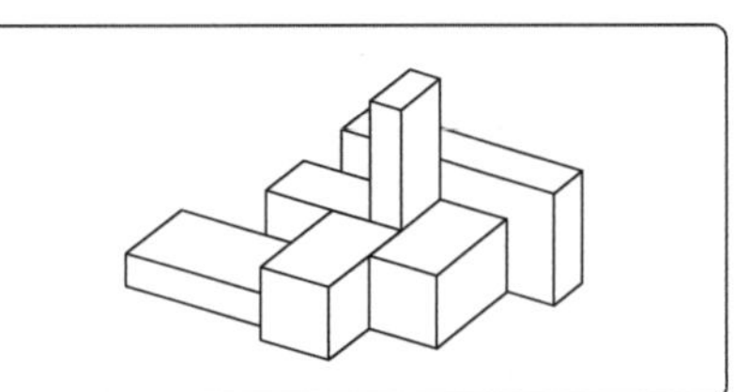

① 1개　② 2개
③ 3개　④ 4개

※ 다음 입체도형에서 밑면을 빼고 페인트를 칠할 수 있는 면의 개수를 구하시오.
(단, 한 면 전체를 칠할 수 없는 면은 제외할 것) [29~30]

29

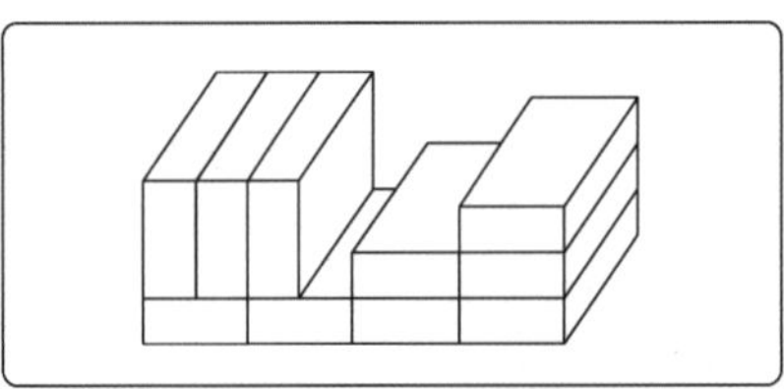

① 31개　② 32개
③ 33개　④ 34개

30

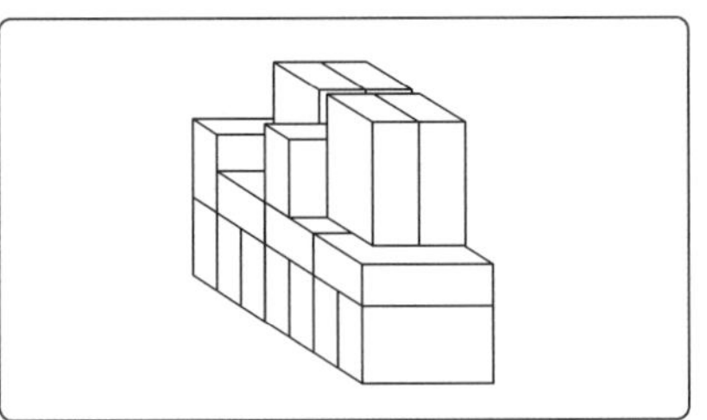

① 38개 ② 39개
③ 40개 ④ 41개

정답 및 해설 27. ② 28. ② 29. ③ 30. ③

27

28

29 • 2개면을 칠할 수 있는 블록의 수 : 2개
• 3개면을 칠할 수 있는 블록의 수 : 4개
• 4개면을 칠할 수 있는 블록의 수 : 3개
• 5개면을 칠할 수 있는 블록의 수 : 1개
따라서 $(2\times2)+(3\times4)+(4\times3)+(5\times1)=33$(개)이다.

30 • 2개면을 칠할 수 있는 블록의 수 : 9개
• 3개면을 칠할 수 있는 블록의 수 : 6개
• 4개면을 칠할 수 있는 블록의 수 : 1개
따라서 $(2\times9)+(3\times6)+(4\times1)=40$(개)이다.

03 》 그림 찾기

1 출제영역

제시된 도형이나 그림과 같은 것을 찾는 문제와 제시된 도형이나 그림과 다른 것을 찾는 문제다.

2 출제경향

제시된 도형이나 그림과 같은 것 또는 다른 것을 찾는 문제로, 제시되는 도형으로는 정사각형, 오각형부터 원형, 별표, 입체도형 등이 있으며, 그림은 일차원적인 그림부터 입체 그림까지 다양하다.

◆ 출제문제 유형 ◆

- 제시된 도형이나 그림과 같은 것을 고르는 문제
- 제시된 도형이나 그림과 다른 것을 고르는 문제

3 학습방법

- 도형이나 그림을 비교할 때 여러 요소를 한꺼번에 보기보다는 눈에 띄는 한두 가지 특징(예각, 방향이 다른 선, 특정 위치의 점 등)만 먼저 비교해서 다른 것을 먼저 탈락시켜 비교 범위를 좁혀가면서 정답을 찾는 것이 중요하다.

01 다음 제시된 도형이나 그림과 같은 것을 고르면?

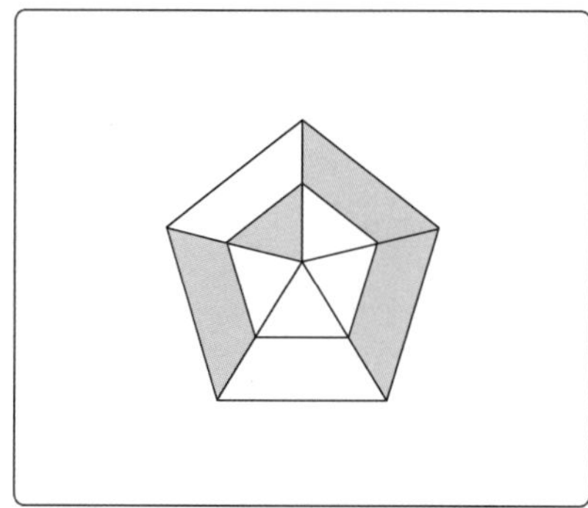

① 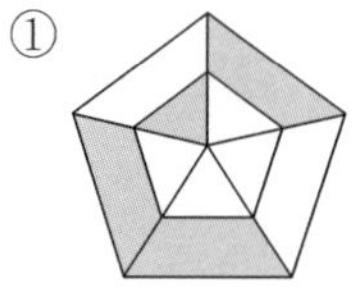
② 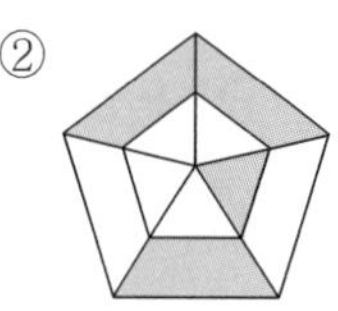
③ 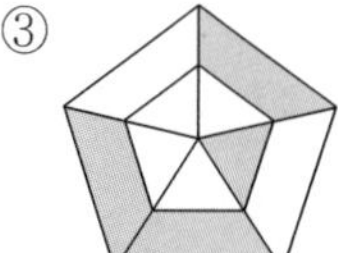
④ 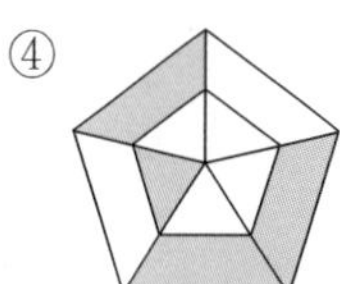

02 다음 제시된 도형이나 그림과 다른 것을 고르면?

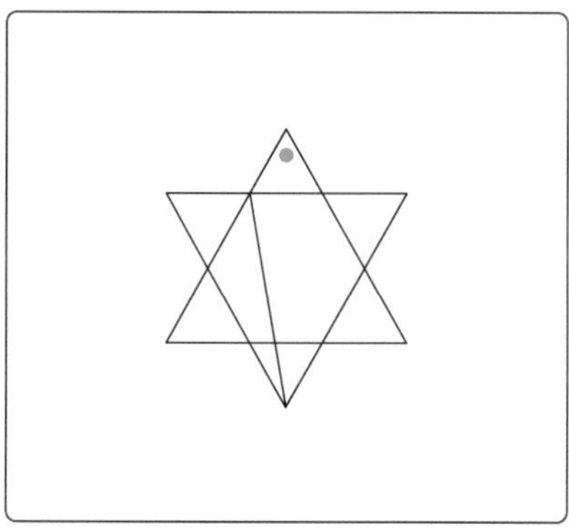

① 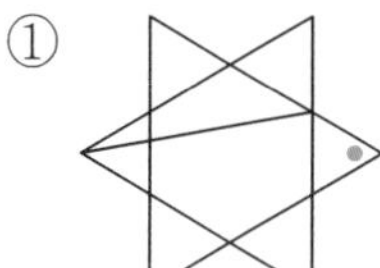
② 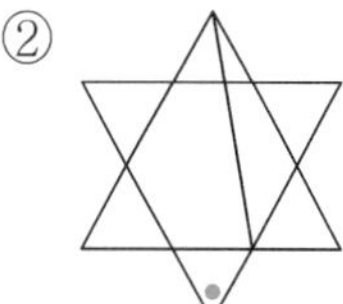
③ 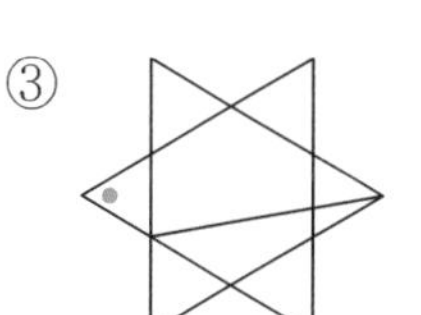
④ 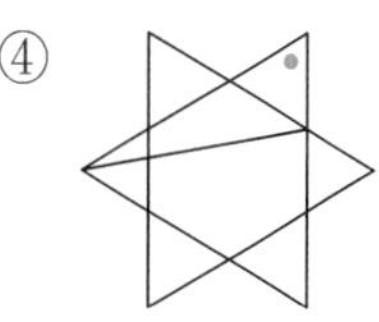

02 ① 시계 방향으로 90° 회전
② 180° 회전
③ 시계 반대 방향으로 90° 회전

답 01. ③ 02. ④

출제예상문제

※ 다음 제시된 도형이나 그림과 같은 것을 고르시오. [1~10]

01

①
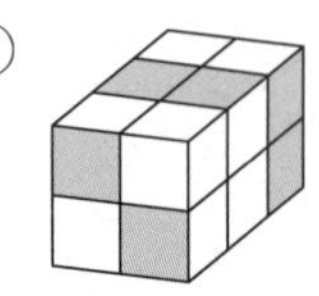

②
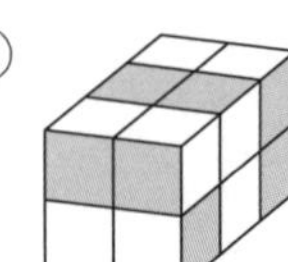

③

④
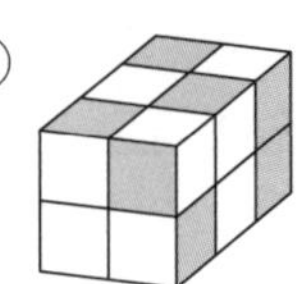

02

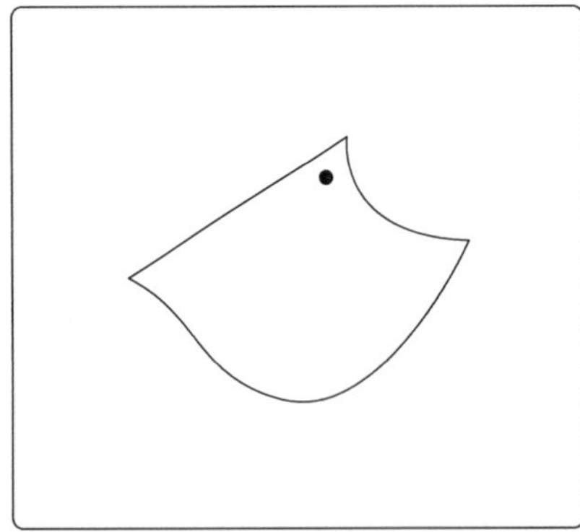

①
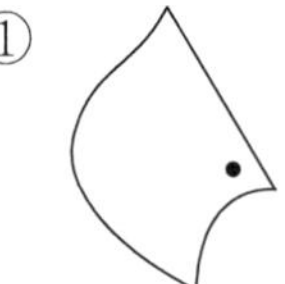

②
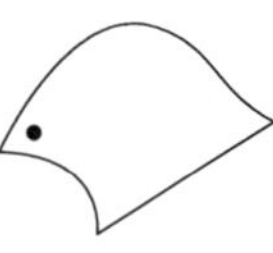

③
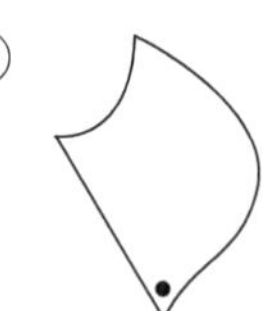

④
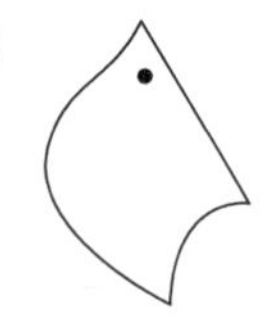

03

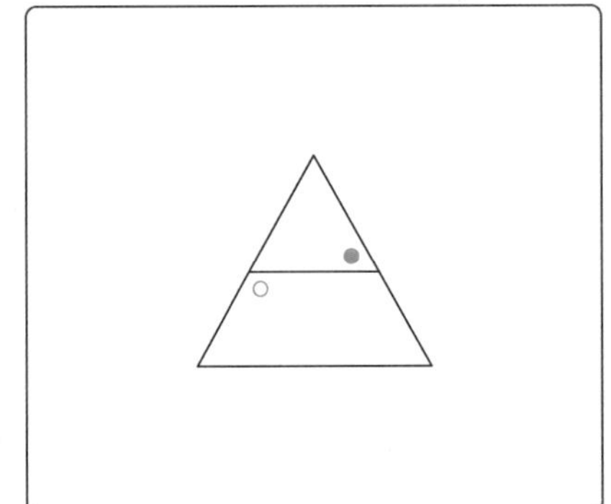

① 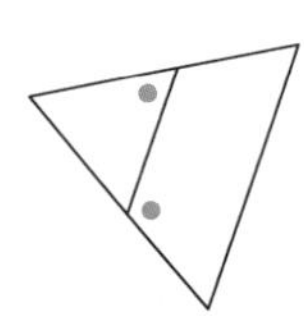
② 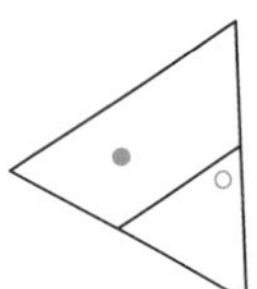
③ 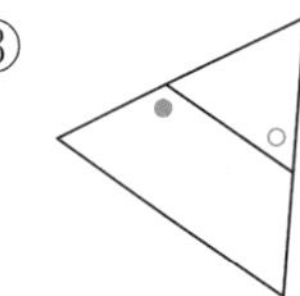
④ 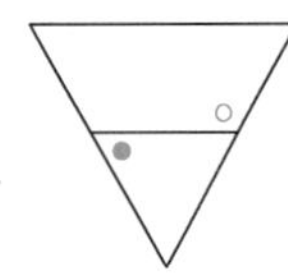

04

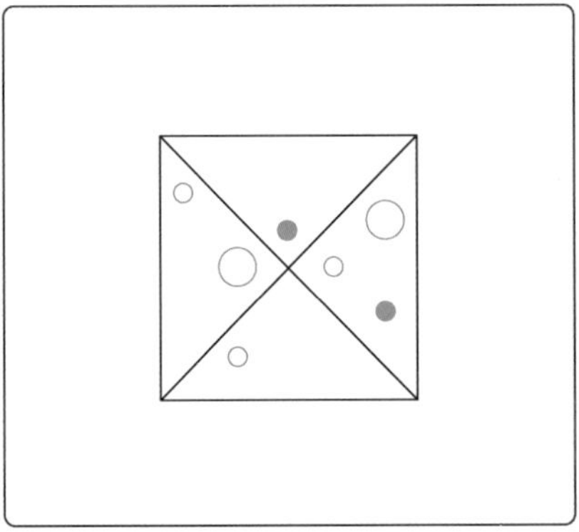

① 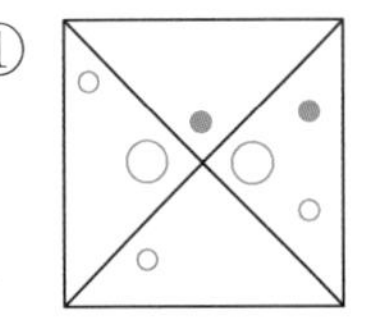
② 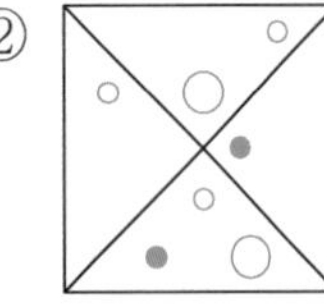
③ 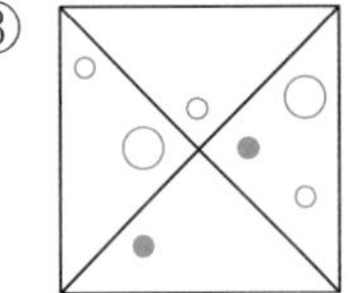
④ 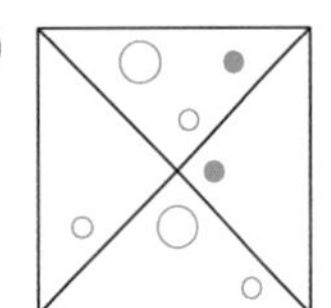

정답 및 해설 

01. ② 02. ① 03. ④ 04. ②

02 ① 시계 방향으로 90° 회전

03 ④ 180° 회전

04 ② 시계 방향으로 90° 회전

05

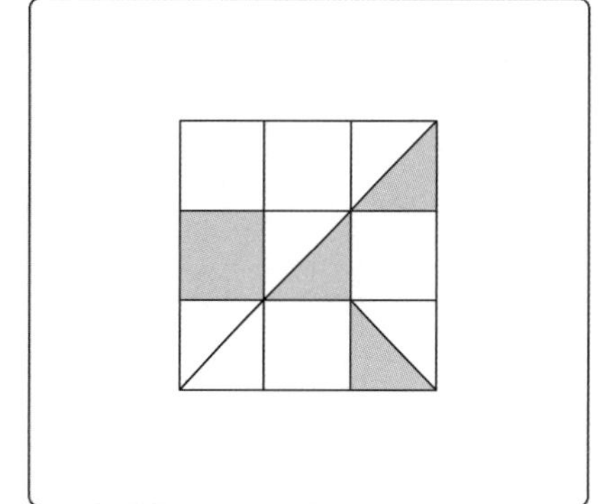

① 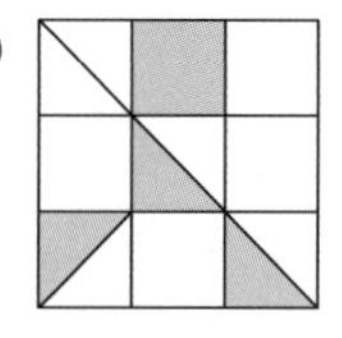

② 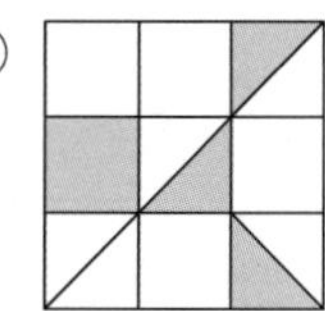

③ 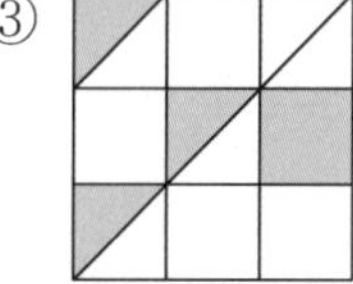

④ 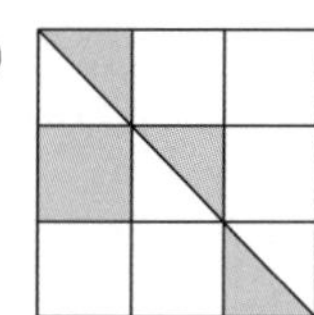

06

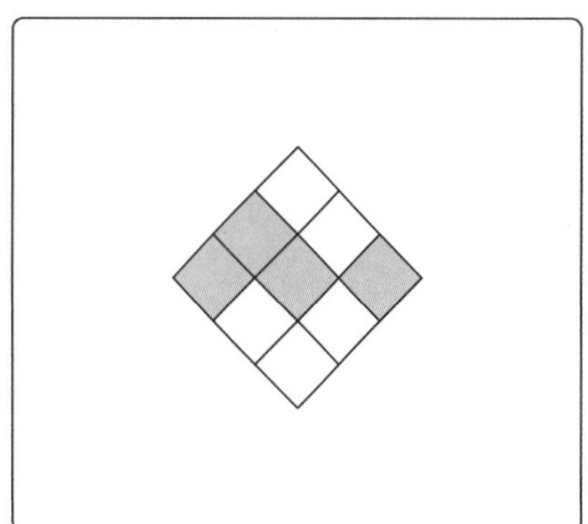

① 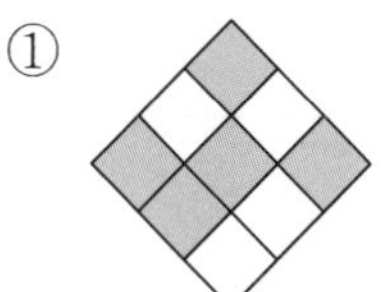

② 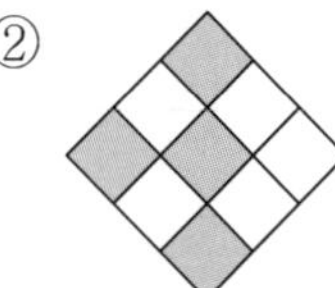

③ 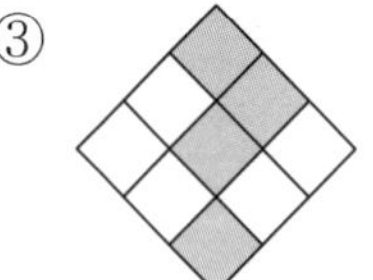

④ 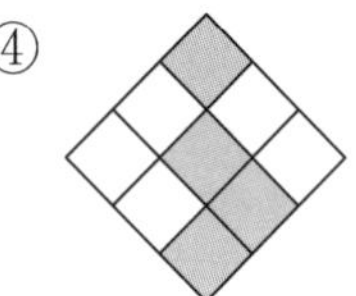

07

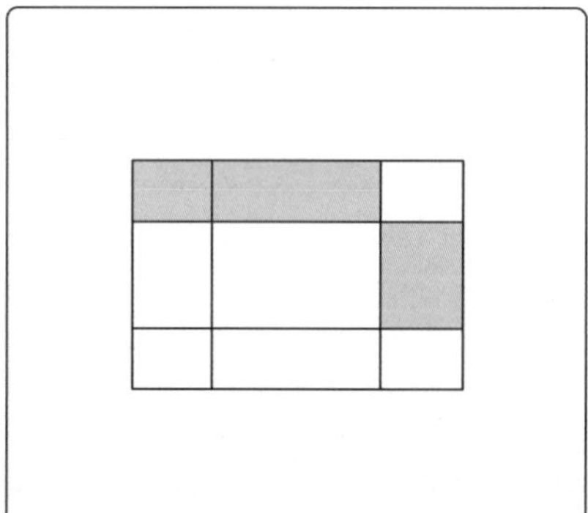

① 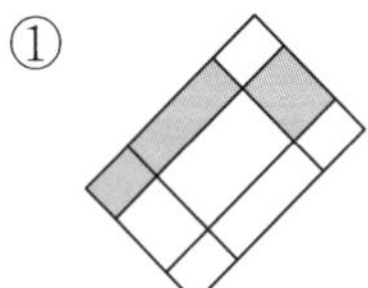

② 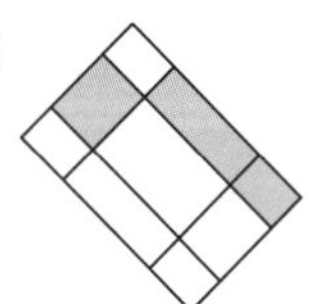

③ 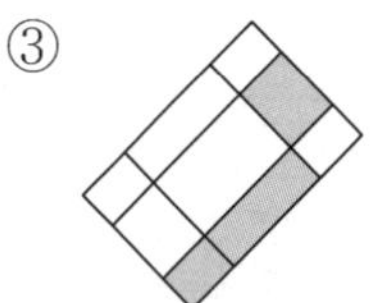

④ 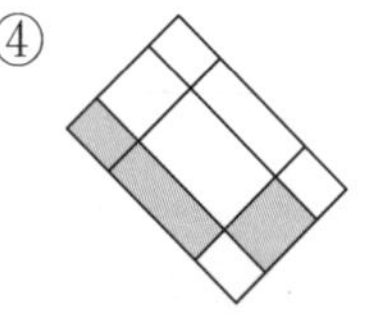

08

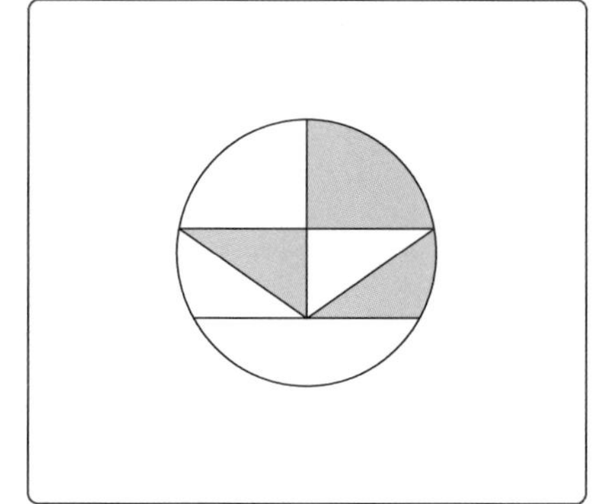

①

②

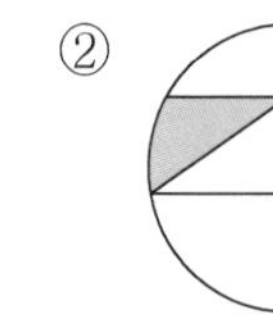

③

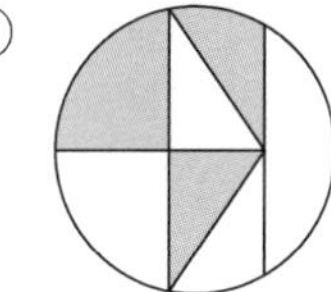

④

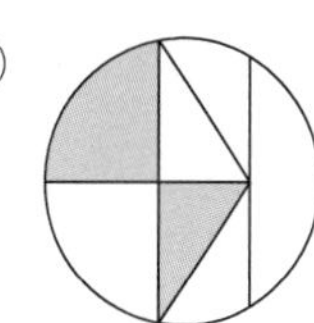

09

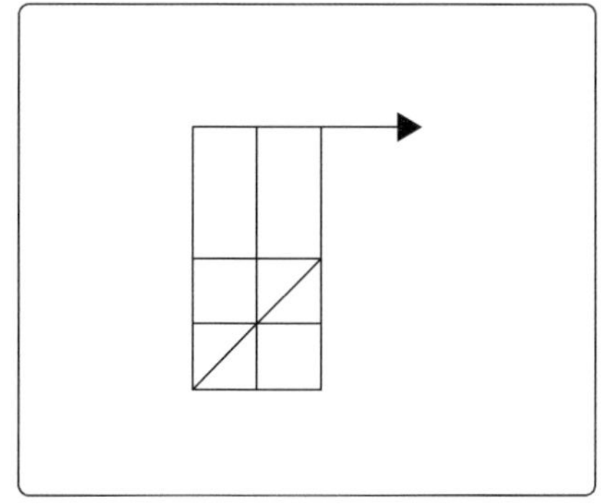

①

②

③

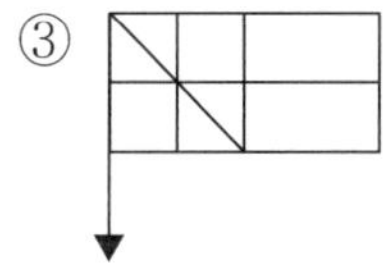

④

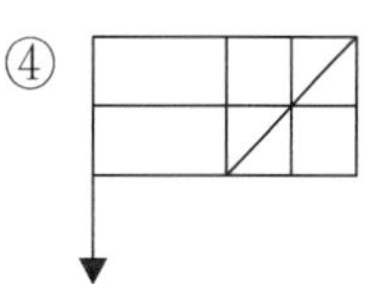

정답 및 해설  05. ① 06. ③ 07. ① 08. ③ 09. ①

05 ① 시계 방향으로 90° 회전

06 ③ 시계 방향으로 90° 회전

07 ① 시계 반대 방향으로 45° 회전

08 ③ 시계 반대 방향으로 90° 회전

09 ① 시계 반대 방향으로 90° 회전

10

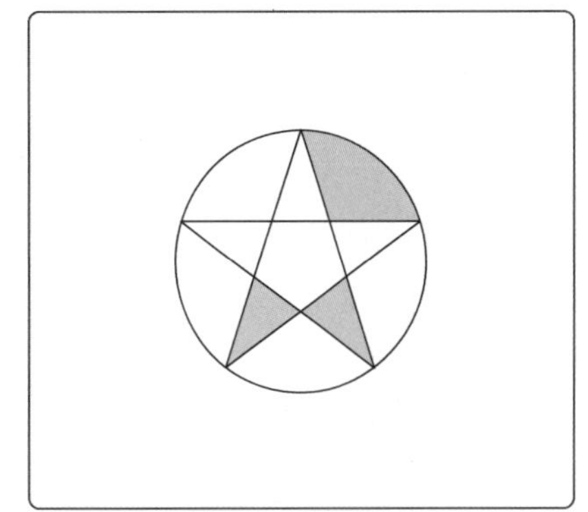

①
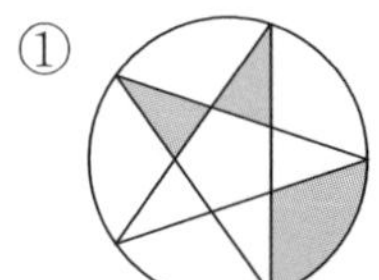

②
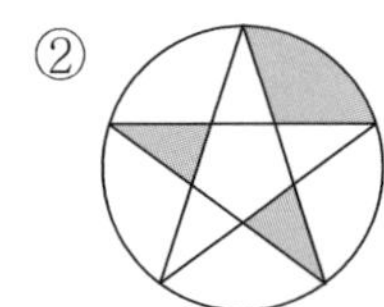

③
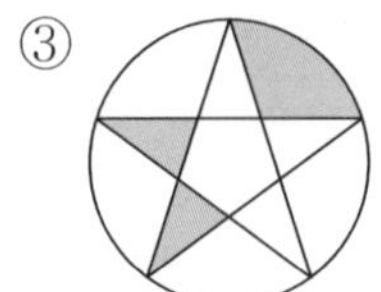

④
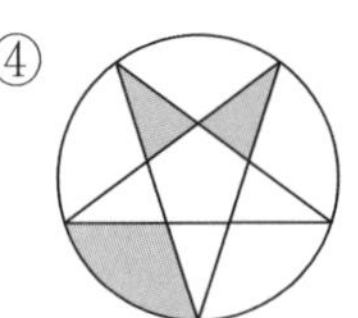

※ 다음 제시된 도형이나 그림과 다른 것을 고르시오. [11~17]

11

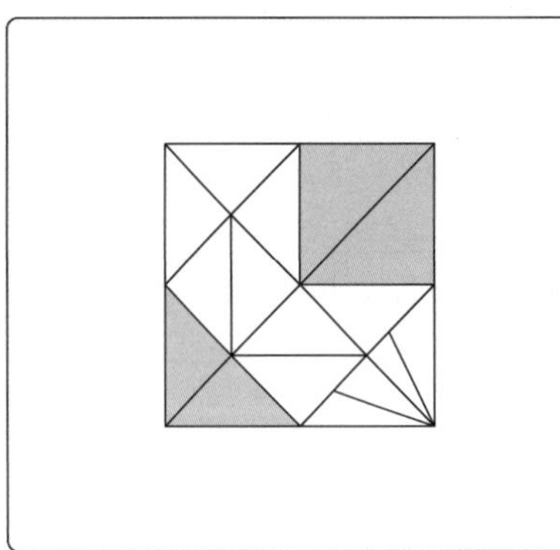

①
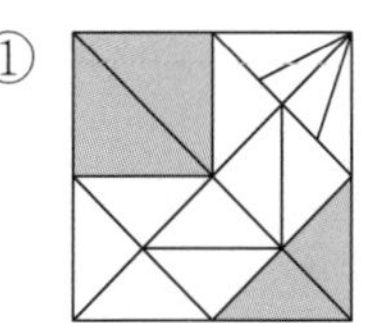

②
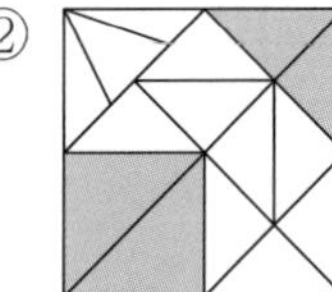

③

④
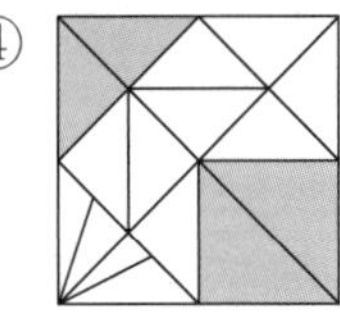

12

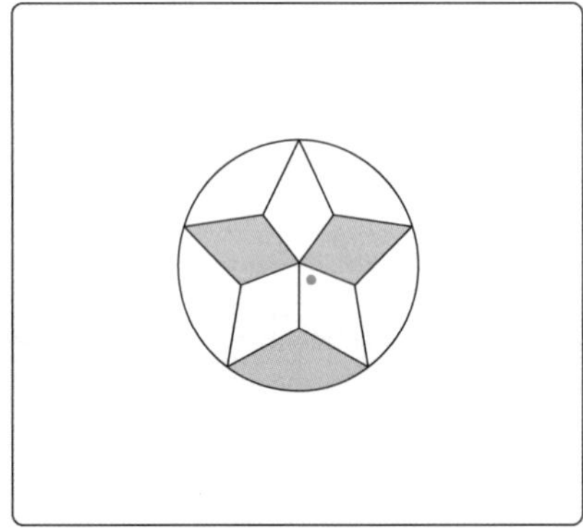

①
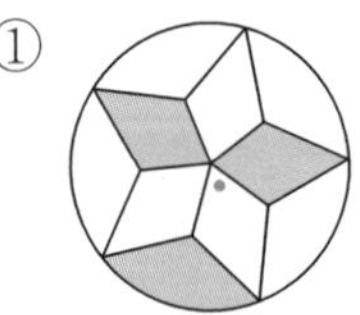

②
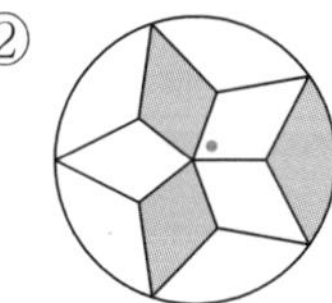

③
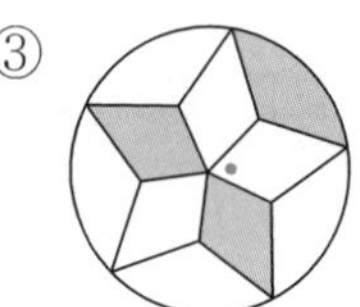

④
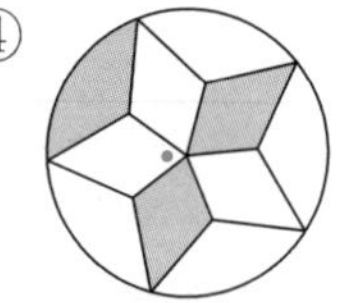

13

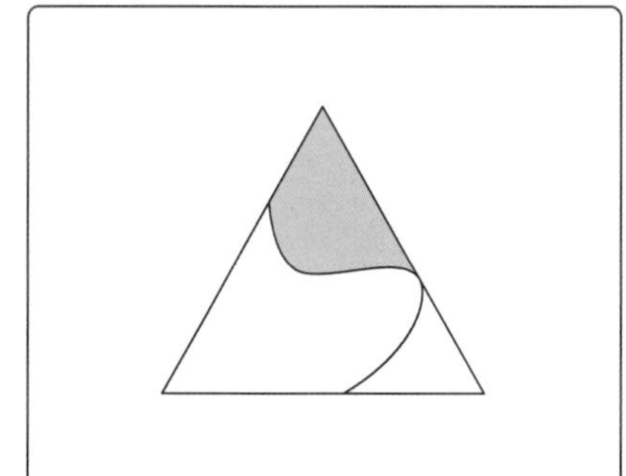

① 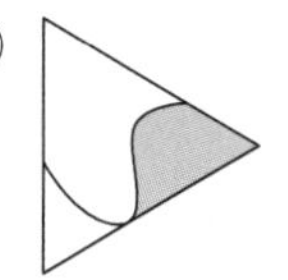
② 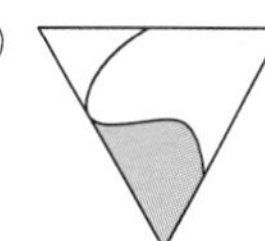
③ 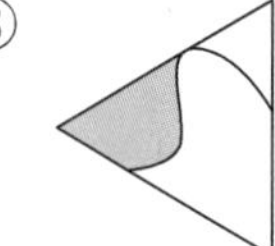
④ 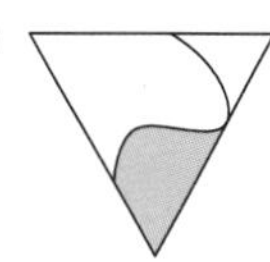

14

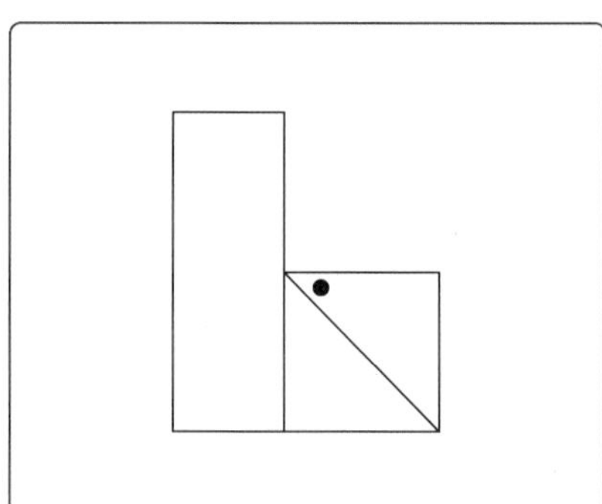

① 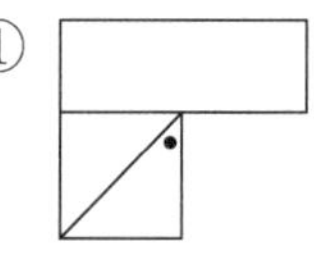
② 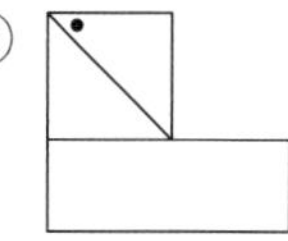
③ 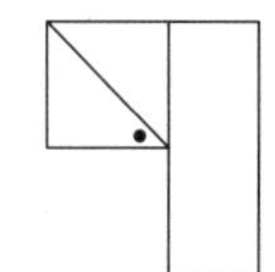
④ 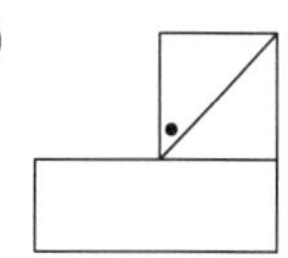

정답 및 해설  10. ④ 11. ② 12. ③ 13. ④ 14. ②

10 ④ 180° 회전

11 ① 시계 반대 방향으로 90° 회전
③ 180° 회전
④ 시계 방향으로 90° 회전

13 ① 시계 방향으로 90° 회전
② 180° 회전
③ 시계 반대 방향으로 90° 회전

14 ① 시계 방향으로 90° 회전
③ 180° 회전
④ 시계 반대 방향으로 90° 회전

15

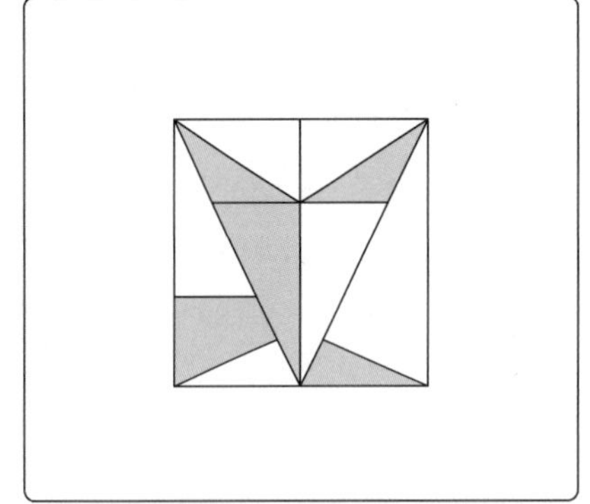

①
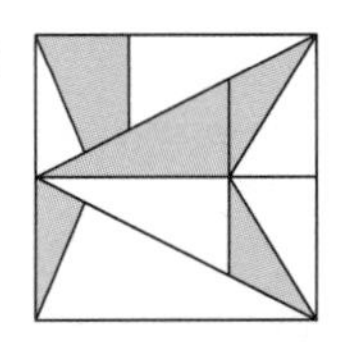
②
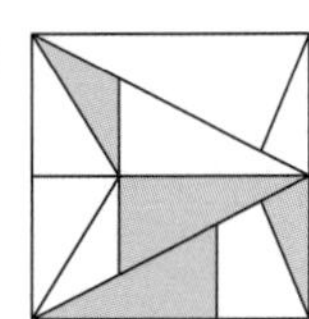
③
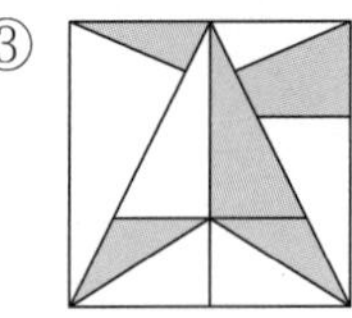
④
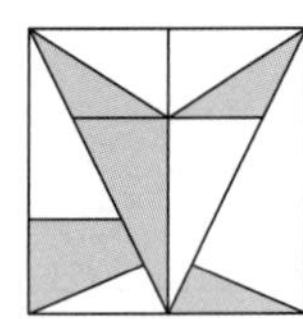

16

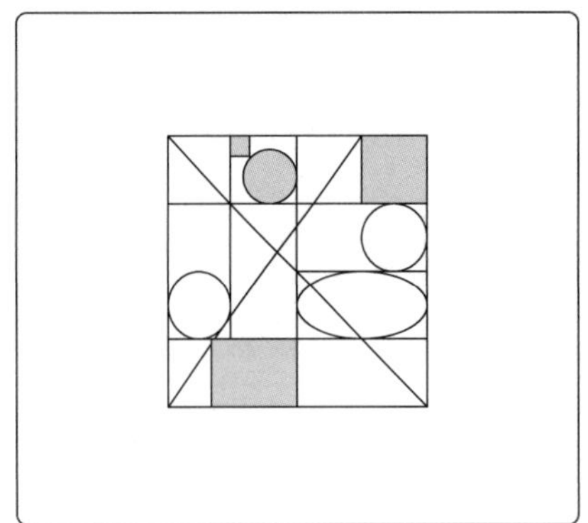

①
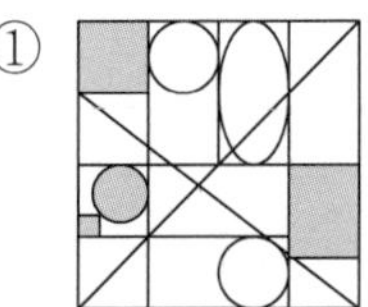
②
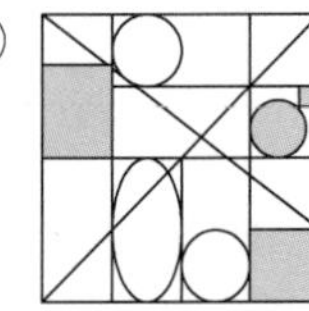
③
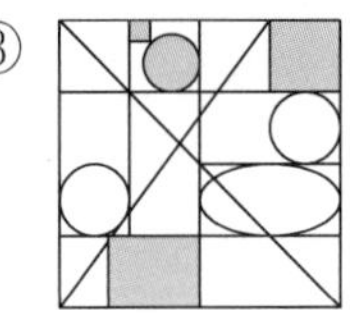
④
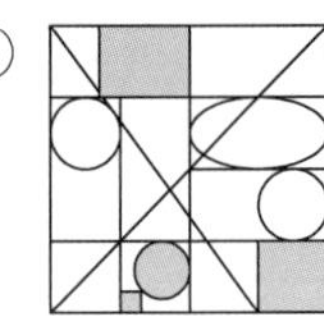

17

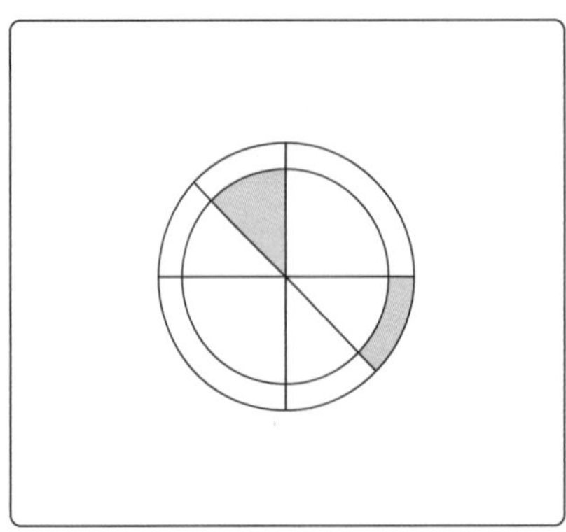

①
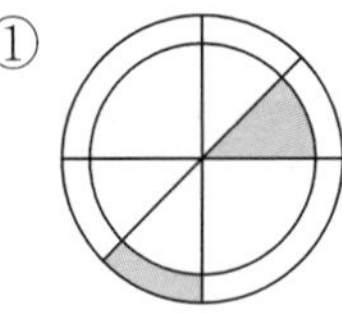
②
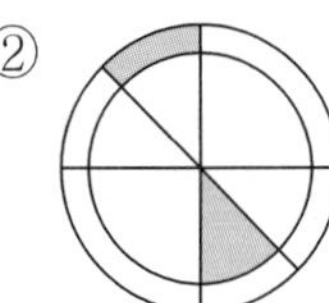
③
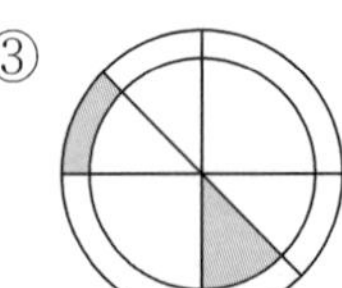
④
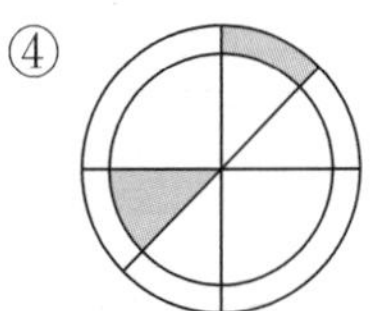

※ 다음 중 나머지 셋과 다른 하나를 고르시오. [18~20]

18 ① ② 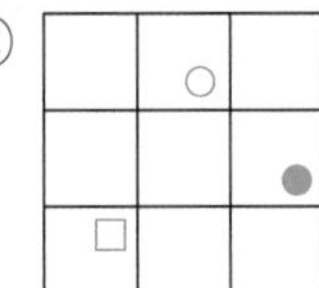 ③ 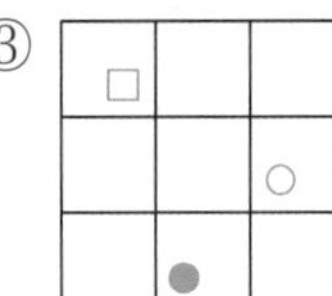 ④ 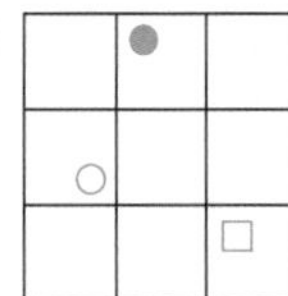

19 ① 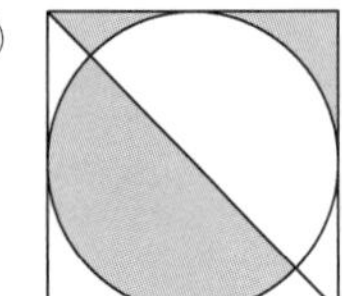 ② 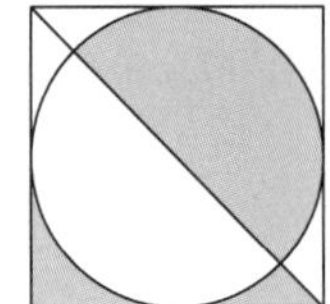 ③ 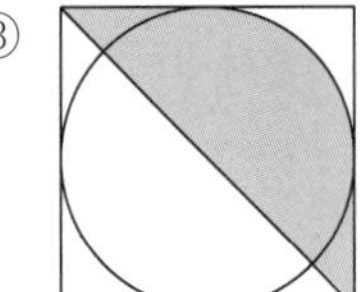 ④ 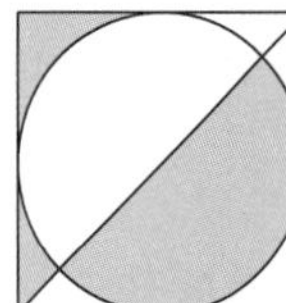

20 ①  ②  ③  ④ 

정답 및 해설  15. ② 16. ④ 17. ② 18. ④ 19. ③ 20. ④

16 ① 시계 반대 방향으로 90° 회전
② 시계 방향으로 90° 회전

17 ① 시계 방향으로 90° 회전
③ 180° 회전
④ 시계 반대 방향으로 90° 회전

18 ② ①의 180° 회전
③ ①을 시계 반대 방향으로 90° 회전

19 ② ①의 180° 회전
④ ①을 시계 반대 방향으로 90° 회전

GSAT 5급 고졸채용

04 》 그림조각 배열

1 출제영역

4개의 조각으로 나뉜 그림을 순서대로 배열하여 완성하는 문제다.

2 출제경향

제시된 도형이나 그림과 같은 것 또는 다른 것을 찾는 문제이며, 제시되는 도형으로는 정사각형, 오각형부터 원형, 별표, 입체도형 등이 있으며, 그림은 일차원적인 그림부터 입체 그림까지 다양하다.

◆ 출제문제 유형 ◆

- 조각들을 완성된 그림이 되도록 순서대로 배열한 것을 고르는 문제
- 제시된 도형이나 그람과 다른 것을 고르는 문제

3 학습방법

- 제시된 그림의 조각들을 보고 좌우 양 끝에 위치할 조각을 먼저 찾은 다음 중간에 위치할 조각을 순서대로 찾으면 쉽게 해결할 수 있다.

대표 유형문제

다음 조각들을 완성된 그림이 되도록 순서대로 배열한 것을 고르면?

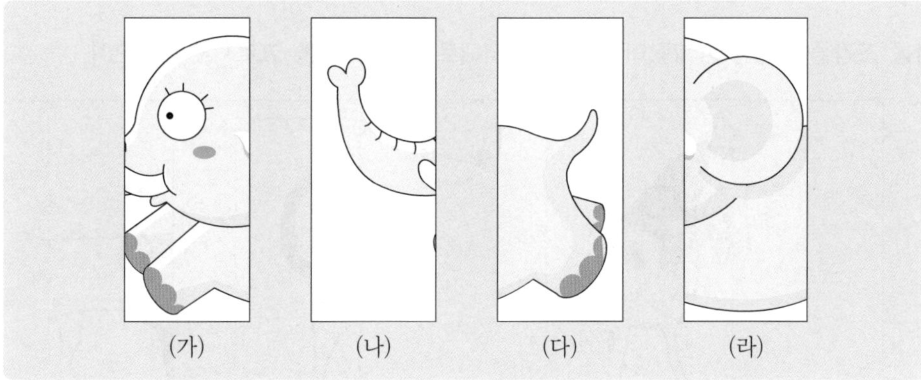

① (가) − (나) − (다) − (라)
② (나) − (가) − (라) − (다)
③ (나) − (라) − (가) − (다)
④ (다) − (가) − (라) − (나)

답 ②

출제예상문제

※ 다음 조각들을 완성된 그림이 되도록 순서대로 배열한 것을 고르시오. [1~20]

01

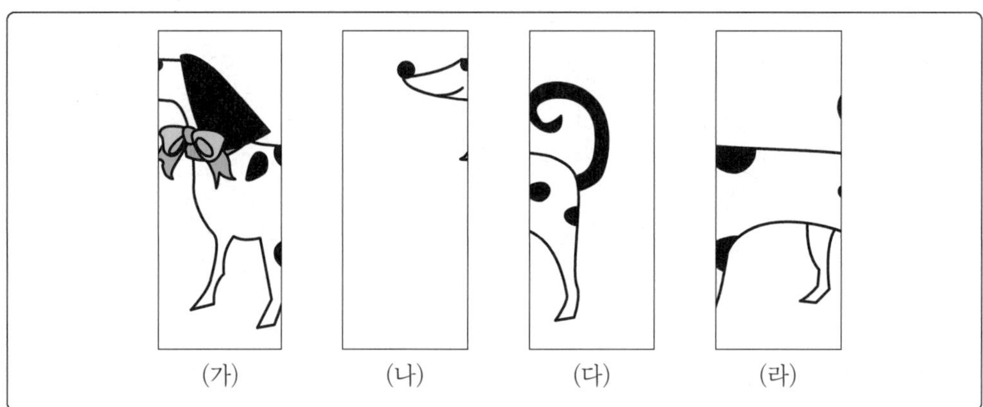

(가) (나) (다) (라)

① (가) － (나) － (다) － (라)　　② (나) － (가) － (라) － (다)
③ (나) － (라) － (가) － (다)　　④ (다) － (가) － (라) － (나)

02

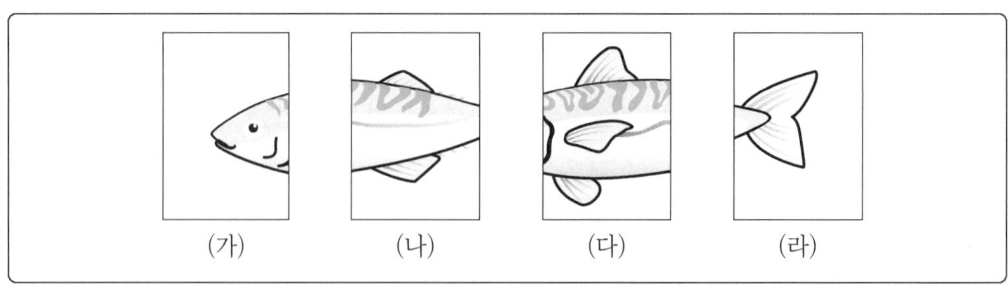

(가) (나) (다) (라)

① (가) － (나) － (다) － (라)　　② (가) － (나) － (라) － (다)
③ (가) － (다) － (나) － (라)　　④ (나) － (가) － (다) － (라)

03

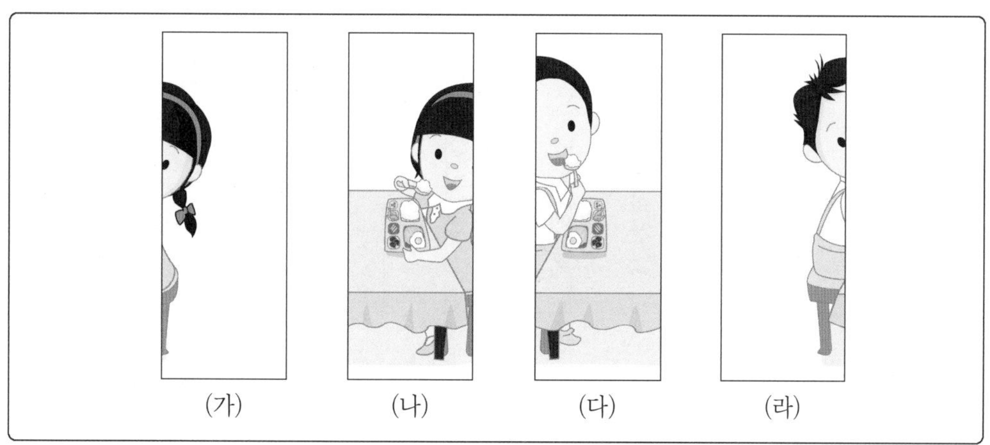

① (가) – (나) – (다) – (라)
② (나) – (라) – (다) – (가)
③ (라) – (나) – (다) – (가)
④ (라) – (다) – (나) – (가)

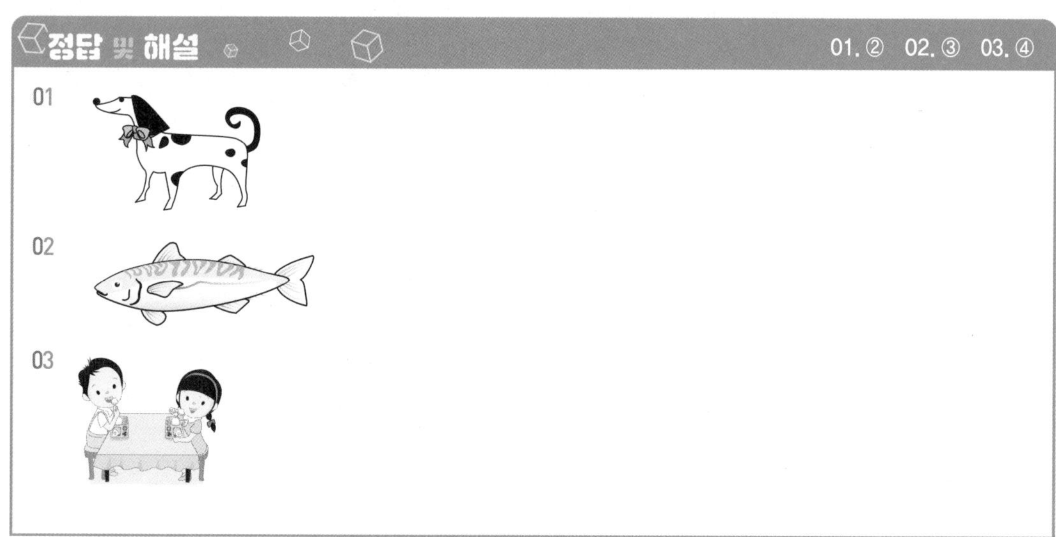

04

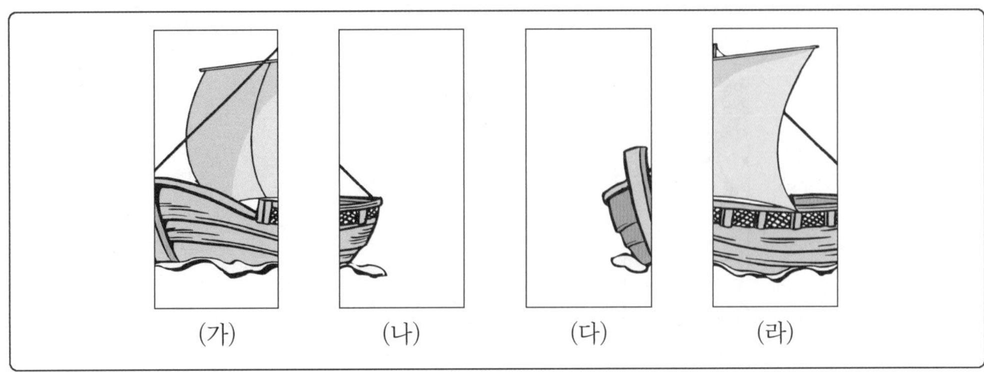

① (가) – (나) – (다) – (라)
② (나) – (가) – (라) – (다)
③ (다) – (가) – (라) – (나)
④ (라) – (다) – (가) – (나)

05

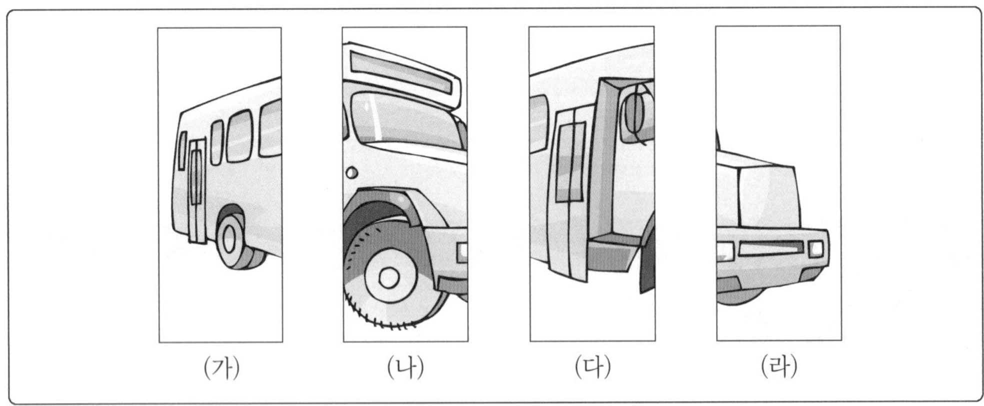

① (가) – (다) – (나) – (라)
② (나) – (다) – (가) – (라)
③ (다) – (라) – (가) – (나)
④ (라) – (나) – (다) – (가)

06

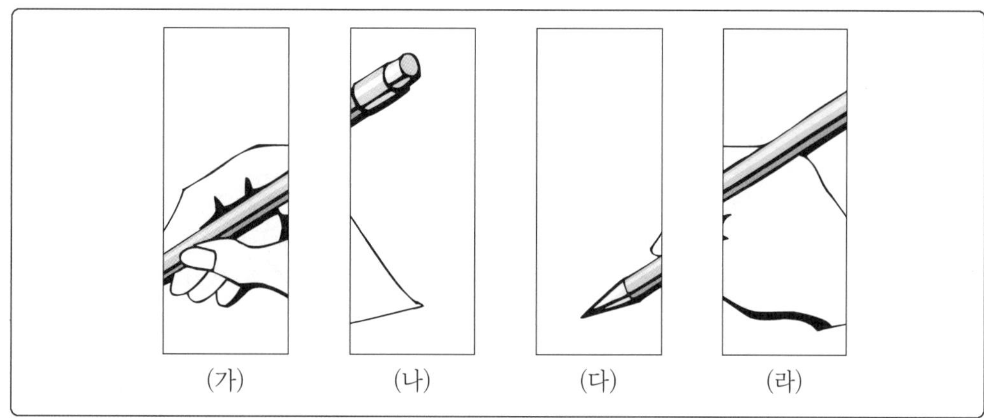

① (가) – (라) – (다) – (나)
② (나) – (라) – (가) – (다)
③ (다) – (가) – (라) – (나)
④ (다) – (라) – (가) – (나)

07

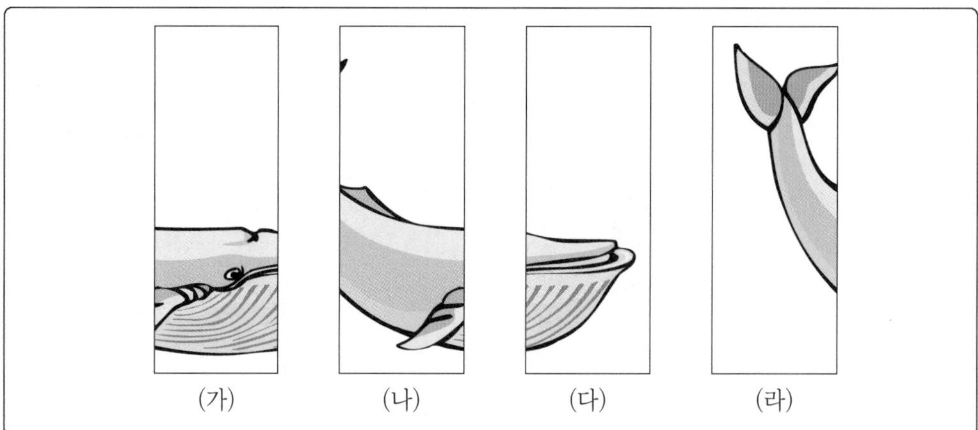

① (가) – (나) – (다) – (라)　② (나) – (가) – (라) – (다)
③ (다) – (가) – (라) – (나)　④ (라) – (나) – (가) – (다)

08

① (나) – (라) – (다) – (가)　② (다) – (가) – (라) – (나)
③ (라) – (다) – (가) – (나)　④ (라) – (다) – (나) – (가)

09

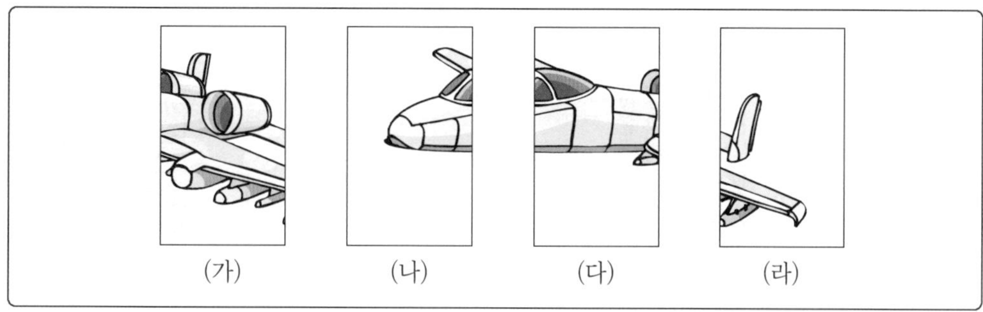

① (가) – (나) – (다) – (라)
② (나) – (다) – (가) – (라)
③ (나) – (가) – (다) – (라)
④ (다) – (나) – (가) – (라)

10

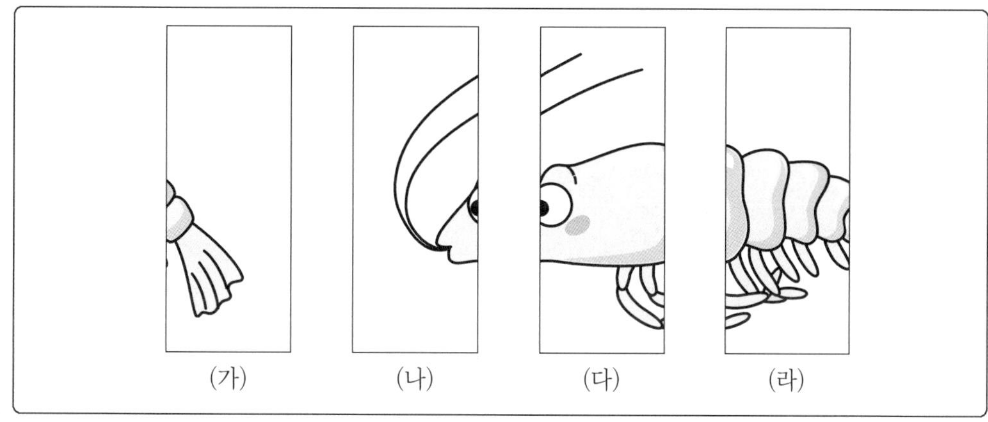

① (나) – (다) – (라) – (가)
② (나) – (다) – (가) – (라)
③ (나) – (라) – (다) – (가)
④ (다) – (나) – (라) – (가)

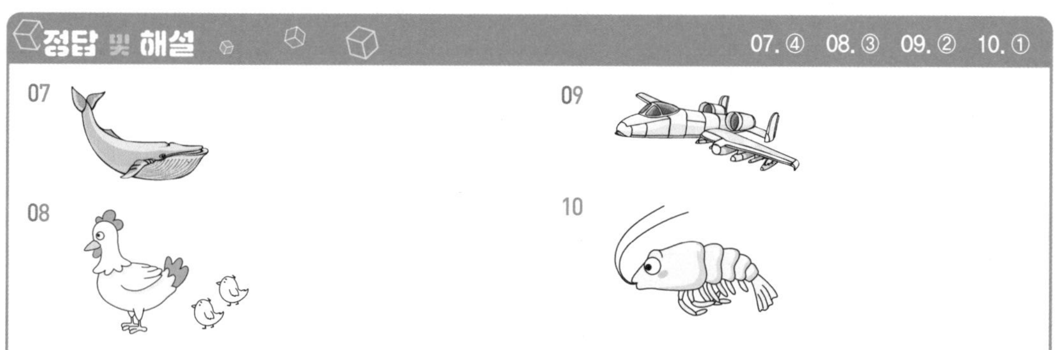

11

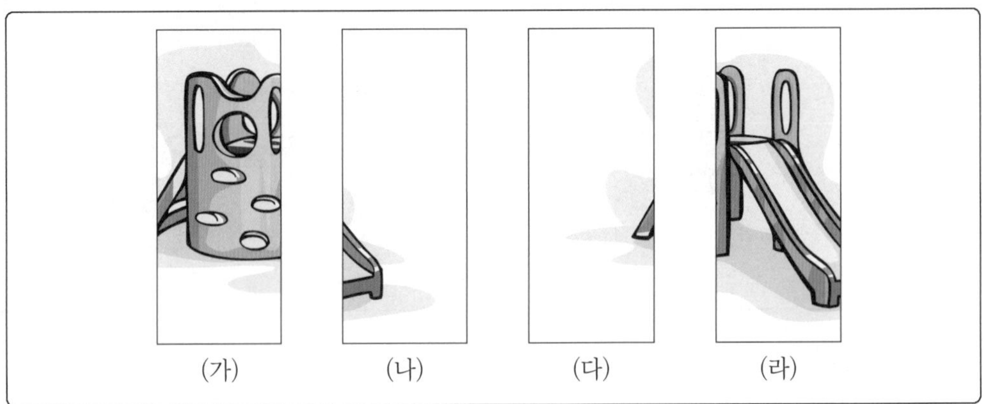

① (나) – (가) – (라) – (다)
② (다) – (가) – (라) – (나)
③ (다) – (라) – (가) – (나)
④ (라) – (나) – (가) – (다)

12

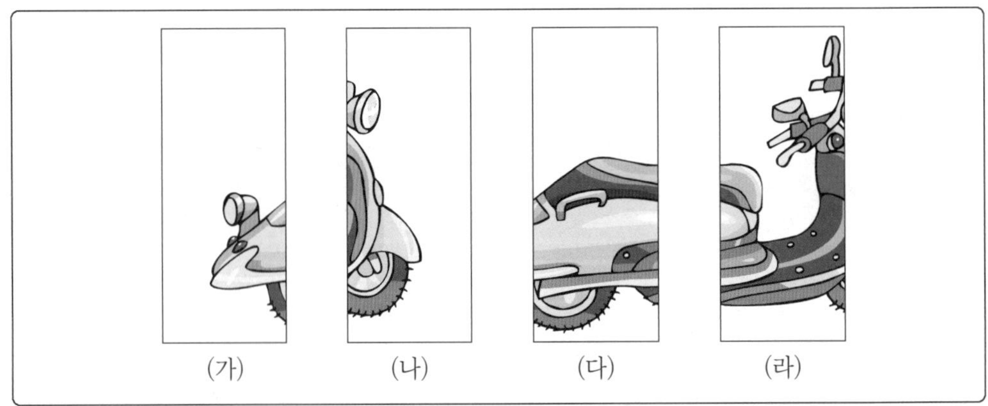

① (가) – (나) – (다) – (라)
② (가) – (다) – (라) – (나)
③ (나) – (라) – (다) – (가)
④ (라) – (가) – (다) – (나)

13

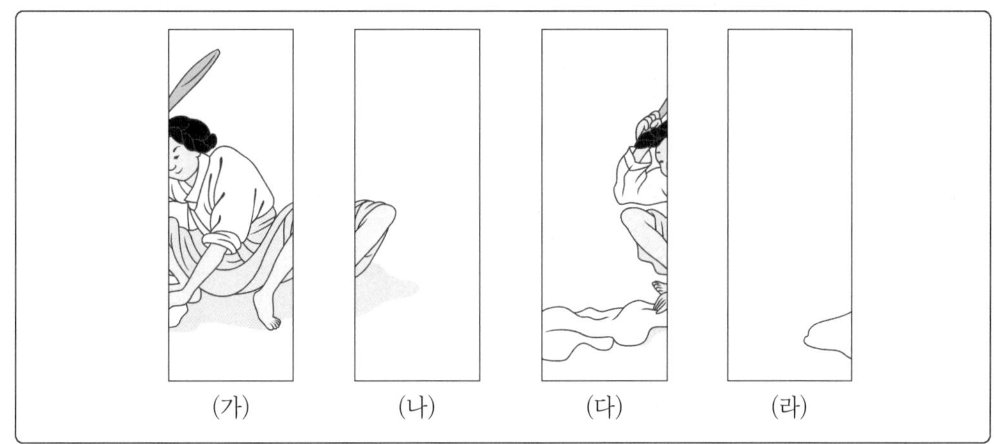

① (가) − (다) − (나) − (라)　　② (나) − (다) − (가) − (라)

③ (다) − (가) − (라) − (나)　　④ (라) − (다) − (가) − (나)

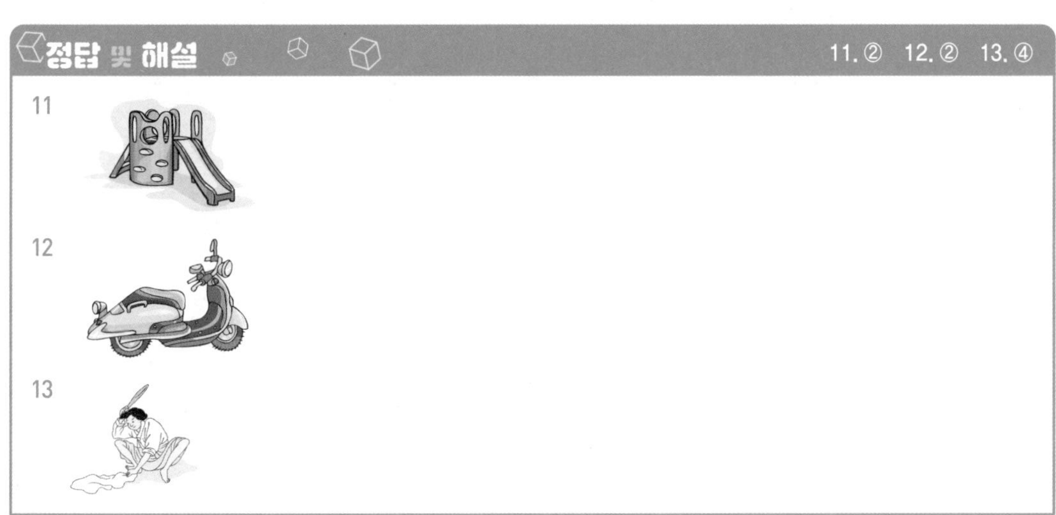

정답 및 해설
11. ② 12. ② 13. ④
11
12
13

14

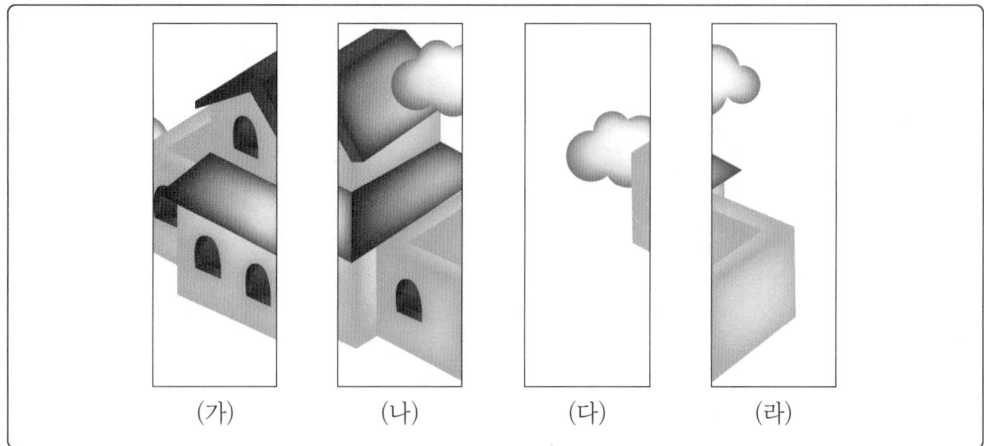

① (가) – (나) – (다) – (라)
② (나) – (라) – (가) – (다)
③ (다) – (가) – (나) – (라)
④ (라) – (나) – (가) – (다)

15

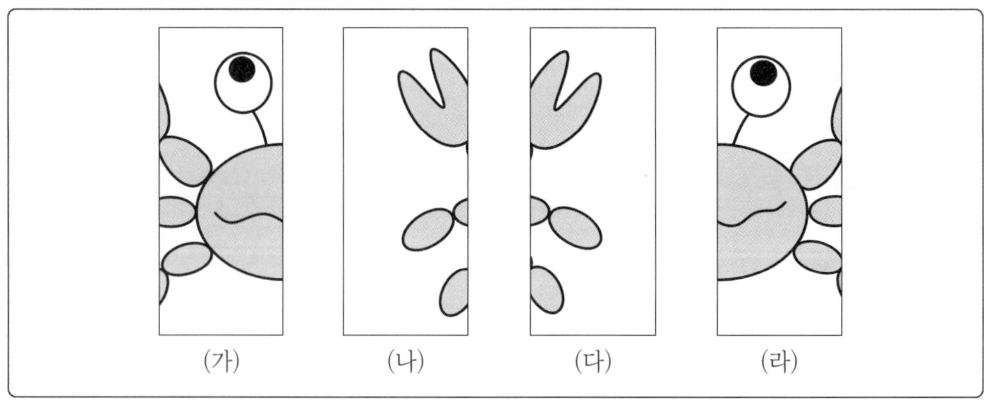

① (가) – (나) – (라) – (다)
② (나) – (라) – (가) – (다)
③ (나) – (가) – (라) – (다)
④ (다) – (라) – (가) – (나)

16

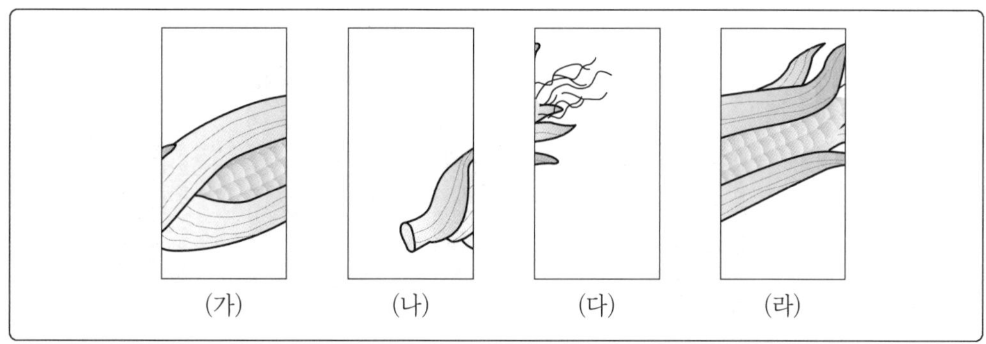

① (가) – (라) – (나) – (다)
② (나) – (가) – (라) – (다)
③ (나) – (라) – (가) – (다)
④ (다) – (가) – (라) – (나)

17

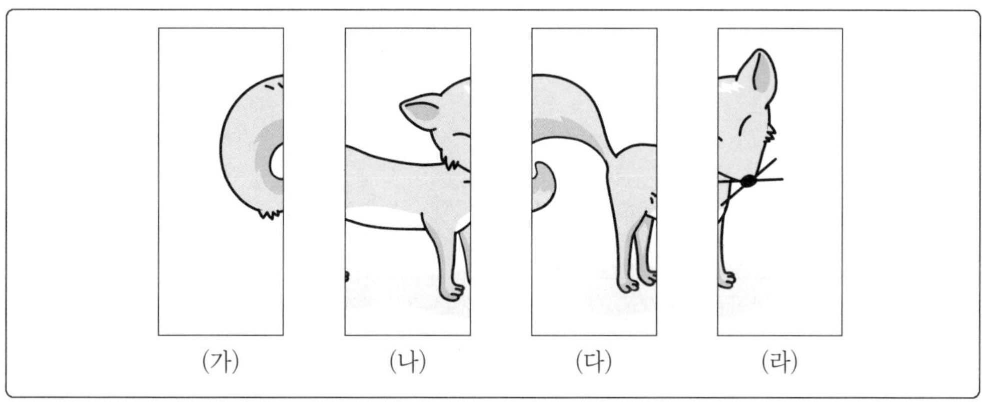

① (가) – (나) – (다) – (라)
② (가) – (다) – (라) – (나)
③ (가) – (다) – (나) – (라)
④ (나) – (가) – (다) – (라)

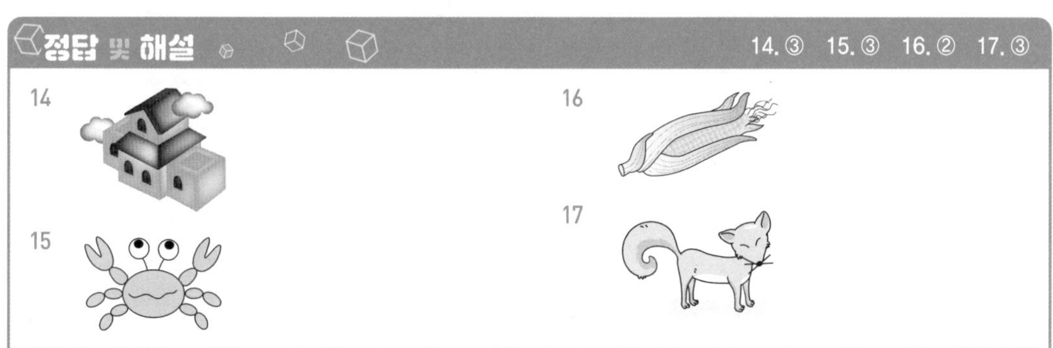

정답 및 해설
14. ③ 15. ③ 16. ② 17. ③
14
15
16
17

18

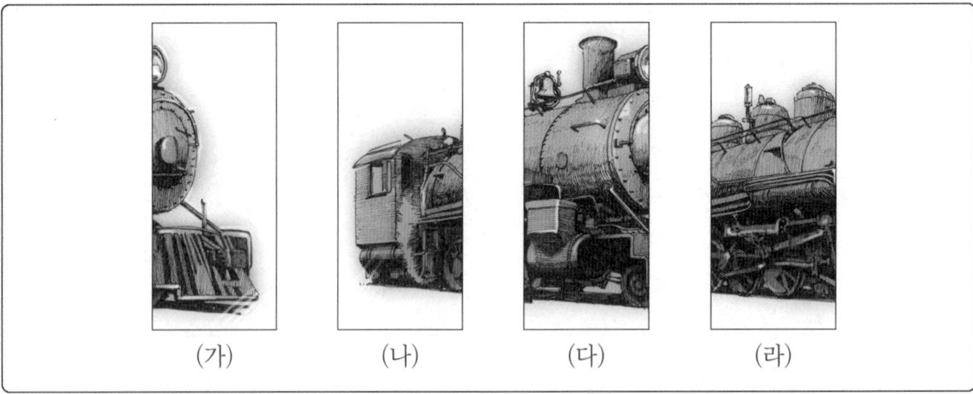
(가) (나) (다) (라)

① (가) − (라) − (다) − (나)
② (나) − (라) − (다) − (가)
③ (다) − (나) − (라) − (가)
④ (라) − (다) − (나) − (가)

19

(가) (나) (다) (라)

① (가) − (다) − (라) − (나)
② (다) − (가) − (나) − (라)
③ (다) − (가) − (라) − (나)
④ (라) − (다) − (가) − (나)

20

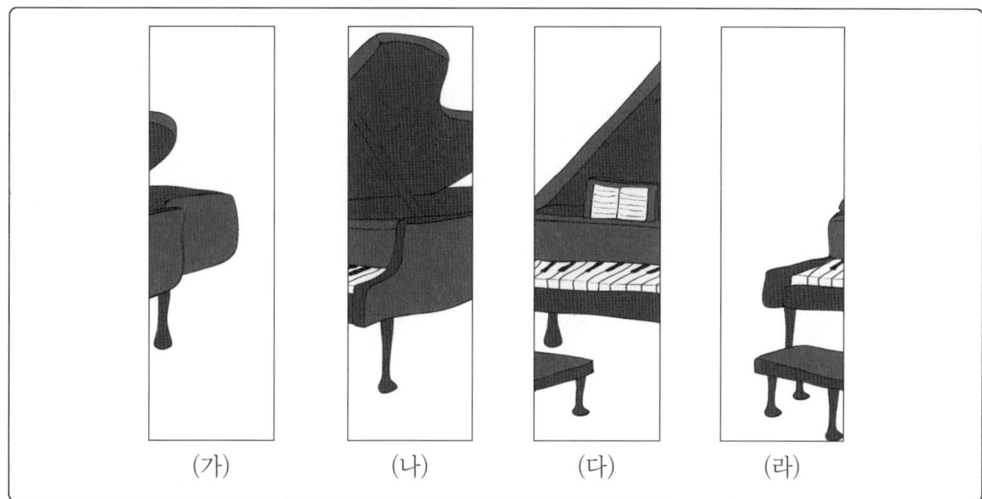

① (가) – (나) – (다) – (라) ② (다) – (나) – (라) – (가)
③ (라) – (다) – (가) – (나) ④ (라) – (다) – (나) – (가)

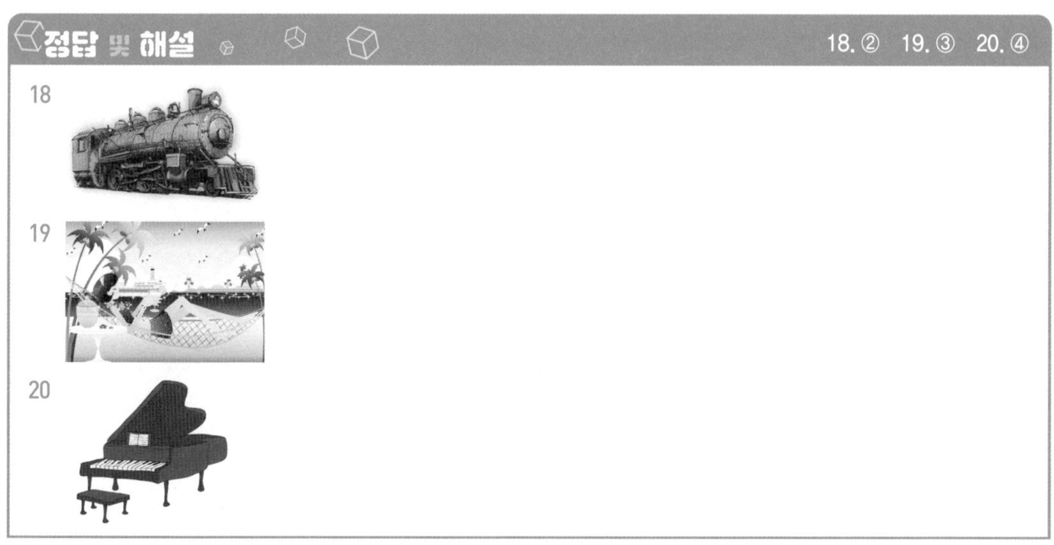

나만의 정리노트

제2편

GlobalSamsungAptitudeTest

인성검사

01 》 작업검사(U-K검사)

출제경향 & 공부방법 U-K(Uchida-Kraepelin) 작업태도검사는 사람이 작업할 때의 능력, 그 능력을 발휘할 때의 특징을 판정한다. 이는 전문 지식이나 특수 기술을 측정하는 것이 아니라 '보편적 작업 태도'를 검사하는데, 수검자에게 간단한 한 자릿수 덧셈을 연속해 실시하게 함으로써 업무 처리의 과정을 곡선으로 그려낸다.

1 개 요

① 인성검사의 한 방법으로 작업검사라고도 불리는데, 사람이 어떠한 작업을 하는 과정에서 인격적 요인이 반영된다는 점에 착안하여 단순한 작업을 통해 패턴을 인식하는 과정에서 인성을 파악하려는 것이 U-K검사이다.

② U-K검사는 일정한 상황하에서 단순작업을 하고 난 후, 그 작업량의 체계에서 성격을 파악하는 것을 목적으로 하는 정신작업 검사이다.

③ U-K검사는 두 가지 기준으로 채점하는데, 수행한 양과 수행의 형태로 개인의 성격이나 태도를 측정한다.

2 검사 방법

① 현재 일반적으로 사용되는 검사방법은 연습 2분, 전반부 15분, 휴식 5분, 후반부 15분으로 구성되어 있다.

	誤	正	合
7 8 4 2 1 6 9 8 7 4 5 2 3 ……			
(1)5 (1)2 6 3 7 (1)4 (1)7 (1)5 (1)1 9 7 5	1	11	9
| 오답 * ( ) 안의 숫자는 버린다.			

② 위와 같이 검사 형식은 무작위로 1에서 9까지의 한 자리 숫자를 옆으로 길게 늘어놓고 앞의 한 자리 수와 바로 그 다음 숫자를 더한 후 10단위의 숫자는 버리고 일의 자리 숫자만 사이에 적는 것이다. 제시된 숫자를 주어진 시간 동안 각각 더해 나간다.

③ 작업량은 각각 더한 숫자의 갯수에서 오답의 경우 2를 제외하여 계산한다.

3 검사 요령

① 1행에 배정된 작업 시간은 1분이며, 시작하는 신호와 동시에 1행의 왼쪽부터 차례로 더하기를 하면서 답을 정리한다. 1분 뒤에 다음 줄을 알리는 신호와 동시에 다음 행으로 이동하여 작업을 시작한다.

② 각 행마다 계산이 끝나지 않았더라도 나머지는 그대로 두고 작업한다.

③ 중간에 휴식 시간이 있는데, 이 때에는 긴장을 풀며 대기한다.

④ 후반부 검사의 시작을 알리는 신호가 울리면 작업을 다시 시작하며, 종료를 알리는 신호가 있을 때까지 작업을 계속한다.

4 채점 방법

① 각 행에서 작업한 개수를 아래 그래프의 선 위에 표시하고, 1행에서 15행까지 기입한 표시를 연결한다. 이렇게 연결한 표시는 전반부와 후반부에 작업한 경과를 나타내는 작업곡선으로 완성된다.

② 한 문제를 틀리게 되면 작업량 2개를 삭제한다.

③ 이렇게 완성된 개인별 작업곡선을 일반적인 작업곡선과 비교 분석한다.

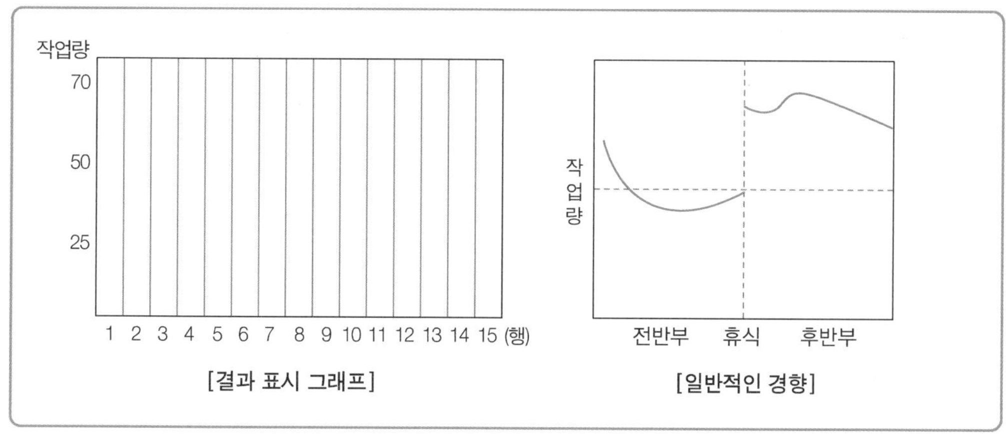

[결과 표시 그래프] [일반적인 경향]

5 결과의 이용 방법

각 행마다 마지막으로 작업한 부분에 별도의 표시를 한 후, 각 행에서 작업한 개수를 위 그래프의 선 위에 표시하고, 1행에서 15행까지 기입한 표시를 연결한다. 이렇게 연결한 표시는 전반부와 후반부에 작업한 경과를 나타내는 작업곡선으로 피검사자의 성격을 판별한다.

(1) 일반적 경향

① **초두효과** : 전반부와 후반부 처음 1분간의 작업량이 가장 많다.

② **감소와 회복** : 전반부의 2분 후부터 작업량이 감소하나 7~8분 이후 다시 집중력을 발휘하여 작업량이 상승한다.

③ **휴식효과** : 휴식 후 전반부보다 후반부의 작업량이 많고, 후반부 곡선은 2분 후 하강하며, 4~5분 이후에 일시적으로 상승하고 그 후에는 최후까지 완만하게 감소한다.

(2) 비정상적 경향

① **초두효과 결여** : 작업 개시 직후에도 노력의 기미가 없어 초두효과가 나타나지 않는다.

② **휴식효과 결여** : 후반부의 작업량이 전반부의 작업량보다 많지 않다.

③ **긴장의 결여** : 작업량이 적고 급격한 감소 추세를 보인다.

④ **인격 이상** : 오류가 많고 작업량이 현저히 적은 경우이다.

6 U–K(Uchida–Kraepelin) 작업태도검사 시험지

<table>
<tr><th colspan="8">수험번호</th><th rowspan="2">성 명</th><th>한글 (　　　　　　　)</th><th colspan="2">성 별</th><th>연 령</th></tr>
<tr><td></td><td></td><td></td><td></td><td></td><td></td><td></td><td></td><td>한자 (　　　　　　　)</td><td>남</td><td>여</td><td></td></tr>
</table>

검사일시 :　　　　　　　　심신상태 :

최종학력 :　　　　　　　　체　　형 :

경력사항 :　　　　　　　　혈 액 형 :

주　　소 :

[전(前)]

5 10 15 20 25 30 35 40 45 50 55 60 65 70	誤	正	合
2678945123654745623785165245442678945123654745623785165245448516524544			
5487412536548452125452452485675123657845121324845658525478516851678517			
5642136589784512365784512132484565852547851257548752157852175469257415			
4565852547851257548752157852172585412365245284521545651254875651235487			
4568549213245578956212147895244565852547851257548752157852174521877821			
3654875963214258463214587954655487412536548452125452452485675736542456			
5897842585412365245284521545652575487521578521725854123652474365487596			
8456245745152497546326541258743654875963214258463214587954651245218547			
6542315879652345124521875632546875254215245784515632544587782545245248			
6875254215245784515632544587784521875632546875254215578451563254458778			
7895425421521242514785698575788456245745152497546326541258745621515245			
7854623125896365421421421254245784562151524231258963654251524231258963			
7598456412546584157845621515248752157852177598456412545632546875254215			
4574152487595875457854515478965784515632544587784521878741253654845212			
1254875651235487546925741568515621515248752157852177598456412543654217			
2547854595124565857512575157859636542142142125425897842585412365245281			
4565852547851257548752157852177598456412546584157845621515243657492412			

[후(後)]

5 10 15 20 25 30 35 40 45 50 55 60 65 70	誤	正	合
5987415254565421532542541254857548752157852172585412365245284521545789			
5741254879636521547854125475219854215845215412452365874123545487521578			
6985257595623154878956321547828976542132654875985621548798757985219854			
6875951235412574852154563251241235487516579875456457852415362548778956			
8579562342154254254878512575125741254879636521547854125475214215487931			
2654951245756254152548795653565687896345214516847587515751522457854258			
7851564547896631541254878965413512457854258963785496854875621447525789			
5748663521569878524512547985219854215845215412452365874123546549512457			
7825487789564215487987541235426985257595623154878956321547827525789657			
6985421447525789653542154215426875951235412574852154563251248528528524			
9854215845215412452365874123548579562342154254254878512575125215412452			
8965412354878964123546859784546875492541253458157895632512427956535656			
3512457854258963785496854875622654951245756254152548795653564123548781			
1235487516579875456457852415367825487789564215487987541235425496854875			
8976542132654875985621548798758965412354878964123546859784545456457852			
5687896345214516847587515751526985421447525789653542154215426352156987			
6875492541253458157895632512425748663521569878524512547985219512457561			

모의 연습문제 1

시간을 체크하면서 풀어 보는 연습을 해 보자. [전(前) 15분, 휴식 5분, 후(後) 15분]

[전(前)]

5 10 15 20 25 30 35 40 45 50 55 60 65 70

6743854214321568687157648486957648395579468358976837953463215791423795

4321568579468358976837953463219349857844785398637568745574829665196594

9752894655784763967853749836892386949698745837864975845365944397548579

5169845767847639698537498427786958953756835698439754857939676358976837

8657649839348576479584678565196594583677534957845879675897699483697548

5687459848356984397548579393072679469576875836498349454954268573976485

6958953756835698439754857939679732798457549685475356797763258378649758

8394768757856476964384649648357846874389458365985397684356975398637568

2386949698745837864975845365944321568579468358976837953463214277869589

1459768357453786498438769548364839557946835897683795346321579768357453

6783584835869437857397648564836958953756835698439754857939671234458993

6594583677534957845879675897691123445899347938854639875576315578476354

7846874389458365985397684356979752894655784763967853749836893574537864

9349857844785398637568745574825169845767847639698537498427784795846785

2679469576875836498349454954268657649839348576479584678565193967973275

9732798457549685475356797763255687459848356984397548579393077639698537

1123445899347938854639875576318394768757856476964384649648354655784763

[후(後)]

5 10 15 20 25 30 35 40 45 50 55 60 65 70

5795873585786549685348947358744984294658758574895478638596487583196245

6539468798847953864983578947656749857389375876496854867953898679453824

4473857834654786384974687653996749857389375876496854867953899576387969

1654974376587647956387459867837497685694835687658946756873999464599414

6396549745658483648745986783485795873585786549685348947358744984264555

6795348768457938476538694645955384983695783486957638794679539593446746

4793756495974675843968457959344867945389685384975489367854835849857979

6387547935836947583697584396836795348768457938476538694645955795934419

7695478757387458948573963867841654974376587647956387459867838476538613

7483569376954768938753674593984473857834654786384974687653999867834857

6836758495388759435786573869567784679635765849857967985384778578346579

6749857389375876496854867953894793756495974675843968457959344679549736

5384983695783486957638794679536396549745658483648745986783484679534554

9465875857489547863859648758317695478757387458948573963867846845793824

7497685694835687658946756873996836758495388759435786573869569968367534

7784679635765849857967985384776539468798847953864983578947656957834877

4867945389685384975489367854837483569376954768938753674593987834857913

모의 연습문제 2

시간을 체크하면서 풀어 보는 연습을 해 보자. [전(前) 15분, 휴식 5분, 후(後) 15분]

[전(前)]

5 10 15 20 25 30 35 40 45 50 55 60 65 70

6871576484869576483956743854215873934857647958467856519549648348347978

4321568579468358976837953463212386949698745837864975845365948653463255

9752894655784763967853749836891123445899347938854639875576317648399421

5169845767847639698537498427868715764848695764839567438542158731232814

8657649839348576479584678565195496854753567977632569437857123445899369

5687459848356984397548579393072679469576875836498349454954266483597565

6958953756835698439754857939679349857844785398637568745574828289478978

8394768757856476964384649648359752894655784763967853749836898564769644

2386949698745837864975845365949752894655784763967853749836893659497569

1459768357453786498438769548365169845767847639698537498427866485648354

6783584835869437857397648564833569843975485793967934985784474768757754

6594583677534957845879675897694848695764839567438542158739344869598474

7846874389458365985397684356973495784587967589769484869578573976485661

9349857844785398637568745574828394768757856476964384649648355897694832

5169845767847639698537498427865687459848356984397548579393078976948455

9732798457549685475356797763256943785739764856483356985647696438464947

1123445899347938854639875576311459768357453786498438769548363569857954

[후(後)]

5 10 15 20 25 30 35 40 45 50 55 60 65 70

7221845211324569754625341527891478523698745123651254785412575236579393

8965421354879523757154789652153698745123651254785412578745652121719412

7854514213658741236547845124518541254745215478512546321549687241587454

8695462541235415487541326796872415874125487596321547852362678954154669

2364751254632514785236598785413659896565478541235465878451526457813977

1478523698745123651254785412578745652363214575226123534152789147852334

6325412545785212365879586224415874136987456215478523695247896546237155

3698521478545632595147536951474521547851254632154235415487541326736447

2587413698745621547852369524789654213548795237571547896521536987455412

3542415874125487596321547852362678954152545654784598533658741236547832

7896541232587456523632145752261232659854785125845632152654898456321574

7562132678954152545654784598533658741236547845124518541254745796872456

2654895632147458796587451254122364751254632514785236598785412354154821

3659896565478541235465878451524577845211324569754625341527895463215424

3698541254745215478512546321542354154875413267968724158741254875487931

9875482541254123659565421547828521236587958622441587413698745621547832

6548541232659854785125845632152654895632147458796587451254127531973872

02 》 인성검사

출제경향 & 공부방법 인성검사는 입사시험의 합격·불합격을 결정하는 시험은 아니지만 최종 면접 시 질문을 구성하는 토대가 되며, 합격 후 부서 배치에도 영향을 미칠 수 있으므로 신중하고 성실한 답변을 준비하도록 한다.

1 인성검사의 개념 및 중요성

인성이란 각 개인이 가지는 사고와 태도 및 행동 특성을 의미하며, 이러한 개인의 특성에 관심을 가지고 분석하는 것을 인성검사라 한다. 인성검사의 주된 목적은 정신적인 장애나 성격장애가 없는지, 조직생활에 문제가 없는지, 그리고 해당 기업에서 요구하는 인재상에 부합하는 인재 혹은 해당 직무에 적합한 인재인지를 검사하는 것이다.

특히 인성검사에서 불합격 요인이 발견되면 최소 6개월에서 최대 2년 이상 해당 기업에서 서류전형에 제한을 받을 수 있는데, 이러한 인성 요인들은 쉽게 변하지 않는 것으로 판단하기 때문이다. 그러므로 인성검사에 앞서 자신이 어떤 사람인지에 대한 SWOT(Strength, Weakness, Opportunity, Threat) 분석이 필요하고, 어떤 사람이 어느 지원분야에 적합하며 기업에서 원하는 인재형이 무엇인지를 미리 생각해 두고 이상적인 자신의 성격을 규정해 둘 필요가 있다.

2 삼성 인성검사

삼성에서 요구하는 인재상에 부합하는 인재 혹은 해당 직무에 적합한 인재인지를 평가하는 테스트이다. 인성검사는 총 250문항으로 30분간 실시하며, 주어진 질문에 대해 5가지 보기 중 한 가지를 선택하는 형식이다.

3 인성검사 대처 요령

(1) 평소의 생각을 표현하라!

인성검사는 대개 평소 우리가 경험하는 것에 관한 짧은 진술문과 어떤 대상과 일에 대한 선호를 택하는 문제들로 구성되므로 평소의 경험과 선호도를 바탕으로 자연스럽고 솔직하게 답하도록 한다.

(2) 솔직하고 일관성 있게 표현하라!

대개의 성격검사 문항은 피검사자의 정직성을 파악할 수 있게 제작되어 있는데, 자칫 부정직한 답변으로 일관하여 진실성이 결여될 경우에는 검사 자체가 무효화되어 합격에 불이익을 받을 수 있다. 그러나 오히려 너무 일관성에 치우치려는 생각은 검사 자체를 다른 방향으로 이끌 수 있다는 점을 명심하도록 한다.

(3) 컨디션 유지에 신경 써라!

심신이 지쳐 있으면 생각 또한 약해지기 쉽다. 신체적으로나 정신적으로 충분한 휴식을 취하고 심리적으로 안정된 상태에서 검사에 임해야 자신을 정확히 표현할 수 있다.

(4) 검사를 미리 받아 보라!

본 시험에 앞서 검사 대행업소나 학교의 학생생활연구소와 같은 곳을 이용하여 사전에 검사를 받아 보는 것도 좋은 방법이다. 이것은 비슷한 검사의 유형을 사전에 받아 봄으로써 자신감을 줄 뿐만 아니라 성격상 바람직하지 않은 결과를 얻은 요인을 사전에 개선할 수 있다는 자극을 주기 때문이다.

4 인성검사 예시문항

다음 질문을 읽고 각 행동들이 자신과 '멀다'고 생각하면 ①번 방향으로, '가깝다'고 생각하면 ⑤번 방향으로 고르시오. (① 전혀 그렇지 않다, ② 약간 그렇지 않다, ③ 보통이다, ④ 약간 그렇다, ⑤ 매우 그렇다)

번 호	질 문	응 답				
01	친구를 쉽게 사귀는 편이다.	①	②	③	④	⑤
02	인내심이 강한 편이다.	①	②	③	④	⑤
03	지시받는 것이 편하다.	①	②	③	④	⑤
04	매사에 조심스러운 편이다.	①	②	③	④	⑤
05	나의 기분을 정확하게 표현할 수 있다.	①	②	③	④	⑤
06	공상하는 것을 좋아한다.	①	②	③	④	⑤
07	타인의 부탁을 거절하지 못한다.	①	②	③	④	⑤
08	무작정 여행을 떠나는 편이다.	①	②	③	④	⑤
09	계획표를 자주 짜는 편이다.	①	②	③	④	⑤
10	일을 능률적으로 빠르게 해치우는 편이다.	①	②	③	④	⑤
11	통계 분야는 자신이 있다.	①	②	③	④	⑤
12	굳이 말한다면 행동형이다.	①	②	③	④	⑤
13	생각이 많아 잠을 이루지 못하는 경우가 종종 있다.	①	②	③	④	⑤
14	말을 할 때 몸짓을 자주 사용한다.	①	②	③	④	⑤
15	갖고 싶은 것은 무조건 가져야 한다.	①	②	③	④	⑤
16	임기응변으로 대응하는 것을 잘한다.	①	②	③	④	⑤
17	목표는 유동적일 수도 있다.	①	②	③	④	⑤
18	모임에서 주로 남을 소개하는 편이다.	①	②	③	④	⑤
19	안 될 것 같으면 포기하고 다음으로 옮긴다.	①	②	③	④	⑤
20	휴가철에는 꼭 피서를 떠난다.	①	②	③	④	⑤
21	사회적 모임이나 동아리 활동이 다양하다.	①	②	③	④	⑤
22	모임에서 분위기를 주도하는 편이다.	①	②	③	④	⑤
23	나의 취미는 대부분 집안에서 하는 것들이다.	①	②	③	④	⑤
24	나의 피해를 감수하면서도 다른 사람의 요청을 들어준다.	①	②	③	④	⑤
25	혼자 있는 것을 즐긴다.	①	②	③	④	⑤
26	사회적인 이슈에 민감한 편이다.	①	②	③	④	⑤
27	처음 만난 사람의 이름을 잘 기억하는 편이다.	①	②	③	④	⑤
28	남이 쓰던 물건은 쓰기 싫다.	①	②	③	④	⑤
29	사람들과 대화하기를 좋아한다.	①	②	③	④	⑤

30	사회에는 고쳐야 할 법이나 규칙이 많다.	①	②	③	④	⑤
31	누구에게나 친절하게 대할 수 있다.	①	②	③	④	⑤
32	삶에서 예술은 불필요하다.	①	②	③	④	⑤
33	도형이나 수치를 가지고 분석하는 것을 좋아한다.	①	②	③	④	⑤
34	나는 미적인 감각이 뛰어나다.	①	②	③	④	⑤
35	강한 인상의 사람을 대하기 어렵다.	①	②	③	④	⑤
36	숫자 계산을 잘한다.	①	②	③	④	⑤
37	학창시절 조용하다는 이야기를 자주 들었다.	①	②	③	④	⑤
38	밝은 곳보다는 어두운 곳이 좋다.	①	②	③	④	⑤
39	아는 사람을 만나도 피하는 경우가 많다.	①	②	③	④	⑤
40	여러 사람과 함께 있어야 힘이 난다.	①	②	③	④	⑤
41	중요한 모임이라고 생각되지 않으면 참석하지 않는다.	①	②	③	④	⑤
42	남들보다 일처리가 빠른 편이다.	①	②	③	④	⑤
43	윗사람들과는 같이 있고 싶지 않다.	①	②	③	④	⑤
44	나보다 못하다고 생각하는 사람이 상을 받으면 억울하다.	①	②	③	④	⑤
45	어질러진 물건은 치워야 마음이 편하다.	①	②	③	④	⑤
46	주변 시선이 크게 신경 쓰인다.	①	②	③	④	⑤
47	여러 사람 앞에서 사회를 잘 본다.	①	②	③	④	⑤
48	나는 토론에서 져 본 적이 별로 없다.	①	②	③	④	⑤
49	충동적으로 일을 진행하는 경우가 많다.	①	②	③	④	⑤
50	싸움이 일어나면 나서서 중재를 하는 편이다.	①	②	③	④	⑤
51	쉬는 날에도 일찍 일어나는 편이다.	①	②	③	④	⑤
52	조그만 자극에도 예민한 편이다.	①	②	③	④	⑤
53	자랑하는 것을 좋아한다.	①	②	③	④	⑤
54	보수적인 성향에 가깝다.	①	②	③	④	⑤
55	논리가 뛰어나다는 말을 자주 듣는다.	①	②	③	④	⑤
56	혼자 있는 시간은 가능한 한 많이 갖고 싶다.	①	②	③	④	⑤
57	남은 돈은 꼬박꼬박 저축한다.	①	②	③	④	⑤
58	남이 쓰던 물건은 쓰기 싫다.	①	②	③	④	⑤
59	가계부를 생활화하여 쓰고 있다.	①	②	③	④	⑤
60	충동구매를 자주 하는 편이다.	①	②	③	④	⑤
61	갑자기 많은 사람들의 주목을 받으면 당황한다.	①	②	③	④	⑤
62	앞에 나가서 말을 하거나 발표하는 것이 어렵다.	①	②	③	④	⑤
63	사람이 많이 모인 곳에서는 주눅이 든다.	①	②	③	④	⑤
64	모임에서는 얘기를 하기보다는 듣는 쪽이다.	①	②	③	④	⑤
65	일할 때 다른 사람이 둘러서서 구경하면 거북스럽다.	①	②	③	④	⑤

66	모임에 나가면 사람들 앞에 나서는 편이다.	①	②	③	④	⑤
67	어떤 모임에서도 쉽게 어울리는 편이다.	①	②	③	④	⑤
68	주위에서 사람을 설득하는 일을 시킨다.	①	②	③	④	⑤
69	조용하고 아늑한 분위기를 즐긴다.	①	②	③	④	⑤
70	고집이 세다는 소리를 듣는다.	①	②	③	④	⑤
71	정리정돈을 그때그때 하는 편이다.	①	②	③	④	⑤
72	운동이나 스포츠를 좋아한다.	①	②	③	④	⑤
73	주변인들의 고민 상담을 많이 해 준다.	①	②	③	④	⑤
74	자랑하는 것을 좋아한다.	①	②	③	④	⑤
75	끝난 일에 구애받지 않는 편이다.	①	②	③	④	⑤
76	사람을 가리지 않고 쉽게 잘 사귄다.	①	②	③	④	⑤
77	순간순간을 중요시 여긴다.	①	②	③	④	⑤
78	추상화 같은 그림을 좋아한다.	①	②	③	④	⑤
79	쇼핑할 때 살 것을 메모해 가는 편이다.	①	②	③	④	⑤
80	비합리적인 일을 보면 흥분을 잘한다.	①	②	③	④	⑤
81	누가 나에게 비난을 하면 주체가 안 된다.	①	②	③	④	⑤
82	좋은 일은 숨기는 편이다.	①	②	③	④	⑤
83	내 직업은 내가 결정한다.	①	②	③	④	⑤
84	장시간 걸리는 일 한 가지보다는 간단한 일 여러 가지가 더 좋다.	①	②	③	④	⑤
85	상황판단이 빠르다.	①	②	③	④	⑤
86	불을 보면 매혹된다.	①	②	③	④	⑤
87	고집이 세다는 소리를 종종 듣는다.	①	②	③	④	⑤
88	원칙주의자적인 성향이 강하여 변칙이나 변화를 좋아하지 않는다.	①	②	③	④	⑤
89	나는 자존심이 매우 강하다.	①	②	③	④	⑤
90	남을 설득하고 이해시키는 데 자신이 있다.	①	②	③	④	⑤
91	사람을 잘 믿어서 손해 볼 때가 자주 있다.	①	②	③	④	⑤
92	모험하기를 좋아하며 어려운 일에 도전하기를 좋아한다.	①	②	③	④	⑤
93	즉흥적인 여행을 좋아한다.	①	②	③	④	⑤
94	남이 쓰던 물건은 쓰기 싫다.	①	②	③	④	⑤
95	무엇이든 시작하면 이루어야 한다.	①	②	③	④	⑤
96	조심성이 없는 사람을 보면 한심하다.	①	②	③	④	⑤
97	협상과 타협에 자신이 있다.	①	②	③	④	⑤
98	학창시절에 조용한 학생이었다.	①	②	③	④	⑤
99	여러 사람 앞에서 사회를 잘 본다.	①	②	③	④	⑤

100	일을 모아서 한 번에 시간을 내어 처리한다.	①	②	③	④	⑤
101	감정 표현에 솔직한 편이다.	①	②	③	④	⑤
102	속을 모르겠다는 소리를 자주 듣는다.	①	②	③	④	⑤
103	지나간 일에 미련을 두지 않는다.	①	②	③	④	⑤
104	실수나 잘못에 대하여 오랫동안 고민하고 생각한다.	①	②	③	④	⑤
105	활동적인 일을 좋아한다.	①	②	③	④	⑤
106	경쟁에 지거나 만족하지 못한 일에 대해 부끄럽게 생각한다.	①	②	③	④	⑤
107	다른 사람의 부탁을 거절하기 힘들다.	①	②	③	④	⑤
108	대인관계에서 자신을 어느 정도 감추어야 한다고 생각한다.	①	②	③	④	⑤
109	과감하며 대범한 성격이다.	①	②	③	④	⑤
110	상상하는 일을 좋아한다.	①	②	③	④	⑤
111	흥분을 잘하고 눈물이 많다.	①	②	③	④	⑤
112	불필요한 규칙이라도 정해지면 따라야 한다.	①	②	③	④	⑤
113	이성보다 감성이 중요하다.	①	②	③	④	⑤
114	속을 알 수 없다는 소리를 자주 듣는다.	①	②	③	④	⑤
115	첫인상만으로도 다른 사람들의 성격을 쉽게 파악할 수 있다.	①	②	③	④	⑤
116	경쟁하는 일보다는 협동하는 일이 더 좋다.	①	②	③	④	⑤
117	참고 견디는 일에는 자신 있다.	①	②	③	④	⑤
118	순진하다는 소리를 종종 듣는다.	①	②	③	④	⑤
119	감정의 변화를 쉽게 드러내지 않는다.	①	②	③	④	⑤
120	주변 사람들의 의논이나 상담의 상대를 자주 해 준다.	①	②	③	④	⑤
121	나의 입장을 먼저 방어한다.	①	②	③	④	⑤
122	억울한 일이 생기면 기억에 오래 남는다.	①	②	③	④	⑤
123	한자리에서 오랫동안 하는 일을 좋아한다.	①	②	③	④	⑤
124	임기응변적인 일이 적성에 맞는 것 같다.	①	②	③	④	⑤
125	자기주장이 강하다.	①	②	③	④	⑤
126	상대방을 설득하는 일에는 자신이 없다.	①	②	③	④	⑤
127	순간적인 대처에 능하다.	①	②	③	④	⑤
128	사람의 마음을 쉽게 움직일 수 있다.	①	②	③	④	⑤
129	어질러진 물건은 치워야 마음이 편하다.	①	②	③	④	⑤
130	새로운 일에 도전하거나 모험하기를 좋아한다.	①	②	③	④	⑤
131	음악이나 영화 등 대중문화에 관심이 많다.	①	②	③	④	⑤
132	기능이나 성능보다는 디자인을 더 중요시한다.	①	②	③	④	⑤
133	돈 관리에 철저한 편이다.	①	②	③	④	⑤
134	방 청소와 정리정돈을 게을리하지 않는다.	①	②	③	④	⑤
135	어려운 일이 닥치면 스스로 해결하려고 노력한다.	①	②	③	④	⑤

136	부하직원이나 후배들의 능력을 이끌어 낼 수 있다.	①	②	③	④	⑤
137	상대방의 실수에 관대한 편이다.	①	②	③	④	⑤
138	분위기 파악을 하지 못해 지적을 받곤 한다.	①	②	③	④	⑤
139	어려운 일은 주변 사람들과의 상담을 통해 해결한다.	①	②	③	④	⑤
140	나의 의견을 주장하기보다는 타인의 말에 귀 기울인다.	①	②	③	④	⑤
141	타인의 부탁을 거절하지 못한다.	①	②	③	④	⑤
142	철저하게 규칙을 지키는 편이다.	①	②	③	④	⑤
143	일을 능률적으로 빠르게 처리하는 편이다.	①	②	③	④	⑤
144	나의 손익을 생각해가며 행동하는 편이다.	①	②	③	④	⑤
145	약속 시간은 정확하게 지킨다.	①	②	③	④	⑤
146	상대방의 장점을 잘 깨닫는 편이다.	①	②	③	④	⑤
147	눈물이 많다.	①	②	③	④	⑤
148	작은 부정이라도 그냥 넘어가지 않는 편이다.	①	②	③	④	⑤
149	융통성이 없다는 소리를 종종 듣는다.	①	②	③	④	⑤
150	강요되는 규범을 좋아한다.	①	②	③	④	⑤
151	정리정돈을 그때그때 하는 편이다.	①	②	③	④	⑤
152	문제가 생겼을 때 후회하기보다 해결할 방법을 모색한다.	①	②	③	④	⑤
153	어떠한 일에 대해 끙끙거리며 깊게 생각하는 편이다.	①	②	③	④	⑤
154	새로운 사람을 만난다는 건 귀찮은 일이다.	①	②	③	④	⑤
155	법률을 어겨야 하는 경우가 있지만 어겨서는 안 된다.	①	②	③	④	⑤
156	주변으로부터 주목받는 게 좋다.	①	②	③	④	⑤
157	나는 자신감이 넘쳐난다.	①	②	③	④	⑤
158	푸념을 늘어놓은 적이 없다.	①	②	③	④	⑤
159	타인으로부터 배려심 있다는 말을 자주 듣는 편이다.	①	②	③	④	⑤
160	융통성이 있는 편이다.	①	②	③	④	⑤
161	어떤 상황에서도 변명하고자 말을 둘러댄 적이 없다.	①	②	③	④	⑤
162	뭐든지 잘될 거라는 생각이 들지 않는다.	①	②	③	④	⑤
163	혼자 있고 싶은 적이 많은 편이다.	①	②	③	④	⑤
164	감정에 치우쳐 일을 그르친 적이 없다.	①	②	③	④	⑤
165	나는 아무런 도움이 안 되는 사람이라고 생각한 적이 가끔 있다.	①	②	③	④	⑤
166	주변에서 나를 독특하다고 한다.	①	②	③	④	⑤
167	거짓말을 한 적이 한 번도 없다.	①	②	③	④	⑤
168	아무것도 하기 싫은 적이 자주 있다.	①	②	③	④	⑤
169	반대가 있더라도 자신감을 가지고 행동하는 편이다.	①	②	③	④	⑤
170	감기 한 번 걸리지 않을 정도로 건강하다.	①	②	③	④	⑤

171	다른 사람이 나를 어떻게 평가하는지 신경 쓰인다.	①	②	③	④	⑤
172	나는 개성이 강하다고 생각한다.	①	②	③	④	⑤
173	다른 사람을 의심한 적이 없다.	①	②	③	④	⑤
174	젊어서 고생하는 것은 당연하다고 생각한다.	①	②	③	④	⑤
175	교제하는 것은 번거로운 것이다.	①	②	③	④	⑤
176	남을 원망하거나 증오했던 적이 없다.	①	②	③	④	⑤
177	세세한 일까지 신경 쓰는 일이 많다.	①	②	③	④	⑤
178	주변이 어리석게 느껴질 때가 있다.	①	②	③	④	⑤
179	기분이 안 좋아도 짜증 내지 않는다.	①	②	③	④	⑤
180	하지 않아도 되는 고생을 만들어서 하는 편이다.	①	②	③	④	⑤
181	나보다 뛰어나게 잘난 사람은 없다고 생각한다.	①	②	③	④	⑤
182	공부를 잘하고 싶은 생각이 없다.	①	②	③	④	⑤
183	무엇이든지 자기가 나쁘다고 생각한다.	①	②	③	④	⑤
184	어떤 일이든 나의 의견은 반드시 있다.	①	②	③	④	⑤
185	화가 나도 욕설은 하고 싶지 않다.	①	②	③	④	⑤
186	일이 잘되지 않으면 나에게 책임이 있는 것 같다.	①	②	③	④	⑤
187	그때그때의 기분으로 행동하는 경우가 많다.	①	②	③	④	⑤
188	마음에 들지 않더라도 행동하는 편이다.	①	②	③	④	⑤
189	비가 많이 오면 홍수가 날까 봐 걱정한다.	①	②	③	④	⑤
190	이 세상에 혼자 남겨졌다고 생각한 적이 많다.	①	②	③	④	⑤
191	주변 사람들에게 정떨어지게 행동한 경험이 있다.	①	②	③	④	⑤
192	남에게 소리 지르며 화낸 적이 없다.	①	②	③	④	⑤
193	인생은 살 가치가 없다고 생각한 적이 있다.	①	②	③	④	⑤
194	다른 사람에게는 별로 관심이 없다.	①	②	③	④	⑤
195	사람들과 같이 있을 때 아주 이상한 얘기를 듣게 된다.	①	②	③	④	⑤
196	낙심해서 아무것도 손에 잡히지 않은 적이 있다.	①	②	③	④	⑤
197	어린 시절 혼자서도 잘 놀았다.	①	②	③	④	⑤
198	나는 지금까지 사람을 무시해 본 적이 없다.	①	②	③	④	⑤
199	'나만 없었더라면 …'이라는 생각을 자주 한다.	①	②	③	④	⑤
200	주변에서 고지식한 사람이라는 말을 자주 듣는다.	①	②	③	④	⑤
201	다른 사람을 위해 늘 나를 희생하며 살아왔다.	①	②	③	④	⑤
202	'내 탓이오'라는 문구를 가슴에 새기며 살아가고 있다.	①	②	③	④	⑤
203	남의 일에는 별로 간섭하고 싶지 않다.	①	②	③	④	⑤
204	실망스러운 일이 일어나도 바로 털고 다시 일어난다.	①	②	③	④	⑤
205	주변으로부터 시선을 끄는 것이 싫다.	①	②	③	④	⑤
206	여러 사람이 함께 있는 것보다 혼자 있는 것이 편하다.	①	②	③	④	⑤

207	결코 부모님 탓을 해 본 적이 없다.	①	②	③	④	⑤
208	나는 누구보다 실패를 두려워한다.	①	②	③	④	⑤
209	남보다 기가 세다는 이야기를 자주 듣는 편이다.	①	②	③	④	⑤
210	친구들은 늘 나의 편이다.	①	②	③	④	⑤
211	부모님 탓이 아니라 내 탓이다.	①	②	③	④	⑤
212	길에서 우연히 아는 이를 만나게 되면 피하는 것이 편하다.	①	②	③	④	⑤
213	지저분한 농담을 듣고 웃을 때가 있다.	①	②	③	④	⑤
214	부모님께 대든 적이 있다.	①	②	③	④	⑤
215	음악이나 영화 등 대중문화에 관심이 많다.	①	②	③	④	⑤
216	밝은 곳보다는 어두운 곳이 좋다.	①	②	③	④	⑤
217	요리하는 것을 좋아한다.	①	②	③	④	⑤
218	이야기를 부풀려 말한 적이 있다.	①	②	③	④	⑤
219	눈치가 빠른 편이다.	①	②	③	④	⑤
220	한번 결정을 내리면 번복하지 않는다.	①	②	③	④	⑤
221	생각이 많아 잠을 이루지 못하는 경우가 많다.	①	②	③	④	⑤
222	늦게 일어나는 편이다.	①	②	③	④	⑤
223	결과보다는 과정이 중요하다고 생각한다.	①	②	③	④	⑤
224	스스로 예민하다고 느낀다.	①	②	③	④	⑤
225	미래에 벌어질 일들에 대해 낙관적인 편이다.	①	②	③	④	⑤
226	스스로에게 매우 엄격한 잣대를 갖고 있다.	①	②	③	④	⑤
227	돌다리도 두들겨 보고 건넌다.	①	②	③	④	⑤
228	발생하지 않은 일에도 부정적인 생각을 하는 경우가 많다.	①	②	③	④	⑤
229	즉흥적으로 행동하는 경우가 많다.	①	②	③	④	⑤
230	물품을 수집하는 것에 취미가 있다.	①	②	③	④	⑤
231	주변 사람들에 대해 경계심을 늦추지 않는다.	①	②	③	④	⑤
232	다른 사람의 부탁을 받으면 거절할 수가 없다.	①	②	③	④	⑤
233	사람들을 돕는 활동에 흥미를 갖고 있다.	①	②	③	④	⑤
234	무엇보다 업무에 우선순위를 두는 편이다.	①	②	③	④	⑤
235	스트레스를 자주 받는다.	①	②	③	④	⑤
236	일을 행할 때는 대담함이 중요하다.	①	②	③	④	⑤
237	즉흥적으로 여행을 떠나는 편이다.	①	②	③	④	⑤
238	계획을 세우는 일은 즐겁다.	①	②	③	④	⑤
239	질투심이나 독점욕이 강하다.	①	②	③	④	⑤
240	자기주장이 강한 편이다.	①	②	③	④	⑤
241	주변이 정돈이 되어 있지 않으면 불안하다.	①	②	③	④	⑤
242	성격이 과감하다는 소리를 종종 듣는다.	①	②	③	④	⑤

243	누구에게나 친절하고 동정심이 많다.	①	②	③	④	⑤
244	지나간 일에 후회를 많이 한다.	①	②	③	④	⑤
245	남의 실수에 관대한 편이다.	①	②	③	④	⑤
246	나의 감정이나 생각을 숨기지 않고 표현한다.	①	②	③	④	⑤
247	가치 없는 물건도 버리지 못하는 편이다.	①	②	③	④	⑤
248	사람들에게 칭찬을 받으면 때때로 당황한다.	①	②	③	④	⑤
249	권력 자체에는 관심이 없다.	①	②	③	④	⑤
250	다른 사람을 위해 무언가 하는 것을 좋아한다.	①	②	③	④	⑤

제3편

Global Samsung Aptitude Test

면 접

GSAT 5급 고졸채용

01 》 삼성 면접 전형

출제경향 & 공부방법 삼성은 적극적이고 창의적인 인재를 선발하기 위해 열린 면접을 실시한다. 삼성 면접은 그 중요성을 굳이 강조하지 않아도 될 만큼 알려져 있는데, 일정 이상의 자격만 주어지면 모두 서류전형을 통과시켜 GSAT를 통해 면접 인원을 선정하므로 다른 기업에 비해서 면접의 비중이 높다. 그러므로 면접만 잘 준비해도 좋은 결과를 얻을 수 있고, 그만큼 합격의 가능성도 높아질 것이다.

1 인성면접(임원면접)

인성면접은 3~4명의 면접관과 지원자 단독으로 이루어지는 면접이다. 1인당 10~20분이 소요되며 기본인성이나 적응성을 평가 기준으로 하여 자기소개서나 지원서의 내용을 기본으로 질문을 한다. 따라서 다른 면접에 비해 기술적인 부분보다는 인성적인 부분에 포커스가 맞춰진다. 지원자를 당황스럽거나 불편하게 만드는 공격적인 스타일의 압박면접이 아닌 부드럽고 자연스러운 분위기의 편안한 면접이 될 것이다. 가끔 돌발 질문이 나오기도 하는데, 그것은 그날의 면접관에 따라 좌우되므로 편안한 마음으로 면접에 임하면 된다.

추가 질문이 이어지는 예시 문항

(1) 삼성에 왜 들어오려고 하는가?
- ① 왜 삼성에서 당신을 뽑아야 하는가?
- ② 삼성의 장점이 뭐라고 생각하는가?
- ③ 삼성의 단점은 뭐라고 생각하는가?
- ④ 어디서 일하고 싶은가?
- ⑤ 다른 부서에 발령이 나면 어떻게 할 것인가?

(2) 학교 성적이 좋지 않은데 그 이유가 무엇인가?
- ① 봉사활동이나 특별활동을 활발하게 하지 않은 듯한데 주로 무엇을 하며 학교생활을 했나?
- ② 3학년 때 학교 성적이 유독 많이 떨어진 이유는 무엇인가?
- ③ 공부를 열심히 하지 않고 더욱 가치 있는 무엇인가에 열중하였다고 생각하는가?

(3) 학교 생활은 어떠했는가?
- ① 전공을 바꾼 이유는 무엇인가? 결과적으로 바꾼 전공이 더 적성에 맞았는가?
- ② 학교 성적에서 유독 그 과목만 점수가 좋은(혹은 나쁜) 이유가 무엇인가?
- ③ 학교 생활을 한 것 중에서 어떤 면이 앞으로 업무에서 도움이 될 것이라고 생각하는가?

④ 학교 생활에서 친구들 간의 관계는 어떠했는가?
⑤ 학교 선생님 중 가장 존경하는 선생님은 누구였고 그 이유는 무엇인가?

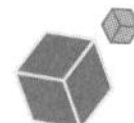

개인적인 문제(가족, 친구) 등에 관한 예시 문항

① 친구들이 생각하는 본인의 단점은?
② 학교에서 다른 친구들은 본인을 어떤 친구로 생각하는가?
③ 친구가 많다고 하였는데 입사 후에는 친구를 만날 시간이 넉넉하지 않을 것이다. 그 친구들을 어떻게 관리할 것인가?
④ 중학교(혹은 고등학교)를 2군데 다녔는데 그 이유는 무엇인가?
⑤ 동아리에서는 어떤 경험을 쌓았는가?
⑥ 부모님은 무슨 일을 하시는가?
⑦ 동아리 활동이나 봉사 활동이 별로 없는데(혹은 많이 있는데) 그 이유는 무엇인가?
⑧ 학교 시절 아르바이트 경험이 있는가?
⑨ 동아리 활동은 어떤 것을 했고, 그 활동이 앞으로 어떤 도움을 주리라고 생각하는가?
⑩ 지금까지 살아오면서 언제가 제일 힘들었다고 생각하는가?
⑪ 자신의 성격을 객관적으로 평가한다면?
⑫ 인생을 살면서 가장 닮고 싶다고 생각한 사람은 누구인가? 그리고 그 이유는 무엇인가?
⑬ 학교 시절 이성교제는 했는가? 그 득과 실은 무엇이라고 생각하는가?
⑭ 학교에 다닐 때 용돈을 얼마나 썼는가? 그리고 용돈을 받은 주기는?
⑮ 진정한 친구가 몇 명이나 있는가?
⑯ 어떤 운동을 가장 좋아하는가?
⑰ 가정 내 문화는 어떠한가?
⑱ 스트레스는 어떻게 푸는가?

 인생관(사회생활) 등에 관한 예시 문항

① 입사를 위해 특별히 노력했던 점은 무엇인가?
② 자신의 가치와 조직의 가치가 다를 때 어떻게 하겠는가?
③ 살면서 큰 실패의 경험이 있나?
④ 주변에서 보는 삼성의 장점과 단점은 무엇인가? 그에 대한 본인의 생각을 말해 보시오.
⑤ 삼성이 추구하는 가치 중 가장 마음에 드는 것은 무엇인가?
⑥ 인생에서 가족, 일, 돈, 명예 중 가장 중요하게 생각하는 한 가지는 무엇인가?
⑦ 한 팀의 생산성 하락이 특정 개인의 잘못일 경우 당신은 어떻게 처리하겠는가?
⑧ 여름휴가가 본인이 원하지 않는 일자에 잡혔다면 어떻게 행동하겠는가?
⑨ 신문을 자주 보는가? 자주 본다면 어떤 기사에 관심을 가지고 보는가?
⑩ 인생에서 공부가 차지하는 비중은 얼마라고 생각하는가?
⑪ 직장 상사가 잘못된 지시를 했을 때 어떻게 할 것인가?
⑫ 공부를 택하지 않고 취업을 결정한 이유는 무엇인가?
⑬ 첫 월급을 받으면 어떻게 사용할 것인가?
⑭ 같은 회사에 근무하는 근로자들이 노조를 설립하려고 한다. 당신은 어떻게 행동하겠는가?
⑮ 부득이하게 야근을 해야 한다면 어떻게 할 것인가?
⑯ 본인을 반드시 채용해야만 하는 이유가 있다면?
⑰ 본인의 근무지가 모두가 회피하는 장소로 결정된다면 어떻게 할 것인가?
⑱ 피치 못할 사정으로 구조조정을 해야 한다면 가장 필요한 대상은?
⑲ 입사 후 10년이 지난 자신의 모습은 어떠할 것이라 생각하는가?
⑳ 이번에 입사가 되지 않더라도 다시 도전하겠는가?

2 기술면접(직무역량면접)

기술면접은 설비엔지니어직이나 설비기술직, 소프트웨어직에 한정하여 실시하는 면접이다. 설비엔지니어직이나 설비기술직의 경우 현장에서 발생하는 설비의 결함 문제와 그 개선점을 찾는 직군이기 때문에 기술면접이 필수적이다. 소프트웨어직의 경우 프로그래밍과 관련한 문제가 출제될 수 있으니 이에 대비해야 한다. 기술면접은 직무 관련 상식이나 전공 지식과 관련한 여러 가지 문제가 주어지면 그중 하나를 선택해 풀이하고, 풀이한 내용을 면접관 3명 앞에서 약 15분 동안 발표하는 프레젠테이션 형식으로 진행된다.

기술면접을 준비하기 위해서는 전공과 관련한 기초 지식을 확실히 익혀 두어야 한다. 기초 지식을 문제에 적용하여 응용하는 능력이 요구되므로 알고 있는 내용도 다시 한 번 확인하여 오류가 없도록 한다.

Tip 프레젠테이션을 준비하는 데는 실전과 같은 연습을 반복하는 것이 가장 효과적이다. 다른 사람들 앞에 서서 자신감 있는 태도로 말하는 연습을 꾸준히 하도록 한다. 비록 기술면접에서는 발표 내용의 구성과 질이 중요하지만 그것을 조직적 · 논리적으로 요약하여 간결하게 발표하는 요령 또한 필요하다. 좀 더 생생한 발표가 될 수 있도록 제스처를 효과적으로 사용하는 연습도 틈틈이 해 두면 도움이 된다.

GSAT 5급 고졸채용

02 》 삼성 면접 기출

1 삼성전자

✔ **회사 특징** : 국내 최고의 매출을 올리는 글로벌 회사, 스마트폰이 전 세계 4억 대 이상 판매되면서 기술력 입증

✔ **인재상** : 끊임없는 열정으로 미래에 도전하는 인재, 창의와 혁신으로 세상을 변화시키는 인재, 정직과 바른 행동으로 역할과 책임을 다하는 인재

✔ **대응법** : 자기개발의 의지 강조, 본인과 기업이 함께 성장할 수 있는 발전 방향 제시

기출 유형 감잡기

? 기출 질문

① 대학 진학에 대해 어떻게 생각하는지 말해 보시오.
② 원하는 업무분야는 무엇인가?
③ 동물로 태어난다면 어떤 동물로 태어나고 싶은가?
④ 삼성의 사회복지 활동에 대해 잘하고 있는 점과 못하고 있는 점이 있다면 말해 보시오.
⑤ 삼성전자가 기술 측면에서 잘하고 있는 점과 못하고 있는 점이 있다면 말해 보시오.
⑥ 부모님이 지방에서 올라오시는 길인데 회사에 긴급상황이 발생했다면 무엇이 더 중요한가?
⑦ 당신의 장점인 컴퓨터 조립을 보다 효율적으로 하려면 어떤 방법이 있는지 말해 보시오.
⑧ 현재 휴대폰은 어떤 것을 사용하고 있는가?
⑨ 다른 지원자와 비교했을 때 스펙이 좋은 편은 아닌데 뭘 보고 당신을 뽑아야 하는가?

[설비엔지니어직]

① 엔지니어가 되기 위해 어떠한 노력을 하였는지 말해 보시오.
② 지니램프가 3가지 소원을 들어준다면 무엇을 말할 것인가?
③ 기계를 잘 다루는 편인가?
④ 설비에 대해서 아는 대로 말해 보시오.
⑤ 반도체처럼 작은 기계를 만지는 것에 대해 자신이 있는가?
⑥ 엔지니어란 무엇이라고 생각하는가?

2 삼성화재

✔ **회사 특징** : 미국과 유럽, 중국, 인도네시아, 일본, 베트남 등 해외 지역에서 의욕적인 활동을 전개, 각국 선진 보험사들과 업무제휴를 하여 영업망 확충

✔ **인재상** : 열정과 주인의식을 갖춘 글로벌 금융 파이오니어(Pioneer)

✔ **대응법** : 직군별 인재 요건 습득, 본인의 전공 지식이 회사에 기여할 수 있는 부분 제시

기출 유형 감잡기

? 기출 질문

① 자기 PR을 해 보시오.
② 가족 소개를 해 보시오. 가족 분위기는 어떠한가?
③ 가장 힘들었을 때는 언제였는가?
④ 부모님이 보험직에 지원한 사실을 알고 있는가?
⑤ 학교 성적이 별로 좋지 않은데 그 이유는 무엇인가?

3 호텔신라

✔ **회사 특징** : 글로벌 호스피탈리티 기업을 목표로 면세점 사업을 시작, 특 1급 호텔과 피트니스 시설의 위탁 운영과 외식사업으로까지 사업 범위를 확대 중

✔ **인재상** : 최고의 서비스로 고객을 감동시킬 수 있는 서비스 마인드를 갖춘 인재, 끊임없는 자기 혁신을 통해 개인 및 조직의 부가가치를 창출할 수 있는 인재, 현실에 안주하기 보다는 미래를 준비하여 도약할 수 있는 진취적 기상을 가진 인재

✔ **대응법** : 서비스 마인드를 갖춘 자세, 고객을 우선으로 생각하는 마음가짐

기출 유형 감잡기

? 기출 질문

① 자기소개를 해 보시오.
② 호텔신라에 지원한 이유는 무엇인가?
③ 신라면세점에 지원한 이유는 무엇인가? (중국어로 질문)
④ 대외활동으로 어떤 것들을 하였는가?
⑤ 졸업하고 어떤 활동을 하였는가?
⑥ 어학 점수가 낮은 편인데 이유가 무엇이라고 생각하는가?

⑦ 컴퓨터를 잘 다루는가? (엑셀, 파워포인트 등)
⑧ 신라면세점에서 근무하며 중국인 고객이 가장 많이 물어본 것은 무엇인가?
⑨ 자신의 강점을 말해 보시오.
⑩ 아르바이트 경력은 어떻게 되는가?
⑪ 중국어는 얼마나 가능한가?
⑫ 신규면세자가 생기면 안 좋은 이유는?
⑬ 신라면세점이 롯데면세점과 비교하여 다른 점은?
⑭ 면세유통부가 어떤 일을 하는지 아는가?
⑮ 서비스는 무엇이라 생각하는가?
⑯ 신라면세점 용산점과 장충점의 고쳐야 할 점과 다른 점은 무엇이라 생각하는가?
⑰ 신라면세점 인터넷 사이트를 이용해 보았다면 인터넷으로 이용했을 시 특징과 장단점을 말해 보시오.
⑱ 영업관리자가 된다면 어떻게 일할 것인가? (중국어로 질문)
⑲ 지난 면접에서는 왜 떨어졌다고 생각하는가?
⑳ 마지막으로 하고 싶은 말이 있다면?

4 에스원

✔ **회사 특징** : 시큐리티 산업의 선두주자로서 첨단 시큐리티 기술에 빌딩솔루션과 에너지, 모바일, 이동체보안을 접목해 수준 높은 안심 서비스를 제공

✔ **인재상** : 최고를 지향하는 인재, 상생을 실천하는 인재, 변화를 선도하는 인재

✔ **대응법** : 건강한 심신을 갖춘 태도, 철저한 보안의식의 중요성 강조, 적극적이고 진취적인 자세 부각

기출 유형 감잡기

? 기출 질문

① 자기소개를 해 보시오.
② 에스원에 지원하게 된 동기는?
③ 전 직장에서 어떤 업무를 보았고, 그 업무는 어땠는지 말해 보시오.
④ 통신 업무는 잘할 수 있겠는가?
⑤ 출결이 좋지 않은데 그 이유는 무엇인가?
⑥ 친구는 많은 편인가?
⑦ 본인의 별명은 무엇인가?

⑧ 10년 후 자신의 모습을 그려 본다면?
⑨ 술은 잘하는가?
⑩ 앞으로 일을 하다 보면 밤낮이 바뀌게 되고 친구도 자주 못 만날 수 있는데 괜찮은가?
⑪ 입사 후 포부는?
⑫ 마지막으로 하고 싶은 말은?
⑬ 좋아하는 스포츠는 무엇인가?
⑭ 고민이 있는 경우 누구에게 보통 말하는가?
⑮ 지인과의 의견이 다른 경우 어떻게 대처하는가?
⑯ 살면서 성공했던 경험이 있다면 말해 보시오.

5 삼성바이오로직스

✔ **회사 특징** : 바이오 의약품 제조를 목적으로 2011년 4월에 창립한 삼성그룹 계열사

✔ **인재상** : 회사의 비전과 목표를 공유하며, 강한 열정과 책임감으로 해당 분야 최고의 전문성과 실행력을 발휘하여 성과를 극대화하고, 협업을 통한 집단지성을 추구하는 T자형(융합형) 글로벌 인재

✔ **대응법** : 삼성바이오로직스의 비전과 목표에 대한 공감, 바이오에 대한 높은 이해도 강조

기출 유형 감잡기

? 기출 질문

① 우리 회사에 대해 아는 대로 이야기해 보시오.
② 교대근무에 대해 어떻게 생각하는가?
③ 삼성바이오로직스가 어떤 일을 하는지 아는가?
④ 내부고발자에 대해 어떻게 생각하는가?
⑤ 단체생활에서 가장 중요하다고 생각하는 점을 말해 보시오.
⑥ 상사가 경쟁사에 다니는 지인에게서 프로젝트와 관련된 내용을 알아오라고 한다면 어떻게 할 것인가?
⑦ 바이오산업에 대해 말해 보시오.
⑧ 본인의 부족한 역량이 무엇이라 생각하는가?
⑨ 본인이 경험했던 일 중 가장 먼저 떠오르는 위기의 순간에 대해 말해 보시오.
⑩ 담당하고 싶은 업무는 무엇인가?

6 삼성웰스토리

- ✔ **회사 특징** : 프리미엄 식음서비스, 식음R&D · 인프라, 식자재 배송 · 분류를 아우르는 식음산업을 수행
- ✔ **인재상** : 학습과 창의로 변화와 혁신을 주도하는 인재, 자기 분야에 대해 전문성을 가지고 글로벌 성장 역량을 보유한 인재, 열린 마음으로 소통하고 협업하는 인재, 고객이 원하는 바를 이해하고 존중할 수 있는 실천적 인재
- ✔ **대응법** : 돌발 질문에 대처하는 상황판단능력 필요, 식음서비스를 수행하는 자세 및 태도에 대한 깊은 이해, 서비스 마인드 부각

기출 유형 감잡기

? 기출 질문

① 영양사란 무엇이라 생각하는가?
② 자신의 장단점에 대해 말해 보시오.
③ 자신의 경험 중 가장 힘들었던 때와 그것을 어떻게 극복했는지 말해 보시오.
④ 일하면서 성취감을 느낀 적이 있다면 말해 보시오.
⑤ 계란 껍데기를 쉽게 까는 방법을 설명해 보시오.
⑥ 두부를 단단하게 하는 방법에 대해 설명해 보시오.
⑦ 본인만의 레시피는 무엇인가?
⑧ 자신을 뽑아야 하는 이유에 대해 말해 보시오.
⑨ 본인의 좋은 습관과 나쁜 습관에 대해 말해 보시오.
⑩ 지금까지 경험했던 사회생활은 무엇인가?
⑪ 이전 직장에서 퇴사한 이유가 무엇인가?
⑫ 고객이 2천 원으로 다음날 도시락을 만들어 달라고 요청한다면?
⑬ 본인이 점장이 되었을 경우 어떻게 이끌어 나갈 것인가?
⑭ 입사 후 포부에 대해 말해 보시오.
⑮ 마지막으로 하고 싶은 말이 있다면 말해 보시오.
⑯ 고객에게 하는 이벤트 대신 사내에서 이벤트를 기획한다면 어떠한 이벤트를 하겠는가?
⑰ 위생과 청결의 차이점에 대해 말해 보시오.
⑱ 영양사 보조경험이 있는데, 일하면서 힘들었던 점이 있다면 무엇인가?
⑲ 이익을 올리기 위한 방법을 말해 보시오.
⑳ 자신의 성격에 대한 장점과 그 장점 때문에 손해 본 적이 있다면 말해 보시오.
㉑ 서비스 아르바이트를 하면서 제일 기억에 남는 에피소드가 있다면 말해 보시오.
㉒ 남들보다 내가 더 잘할 수 있다고 자부하는 일이 있다면 말해 보시오.
㉓ 본인인 생각하는 HACCP란 무엇인가?

7 삼성전기

✔ **회사 특징** : 전 세계적으로 핵심 전자부품을 개발·생산하는 삼성그룹 계열사

✔ **인재상** : 끊임없는 열정으로 미래에 도전하는 인재, 창의와 혁신으로 세상을 변화시키는 인재, 정직과 바른 행동으로 역할과 책임을 다하는 인재

✔ **대응법** : 학구적인 자세와 태도, 기술적인 용어의 철저한 학습

기출 유형 맛잡기

? 기출 질문

① 우리 회사가 무엇을 만드는지 아는가?
② 당신을 채용해야 하는 이유는 무엇인가?
③ 회사의 주력 제품에 대해 설명하시오.
④ 다른 회사를 퇴사한 이유는 무엇인가?
⑤ 동호회 활동을 하는 것이 있는가?
⑥ 지금까지 살아오면서 불이익을 당한 일이 있었는가?
⑦ 장애인인데 특별한 취미를 가지게 된 이유는 무엇인가?
⑧ 직장 동료와 관계가 틀어진 경우 어떻게 해결하겠는가?
⑨ 본인을 한 단어로 표현해 보시오.

8 삼성SDS

✔ **회사 특징** : 삼성 모든 그룹사의 시스템 운영 및 컨설팅, 시스템 통합, IT 아웃소싱, ICT인프라, ICT 융합 등의 주요 사업을 수행하며 삼성그룹이 글로벌 기업으로 성장하는 데 중추 역할 수행

✔ **인재상** : Innovative(혁신적인 인재), Creative(창의적 인재), Sustainable(지속성장을 이끄는 인재), Passionate(열정적 인재)

✔ **대응법** : 삼성SDS가 수행하는 업무에 대한 정확한 이해, ICT기술에 대한 이해와 기술의 적용 방안 탐구

기출 유형 맛잡기

? 기출 질문

① 삼성SDS에 지원한 이유는 무엇인가?
② 입사 후 비전과 목표는 무엇인가?

9 삼성중공업

✔ **회사 특징** : 현장 업무의 비중이 큼, 구체적인 목표 설정 및 달성 중요시

✔ **인재상** : 인간미와 도덕성으로 충만한 마음을 지닌 사람, 창의와 협력을 바탕으로 미래를 개척해 나가는 창조형의 사람, 세계시민으로서의 국제감각과 능력을 갖춘 사람

✔ **대응법** : 엔지니어링에 대한 전문적인 지식 필요, 생산직에 대한 기본적인 이해, 폭넓은 도서 경험 부각

기출 유형 감잡기

? 기출 질문

① 본인이 회사에 어느 정도 기여를 할 수 있다고 보는가?
② 단체 생활에서 중요한 요소는 무엇인가?
③ 입사하면 하고 싶은 일은 무엇인가?
④ 생산직에서도 창의력을 발휘할 수 있다고 생각하는 부분은 무엇인가?
⑤ 정기적으로 모임을 하는 일이 있는가?
⑥ 존경하는 인물에 대해 아는 대로 말해 보시오.
⑦ 전문대를 졸업하였는데 고졸 공채에 응시하는 이유는 무엇인가?
⑧ 주어진 사진을 영어로 설명하시오.
⑨ 봉사활동 경험이 있는가?
⑩ 취미가 많은데 이것을 얼마나 많이 해 봤는가? 이 중에 제일 잘하는 것은 무엇인가?
⑪ 최근에 읽은 책 중에 기억에 남는 것을 말해 보시오.
⑫ 자신이 지원하지 않은 분야로 발령이 나면 어떻게 할 것인가?
⑬ 기업이 사회에 대해 취해야 할 자세나 태도를 설명하시오.
⑭ 현장 실습을 하면서 만져 본 장비 중에 가장 기억에 남는 것과 그것의 작동 원리를 설명해 보시오.
⑮ 선박의 속도 단위가 무엇인가?
⑯ 내가 인생에서 저지른 실수 중 타인에게 어쩔 수 없이 밝히게 된 것을 말하고 그 이후에 바뀌게 된 점을 말해 보시오.

10 삼성물산

✔ **회사 특징** : '건설과 상사(무역), 패션, 리조트 네 개 부문으로 운영, 세계 최고층 빌딩 건설의 주역으로 활동, 글로벌 네트워크를 기반으로 상사의 핵심 경쟁력인 정보력, 마케팅 파워, 파이낸싱 등을 종합적으로 결합

✔ **인재상**

건설부문	• 인간미와 도덕성으로 충만한 마음을 지닌 인재 • 창의와 협력을 바탕으로 미래를 개척해 나가는 창조형의 사람 • 열린 세계 시민으로서의 국제감각과 능력을 갖춘 사람
상사부문	• 기본과 원칙 준수 • 창의와 도전 • 전문성과 글로벌 감각 • 협력마인드, 종합력
패션부문	• CREATIVITY • COMMITMENT • OPENNESS • RESPECT • COLLABORATION
리조트부문	• 적극적인 자세로 먼저 다가서는 개방인 • 상상을 현실로 만들어내는 열정가 • 끊임없이 연구하는 학습인 • 새로운 시도와 경쟁을 즐기는 선도자

✔ **대응법** : 삼성물산이 쌓아온 업적에 대한 이해, 삼성물산이 나아가야 할 방향 및 비전 제시, 본인의 사회 경험이 기여할 수 있는 바 제시

기출 유형 감잡기

? 기출 질문

① 자신이 성공했다고 생각하는 경험은?
② 본인의 별명과 그 별명이 붙여진 이유를 말해 보시오.
③ 존경하는 인물이 누구인가?
④ 자신의 강점은 무엇인가?
⑤ 회사의 이익과 고객의 이익 중 어느 것이 우선인가?
⑥ 회사의 가치관과 본인의 가치관이 너무 다르다면 어떻게 할 것인가?

11 삼성디스플레이

✔ **회사 특징** : 'Display beyond Imagination' 을 비전으로 하여 공상영화에서만 가능하다고 생각했던 디스플레이를 구현하는 데 중점을 둠

✔ **인재상** : 새로운 생각을 가지고 발상의 전환을 이끌어낼 수 있는 창의적인 인재, 글로벌 초일류 기업을 향해 나아가는 삼성디스플레이와 함께할 인재, 변화와 개혁을 선도하려는 강한 모험정신을 가진 인재, 고객의 니즈를 파악해 끊임없이 기술과 시장의 영역을 넓혀가는 인재

✔ **대응법** : 삼성디스플레이의 장단점을 타사와 연결하여 발전 방향 제시, 전문적인 지식을 바탕으로 창의적인 대안을 제시할 수 있는 능력 필요

기출 유형 길잡기

? 기출 질문

① 자기 PR을 해 보시오.
② 술을 못한다고 했는데 나중에 회식자리에서 어떻게 거절할 것인가?
③ 본인의 경험 중 가장 힘들었던 순간을 얘기해 보시오.
④ 본인이 졸업한 고등학교가 인문계 중에서 몇 등 정도인가?
⑤ 만약에 약속이 잡힌 상태에서 퇴근하기 바로 전 갑작스러운 회의가 생긴다면 어떻게 하겠는가?
⑥ 업무와 관련된 자격증이 있는가?
⑦ 전공과 지원한 직무가 다른데 왜 삼성디스플레이에 지원했는가?
⑧ 본인의 강점은 무엇인가?

03 》 면접시험 시 중요사항

1 면접 주의사항

(1) 사전에 자료를 준비한다.

면접 시 기업에 대해 분석한 자료는 내용의 깊이를 떠나서 면접관에게 회사에 대한 관심을 보여 주는 수단이 된다. 제아무리 능력이 뛰어나다 하더라도 전혀 준비도 없고, 열의와 관심도 보이지 않는다면 누가, 왜 당신을 고용하려 하겠는가? 따라서 본인이 그 회사에 관심이 있다는 것을 입증할 수 있는 유일한 방법은 회사에 대해 수집한 정보를 면접을 통해 보여 주는 것이다. 미리 준비해 둔 메모나 정리해 둔 파일을 면접관들이 본다면 지원자의 열성을 확인하는 좋은 계기가 될 것이다.

(2) 면접에 늦지 않는다.

아무리 늦을 만한 사정과 이유가 있었다고 해도 면접 관계자들은 당신이 늦었다는 사실 외의 어떤 것도 기억하지 않는다.

(3) 옷차림에 신경 쓴다.

면접관은 첫인상을 통해 지원자에 대하여 어느 정도 결정을 내리는 경우가 있다. 면접 옷차림은 무엇보다 단정하고 깔끔한 것이 우선이다. 개인의 개성을 강조하기보다는 성실하고 온화한 이미지를 풍기도록 노력할 것을 권한다. 또 그 회사의 성격과 직무에 어울리는 연출법도 중요하다.

(4) 잘못된 제스처는 사용하지 않도록 한다.

면접에서의 '행동'은 '말'만큼이나 중요하다. 특히 면접관의 말을 들으면서 눈을 응시하지 않는다면 자신감이 없거나 뭔가 숨기는 것이 있는 사람으로 생각하게 된다. 주머니에 손을 넣거나 경청 중에 팔짱을 끼는 행동은 면접관에게 불쾌한 인상을 줄 수 있으므로 철저히 삼간다.

(5) 과장하거나 거짓말을 하지 않는다.

본인의 경력과 능력을 솔직하게 말한다. 면접관들은 이미 수많은 면접을 진행해 온 프로이다. 질문을 하기 이전에 미리 지원자의 자료 등을 통해 답변을 확인하므로 정직하게 말해야 한다. 면접관은 지원자의 지원서와 면접 전에 실시한 인·적성검사 자료 등을 모두 참고하여 면접을 진행하므로 앞뒤가 맞지 않는 말을 하게 되면 좋은 점수를 받기 어렵다.

(6) 경청하는 태도를 보인다.

면접에서 가장 호소력 있는 태도는 진지하게 면접관의 말을 듣고 이해하려 노력하며 성실하게 답하려고 애쓰는 태도이다. 면접관의 말에 적절하게 고개를 끄덕이는 비언어적인 표현은 경청하고 있다는 표시가 된다.

(7) 자제력을 잃지 않는다.

중요한 직책에 지원하면 할수록 면접의 강도가 높아질 수 있다. 즉, 지원자를 오래 기다리게 하거나 지원자에게 부적당한 질문을 던질 수 있고, 심지어는 면접관이 무례하게 행동할 수도 있다. 하지만 어떤 상황에서도 자제력을 잃으면 안 된다. 왜냐하면 대부분의 이러한 상황은 지원자를 압박하여 침착성과 인내력을 시험하려는 경우이기 때문이다.

2 면접위원의 관점 이해하기

면접관은 객관적일 수 없다. 면접관은 '우리 기업의 직원이 된다면?'이라는 가정하에 지원자에게 질문을 쏟아낸다. 즉, 20여 분 동안 그 조직에 필요한 구성원이 될 수 있는가에 대한 평가를 받는 것이 면접이다.

(1) 면접시험에서의 요구사항

① 신입사원으로서의 의욕이 진실한가?
② 적극성·협동성이 있는가?
③ 명랑·쾌활한 성격의 소유자인가?
④ 논리적인 사고력의 소유자인가?
⑤ 기민한 판단력의 소유자인가?
⑥ 학교 생활을 충실히 하였는가?
⑦ 건전한 가정생활을 해 왔는가?
⑧ 구체적인 직업관을 가지고 있는가?

⑨ 폭넓은 인간관계를 가지고 있는가?
⑩ 비전과 목표를 가지고 있는가?

(2) 면접관이 좋아하는 유형

① 가치관・인생관・직업관이 뚜렷한 사람
② 조직 구성원으로서 목표 달성에 협조적인 사람
③ 진취적인 사람
④ 성실하며 예의범절이 바른 사람
⑤ 장점을 살리고 단점은 솔직하게 인정하고 개선하려고 노력하는 사람
⑥ 첫인상이 좋고 명랑한 사람
⑦ 자신의 감정을 적당히 자제할 수 있는 사람
⑧ 논리정연하며 질문의 요지를 정확하게 파악하고 대답하는 사람
⑨ 어떤 상황에서든 융통성 있게 대처할 수 있는 사람
⑩ 질문에는 반드시 "네."라는 대답으로 받고, 모르면 "모르겠습니다."라고 말하는 사람

(3) 면접관이 싫어하는 유형

① 수동적인 사람
② 자기중심적이며 단체 행동에 어울리지 않는 사람
③ 지원 동기에 대한 주관이 뚜렷하지 않은 사람
④ 창조성, 투지, 솔선수범하는 태도로 답변하지 못하는 사람
⑤ 용모(두발)와 복장이 단정하지 않은 사람
⑥ 외견상으로 건강해 보이지 않는 사람
⑦ 발전 가능성이 없고 패기가 없는 사람
⑧ 태도나 말투가 건방진 사람
⑨ 질문 이외의 답변을 많이 하고 사족을 많이 다는 사람
⑩ 유행어, 외래어, 전문용어를 남발하는 사람

(4) 실수를 모면하는 방법

① **시험장에 늦게 도착했을 때**
사전에 신속하게 연락을 취하고 선처를 바라는 사과의 말을 한다.

② **면접관의 질문을 이해하지 못했을 때**
잘 듣지 못했을 경우에는 “잘 들리지 않습니다.”라는 표현보다는 “죄송합니다만 잘 듣지 못했습니다. 다시 한 번 말씀해 주십시오.”라는 표현을 쓰는 것이 좋다.

③ **질문의 요지를 모를 때**
순간을 모면하려고 임기응변식의 표현을 하는 것은 금물이다. 오히려 면접관에게 좋지 못한 인상을 줄 수 있으므로 “물어보신 질문을 이렇게 받아들여도 되겠습니까?” 라는 식으로 좀 더 확실한 질문을 유도해 어색한 분위기를 부드럽게 전환하는 재치가 필요하다.

④ **앞뒤 말이 어긋날 때**
대답은 간단명료하게 하는 것이 좋다. 답변이 길어지다 보면 앞뒤 말에 모순이 생겨 논점이 바뀔 수 있으므로 이런 경우는 “죄송합니다. 너무 긴장해서 답변이 어긋난 것 같습니다. 다시 말씀드려도 되겠습니까?”라는 식으로 허락을 얻어 위기를 모면하는 것도 좋은 방법이 될 수 있다.

GSAT 5급
고졸채용

부록

Global Samsung Aptitude Test

실전모의고사

제1회 실전모의고사
제2회 실전모의고사
정답 및 해설

제1회 실전모의고사

수험번호								성 명	(한글)	성 별	
									(한자)	남	여

기초능력 검사	총 120문항	작성시간	분	감독관 확인	㊞

수리능력검사

※ 다음 식의 값을 구하시오. [1~10]

01

$$82-29\times4$$

① -42　② -34
③ -30　④ 26

02

$$96\div0.4-163$$

① 53　② 57
③ 73　④ 77

03

$$162.4+11\times1.1$$

① 173.1　② 174.5
③ 177.3　④ 179.4

04

$$0.37 \times 6 - 0.92$$

① 1.1 ② 1.25
③ 1.3 ④ 1.45

05

$$\frac{6}{7} + \frac{7}{3} \div \frac{4}{3} - \frac{1}{2}$$

① $\frac{59}{28}$ ② $\frac{61}{28}$
③ $\frac{15}{7}$ ④ $\frac{17}{7}$

06

$$\frac{9}{5} \times 4 + 6 \div \frac{10}{7}$$

① 10 ② $\frac{53}{5}$
③ 11 ④ $\frac{57}{5}$

07

$$2^6 \times 3^2 - 500$$

① 52 ② 76
③ 98 ④ 106

08

$$(3^4 - 7^2) \div 2$$

① 8
② 11
③ 13
④ 16

09

$$\sqrt{\frac{3}{20} + 0.21}$$

① 0.5
② $\frac{11}{20}$
③ 0.6
④ $\frac{13}{20}$

10

$$(1{,}614 + 434) \div 64$$

① 32
② 48
③ 64
④ 96

11 250의 4할 6푼 2리는 얼마인가?

① 105.6
② 110.4
③ 115.5
④ 118.5

12 1,360의 3할 6리는 얼마인가?

① 399.63
② 416.16
③ 489.6
④ 496.3

13 512의 12.5%는 얼마인가?

① 32
② 40
③ 52
④ 64

14 80명이 참여한 행사에서 22명이 상품을 받아갔다면 이 행사의 경품 당첨 확률은 얼마인가?

① 1할 7푼 5리
② 2할 5리
③ 2할 5푼
④ 2할 7푼 5리

15 8km의 이동 거리 중 3할 2푼 8리만큼 진행했다고 한다면 진행한 거리는 얼마인가?

① 2,624m
② 2,844m
③ 262.4m
④ 284.4m

※ 빈칸 안에 들어갈 알맞은 수를 고르시오. [16~17]

16

$$\frac{9}{13} < \square < \frac{9}{11}$$

① $\frac{6}{7}$
② $\frac{7}{8}$
③ $\frac{7}{9}$
④ $\frac{13}{15}$

17

$$1.3 < \square < 1.5$$

① $\frac{23}{15}$
② $\frac{35}{21}$
③ $\frac{38}{30}$
④ $\frac{59}{40}$

18 다음 분수의 크기를 비교하면?

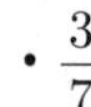

• $\frac{3}{7}$　　　　• $\frac{5}{11}$

① $\frac{3}{7} > \frac{5}{11}$　　② $\frac{3}{7} < \frac{5}{11}$

③ $\frac{3}{7} = \frac{5}{11}$　　④ 알 수 없다.

※ 기호의 연산이 다음 〈보기〉와 같을 때 주어진 문제의 값을 구하시오. [19~20]

보기

$$A◎B = \frac{A^2+B}{2}$$

$$A\square B = 2A+B$$

19

7◎13

① 27　　② 29

③ 31　　④ 33

20

6◎4□9

① 35　　② 41

③ 45　　④ 49

21 1.5V 건전지 네 개를 장착하면 6시간 동안 동작하는 장치가 있다. 같은 건전지 18개로 장치를 작동시킬 수 있는 시간은 얼마인가?

① 27시간　　② 30시간

③ 33시간　　④ 36시간

22 1시간에 90개의 제품을 생산할 수 있는 기계가 있다. A는 기계를 이용하여 2시간 동안 제품을 생산하려고 한다. A가 기계를 작동시키고 1시간 20분이 지났을 때, 고장이 발생하여 생산속도가 $\frac{1}{2}$로 줄어들었다면 A가 2시간 동안 생산한 제품의 수는 얼마인가?

① 120개 ② 150개
③ 165개 ④ 180개

23 어느 숲을 벌목하는 데 인부 1명으로는 30일이 걸린다. 인부 5명을 동원하여 벌목작업을 하다가 숲이 절반 벌목되었을 때부터 인부 2명을 줄였다. 숲을 모두 벌목하는 데 걸리는 기간은 얼마인가?

① 6일 ② 8일
③ 10일 ④ 12일

24 4살 터울이 나는 형제가 있다. 5년 전에는 형의 나이가 동생의 2배였다고 한다면 현재 동생의 나이는 몇 살인가?

① 7살 ② 9살
③ 11살 ④ 13살

25 20km의 하프마라톤 코스에서 500m당 한 명씩의 안전요원을 배치할 예정이다. 출발점과 도착점에는 안전요원을 배치하지 않는다면 필요한 안전요원의 수는 몇 명인가?

① 39명 ② 40명
③ 41명 ④ 42명

26 어느 피자 매장에서 하루 동안 팔린 100판의 피자 중 76판이 콜라와 세트로 판매되었다. 또한 사이드 메뉴와 함께 판매된 피자는 24판이었다. 피자와 콜라, 사이드메뉴 모두 세트로 판매된 것이 18판이라면 피자만 단독으로 판매된 수는 얼마인가?

① 4판 ② 10판
③ 14판 ④ 18판

27 한 바퀴가 200m인 아이스링크 경기장에서 A, B 두 명이 스케이트를 타려고 한다. 둘은 동시에 출발하여 A는 분당 500m의 속력으로 경기장을 돈다. 10분 후 B가 A를 한 바퀴 차이로 따라잡았다면 B의 속력은 분당 몇 m인가?

① 520m
② 540m
③ 580m
④ 600m

28 어느 학교에서 저시력자 학생들의 남여비율이 6 : 4이고 저시력자 남학생 중 콘택트렌즈 착용 경험이 있는 비율은 20%, 저시력자 여학생 중 콘택트렌즈 착용 경험이 있는 비율은 70%였다. 전체 저시력자 학생들 중 콘택트렌즈 착용 경험이 있는 비율은 몇 %인가?

① 30%
② 35%
③ 40%
④ 45%

29 12면체 주사위를 두 번 굴려서 두 번 모두 10 이상이 나올 확률은 얼마인가?

① $\frac{1}{16}$
② $\frac{1}{12}$
③ $\frac{1}{8}$
④ $\frac{1}{4}$

30 학생 A는 $\frac{1}{4}$의 확률로 아침식사를 거르는 생활을 하고 있다. 월요일에 A가 아침을 거르고 화요일과 수요일 중 하루만 아침을 거를 확률은?

① $\frac{1}{32}$
② $\frac{1}{16}$
③ $\frac{3}{32}$
④ $\frac{1}{8}$

31 **다음 표는 출시 예정 제품 A~D를 연령별로 체험시키고 사용 만족도를 5점 만점으로 조사한 결과이다. 이 자료에 대한 설명으로 옳은 것은?**

구분	A	B	C	D
~29세	4.3	3.1	2.7	4.6
30대	3.9	3.8	2.5	4.3
40대	3.4	3.6	2.9	4.7
50대	3.4	4.3	3.2	4.1
60대 이상	2.7	4.0	2.6	4.2

① 각 연령대에서 가장 만족도가 높은 제품은 D이다.
② 모든 제품에 대해 50대가 부여한 만족도가 가장 높다.
③ A는 연령이 높아질수록 만족도가 낮아지고 B는 높아진다.
④ 모든 연령대에서 C 제품에 대한 만족도가 가장 낮다.

32 **다음은 A사에서 운영하는 호텔의 서비스 만족도에 관하여 조사한 자료이다. 이 자료에 대한 설명으로 옳은 것은?** (매우 만족과 다소 만족을 만족, 매우 불만족과 다소 불만족을 불만족으로 분류한다.)

〈2020년도 ○○호텔 이용 고객 대상 만족도 조사 결과〉

(단위 : 백 명)

구분	상반기				하반기			
	매우 불만족	다소 불만족	다소 만족	매우 만족	매우 불만족	다소 불만족	다소 만족	매우 만족
객실	10	14	28	23	8	12	32	23
식사	26	17	21	11	14	16	22	23
부대시설	33	21	17	4	28	20	22	5
친절도	4	8	37	26	7	12	32	24

① 상반기에 비해 하반기에 모든 부문에서 불만족이 줄어들고 만족하는 의견이 늘어났다.
② 하반기 기준 불만족하는 의견이 만족하는 의견보다 많은 부문은 하나뿐이다.
③ 상반기 기준 모든 부문에서 만족하는 의견은 50% 이상을 나타내고 있다.
④ 하반기 기준 만족하는 의견이 가장 많은 부문은 객실이다.

※ A사에서는 전국의 고등학생을 대상으로 경진대회를 개최하고 있다. 3회까지의 대회를 결산하여 보니 참가자의 출신 지역 비율이 다음과 같았다. [33~35]

〈경진대회 참가자 출신 지역〉

(단위 : %)

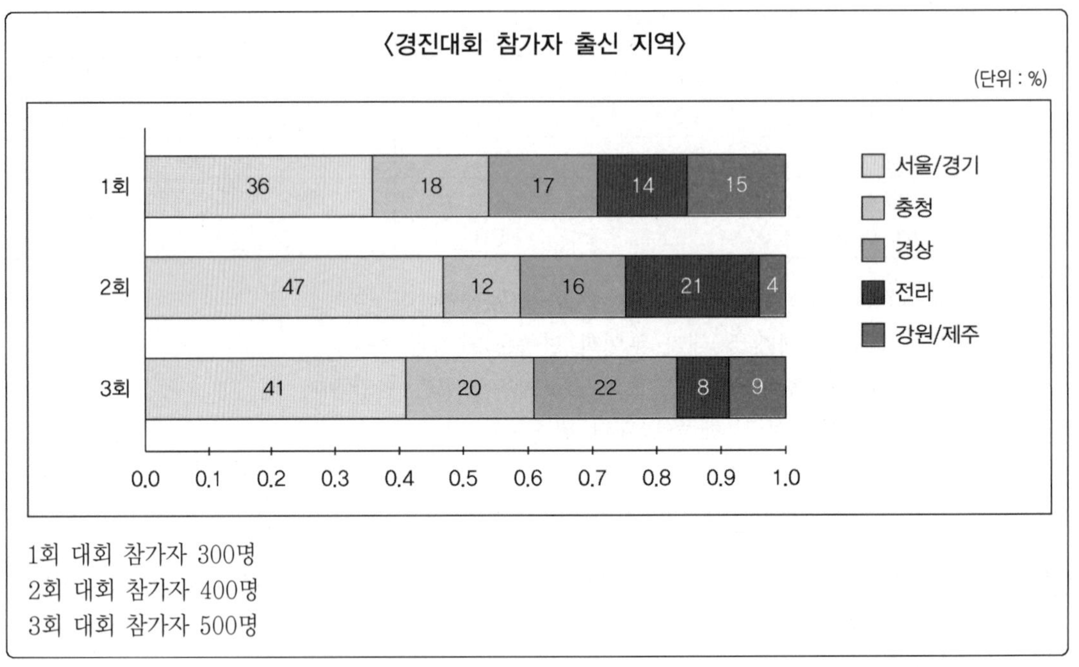

1회 대회 참가자 300명
2회 대회 참가자 400명
3회 대회 참가자 500명

33 대회 참가자 수가 매 회 증가하고 있는 지역끼리 묶은 것은?

① 서울/경기, 충청
② 경상, 전라
③ 충청, 강원/제주
④ 서울/경기, 경상

34 3회까지의 대회 참가자 수가 서울/경기에 이어 두 번째로 많은 지역은?

① 충청
② 경상
③ 전라
④ 강원/제주

35 4회 대회에는 500명이 참가 예정이다. 1회부터 4회까지 서울/경기 출신 참가자가 총 600명을 초과했다면 4회 대회에 참가한 서울/경기 출신 참가자의 최소 비율은?

① 10%
② 20%
③ 30%
④ 40%

※ 다음은 16개 지역에서 측정된 미세먼지 농도를 조사한 자료이다. [36~37]

(단위 : ㎍/㎥)

구분	2019년 11월	2020년 1월	2020년 3월	2020년 5월
서울	92	59	45	50
부산	94	51	24	41
대구	90	55	33	49
인천	82	57	38	42
광주	116	49	30	41
대전	104	55	37	44
울산	97	46	24	47
경기	95	66	45	50
강원	101	45	30	49
충북	101	60	41	45
충남	87	65	45	44
전북	102	54	35	43
전남	120	40	24	40
세종	87	61	54	47
경북	106	50	29	48
경남	93	43	25	39
제주	164	33	25	44

36 **2019년 11월 대비 2020년 1월의 미세먼지 농도 감소가 가장 적은 지역은?**

① 서울
② 경기
③ 충남
④ 세종

37 **자료에 대한 설명으로 옳은 것은?**

① 2019년 11월의 미세먼지 농도가 낮을수록 2020년 5월의 미세먼지 농도도 낮다.
② 매 조사 자료마다 미세먼지 농도가 감소하고 있는 지역은 두 곳이다.
③ 2020년 1월보다 2020년 3월에 미세먼지 농도가 증가한 지역이 한 곳 있다.
④ 2019년 11월 대비 2020년 3월의 미세먼지 농도 감소가 가장 큰 지역은 전남이다.

※ 다음은 화학물질을 취급하는 C사의 불량 접수 기록이다. [38~40]

〈C사 연간 불량 접수 기록〉

(단위 : 건)

구분	2013년	2014년	2015년	2016년	2017년	2018년	2019년
전체 접수건수	68	57	( )	( )	42	( )	( )
파손	48	36	32	29	23	21	20
밀봉 불량	6	9	4	3	7	2	4
수량 부족	4	3	0	3	2	1	2
이물질 혼입	6	5	6	4	5	4	6
변질	2	1	1	0	3	2	4
기타	2	3	3	4	2	1	2

38 **조사된 기간 중 접수된 불량 건수가 가장 적은 해는?**

① 2015년
② 2016년
③ 2018년
④ 2019년

39 **조사된 기간 중 전년대비 파손 접수 건수가 가장 적은 해의 전년대비 파손 접수 건수 감소율은 얼마인가?** (답이 소수인 경우, 소수 첫째 자리에서 반올림한다.)

① 33%
② 25%
③ 16%
④ 9%

40 **자료에 대한 설명으로 옳지 않은 것은?**

① 밀봉 불량은 파손에 이어 두 번째로 빈번한 불량 접수 사유이다.
② 파손 접수는 매해 감소하는 추세이다.
③ 연간 불량 접수가 0건인 불량 사유가 있던 해는 조사기간 중 2번 있었다.
④ 전체 불량 접수는 감소하는 추세였으나 2019년에 들어 다시 증가했다.

추리능력검사

01

3 2 6 5 15 14 ( )

① 13
② 38
③ 42
④ 45

02

4 6 9 13 ( ) 24 31

① 17
② 18
③ 19
④ 20

03

1 −2 −2 4 −8 −32 ( )

① 128
② −128
③ 256
④ −256

04

$127 \quad 31 \quad 7 \quad 1 \quad -\frac{1}{2} \quad (\quad) \quad -\frac{31}{32}$

① $-\frac{7}{8}$
② $-\frac{1}{8}$
③ $-\frac{1}{7}$
④ $\frac{1}{8}$

05

$$\frac{14}{3} \quad \frac{15}{18} \quad \frac{17}{9} \quad (\quad) \quad \frac{29}{27} \quad \frac{45}{162} \quad \frac{77}{81}$$

① $\frac{24}{36}$

② $\frac{21}{54}$

③ $\frac{18}{34}$

④ $\frac{21}{36}$

06

1 6 3 8 4 9 ( ) 9.5

① 4.5

② 5

③ 5.5

④ 6

07

16 8 64 16 ( ) 32 1024

① 64

② 128

③ 256

④ 512

08

2 8 3 12 7 28 ( )

① 23

② 21

③ 17

④ 15

09

−4 6 2 8 10 18 ( )

① 28

② 30

③ 32

④ 34

10

−9 6 −3 3 0 3 ( )

① −3　　② 0
③ 3　　④ 6

11

A C G E M G ( )

① K　　② N
③ P　　④ S

12

N S O R P ( ) Q

① L　　② Q
③ S　　④ T

13

ㅁ ㅊ ㄱ ㅂ ㅋ ( ) ㅅ

① ㄴ　　② ㅁ
③ ㅂ　　④ ㅇ

14

ㄴ ㄷ ㅁ ㅇ ( ) ㅅ ㅂ

① ㄱ　　② ㅂ
③ ㅈ　　④ ㅍ

15

ㄴ ㅕ ㅂ ㅠ ㅊ ㅑ ( )

① ㄱ ② ㅁ
③ ㅌ ④ ㅎ

16

1 D 3 F 5 ( ) 7

① 4 ② H
③ J ④ 9

※ 다음 중 나머지 셋과 규칙이 다른 하나를 고르시오. [17~20]

17 ① ㄷ ㅂ ㅈ ㅌ ② o r u x
③ 2 5 8 11 ④ ㅑ ㅕ ㅠ ㅣ

18 ① ㅎ ㅍ ㅊ ㅅ ② O N L I
③ ㅠ ㅜ ㅗ ㅑ ④ h g e b

19 ① E I K O ② ㄹ ㅇ ㅊ ㅎ
③ 1 4 5 8 ④ ㅏ ㅗ ㅜ ㅏ

20 ① 2 D ㅂ ㅠ 9 ② B ㄹ ㅛ 8 J
③ ㄴ ㅕ 6 H ㅊ ④ ㅑ 4 F ㅇ ㅣ

※ 다음 제시된 문장에 미루어 바르게 추리된 것을 고르시오. [21~23]

21

- 북쪽지방은 평균기온이 낮다.
- 평균기온이 낮은 곳은 인구가 적다.

① 남쪽지방은 평균기온이 높다.
② 인구가 적은 곳은 북쪽지방이다.
③ 인구가 많은 곳은 북쪽지방이 아니다.
④ 북쪽지방이 아닌 곳은 인구가 많다.

22

- 커피는 3,000원이다.
- 콜라는 커피보다 저렴하다.
- 주스는 커피보다 500원 저렴하다.
- 주스는 사이다보다 비싸다.

① 사이다는 콜라보다 저렴하다.
② 콜라는 2,500원보다 저렴하다.
③ 커피보다 비싼 음료가 있다.
④ 사이다는 2,500원보다 저렴하다.

23

- A팀은 총 예산의 $\frac{1}{3}$을 배정받는다.
- B팀은 총 예산의 $\frac{2}{5}$를 배정받는다.
- C팀은 A팀과 B팀에 배정되고 남은 예산을 배정받는다.
- C팀에 배정된 예산은 200만 원이다.

① 총 예산은 1000만 원이다.
② A팀은 C팀보다 적은 예산을 분배 받았다.
③ C팀은 B팀보다 많은 예산을 분배 받았다.
④ C팀이 분배받은 예산이 가장 적다.

※ 다음은 어느 건물에 입점한 점포에 대한 설명이다. 이를 통해 제시된 물음이 논리적으로 참이면 ①, 거짓이면 ②, 참과 거짓이 명확하지 않으면 ③을 선택하시오. [24~25]

- 상가 건물에 병원, 약국, 카페, 빵집이 입점해 있다.
- 층마다 1개의 점포가 입점하여 연속된 4개의 층에 입점하고 있다.
- 위층에 입점한 점포가 아래층 점포보다 매출이 크다.
- 빵집은 약국보다 아래층에 있다.
- 병원의 매출이 가장 크다.

24

빵집은 병원 바로 아래층에 입점할 수 없다.

① 참　　② 거짓　　③ 알 수 없음

25

약국의 매출이 카페보다 크다.

① 참　　② 거짓　　③ 알 수 없음

※ 6명으로 구성된 팀에서 과제를 분배하기 위해 조를 나누고자 한다. 이에 대한 설명을 보고 제시된 물음이 논리적으로 참이면 ①, 거짓이면 ②, 참과 거짓이 명확하지 않으면 ③을 선택하시오. [26~27]

- A, B, C, D, E, F의 여섯 명은 둘 씩 짝을 지어 3개 조를 만든다.
- A는 1조에 속한다.
- B와 C는 같은 조에 들어간다.
- D는 1조에 들어가지 않는다.
- E는 2조나 3조에 속한다.

26

F는 2조에 들어갈 수 있다.

① 참　　② 거짓　　③ 알 수 없음

27

B가 속한 조를 알 수 있으면 6명 모두의 조를 알 수 있다.

① 참　　② 거짓　　③ 알 수 없음

※ 다음의 단서를 토대로 비밀번호를 알아내고자 한다. 이를 통해 제시된 물음이 논리적으로 참이면 ①, 거짓이면 ②, 참과 거짓이 명확하지 않으면 ③을 선택하시오. [28~30]

- 비밀번호는 자연수 4자리로 되어 있다.
- 첫 번째 자리와 두 번째 자리의 합은 4이다.
- 두 번째 자리와 네 번째 자리 수를 더한 값의 일의 자리 숫자가 세 번째 자리 수가 된다.
- 세 번째 자리 수에서 네 번째 자리 수를 빼면 음수가 된다.

28

세 번째 자리 수는 4 이하가 될 수 없다.

① 참 ② 거짓 ③ 알 수 없음

29

5는 비밀번호에 쓰이지 않는다.

① 참 ② 거짓 ③ 알 수 없음

30

세 번째와 네 번째 자리 수를 알면 전체 비밀번호를 알 수 있다.

① 참 ② 거짓 ③ 알 수 없음

※ A연구소에서 외국인 연구자들을 프로젝트에 참여시키려고 한다. 제시된 물음이 논리적으로 참이면 ①, 거짓이면 ②, 참과 거짓이 명확하지 않으면 ③을 선택하시오. [31~33]

- 참여자들의 국적은 미국 4명, 러시아 3명, 중국 3명, 일본 2명이다.
- 최소 3명이 참여하는 프로젝트 3개가 있다.
- 어떤 나라도 한 프로젝트에만 모든 인원을 참여시키지 않았다.

31

일본인만 참여하지 않은 6인 프로젝트가 존재할 수 있다.

① 참 ② 거짓 ③ 알 수 없음

32

미국인만 참여하지 않은 5인 프로젝트가 존재할 수 있다.

① 참 ② 거짓 ③ 알 수 없음

33

모든 프로젝트의 인원이 같을 수는 없다.

① 참 ② 거짓 ③ 알 수 없음

※ S사가 개최한 공모전 본선에 세 팀이 진출했다. 가산점 부여 조건과 각 팀의 상황을 바탕으로 물음에 답하시오. [34~35]

• 5인 이하 팀에는 최종점수에 20%의 가산점이 부여된다.
• 재학 중인 학생이 포함된 팀은 10점의 가산점을 얻는다.
• 대회 운영사 인턴십 참여자에게는 5점의 가산점이 부여된다.

	평가점수	팀 인원	재학생 포함	인턴십 경험
A	47	6	O	X
B	31	5	O	O
C	45	4	X	X

34 최종적으로 선발되는 팀은?

① A
② B
③ C
④ 알 수 없음

35 5인 이하 팀에 대한 가산점이 30%가 된다면 최종적으로 선발되는 팀은?

① A
② B
③ C
④ 알 수 없음

36 다음 중 한 일의 양이 0인 경우는?

① 바닥에 놓인 물체를 1N의 힘으로 밀어서 1m 이동시킬 때
② 질량이 1kg인 물체를 1m 들어 올릴 때
③ 질량이 1kg인 물체를 들고 계단을 1m 올라갈 때
④ 질량이 1kg인 물체를 들고 수평방향으로 1m 걸었을 때

37 **그림과 같이 3Ω의 저항에 9V의 전압이 걸릴 경우 전류계에서 측정되는 전류의 세기는?**

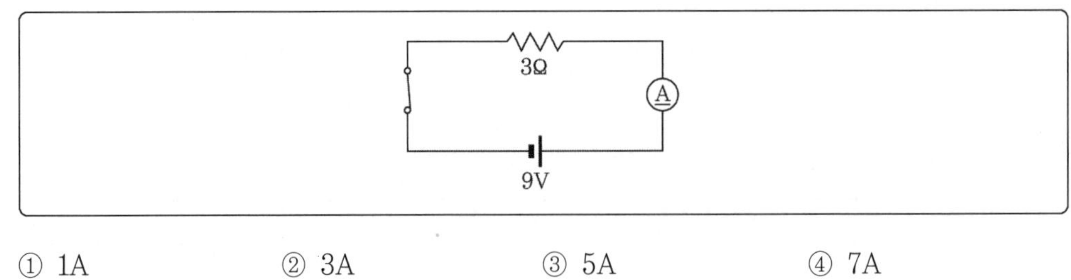

① 1A ② 3A ③ 5A ④ 7A

38 **지표면 부근에서 물체가 자유 낙하하는 동안, 물체의 에너지 변화에 대한 설명으로 옳은 것은?**
(공기 저항은 고려하지 않는다.)

① 운동 에너지는 감소한다.
② 위치 에너지는 증가한다.
③ 역학적 에너지는 증가한다.
④ 위치 에너지가 운동 에너지로 전환된다.

39 **다음 그래프는 어떤 고체 물질을 가열하여 그 온도를 측정한 것이다. 이 물질의 끓는점은?**

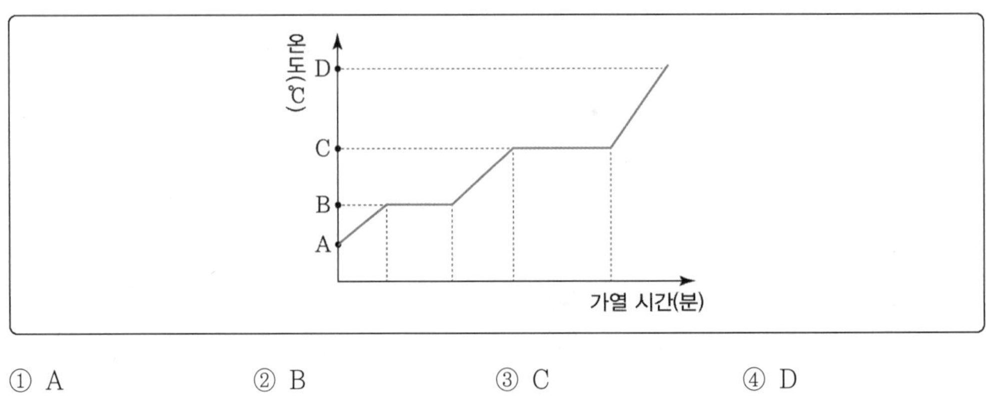

① A ② B ③ C ④ D

40 **다음 설명에 해당하는 것은?**

- 지구의 평균 기온이 점점 높아지는 현상이다.
- 이 현상의 주된 원인은 대기 중 온실기체 양의 증가이다.

① 오로라
② 단열 변화
③ 대기 대순환
④ 지구 온난화

지각능력검사

※ 제시된 좌우의 문자를 비교하여 같으면 ①을, 다르면 ②를 고르시오. [1~2]

01

brokenblackbikesbrake	brokenblackbikesbrake

① ②

02

775624891067	775624981067

① ②

※ 다음 중 나머지 셋과 다른 하나를 고르시오. [3~4]

03

塞翁之馬

① 塞翁之馬
② 塞翁之鳥
③ 塞翁之馬
④ 塞翁之馬

04

→⟷↑←↓ ↓→↑←↓

① →⟷↑←↓ ↓→↑←↓
② →⟷↑←↓ ↓→↑←↓
③ →⟷↑←↓ ↓→↑←↓
④ →⟷↑←↓ ↑→↑←↓

※ 다음 제시된 도형이나 그림과 같은 것을 고르시오. [5~8]

05

① 

② 

③ 

④ 

06

① 

② 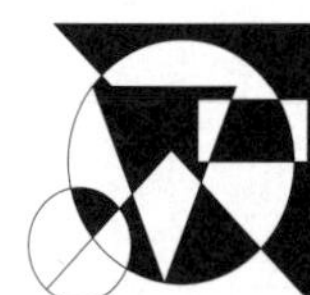

③ 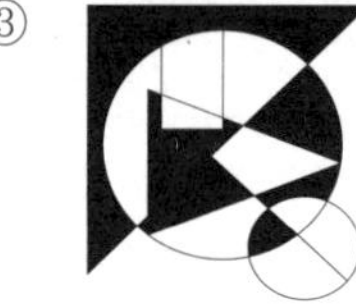

④ 

07

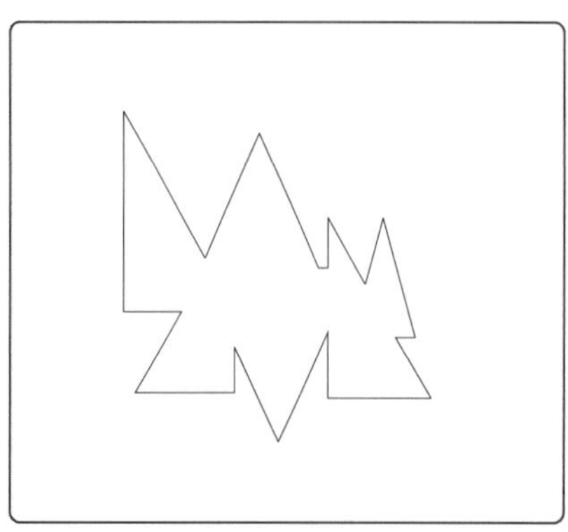

① 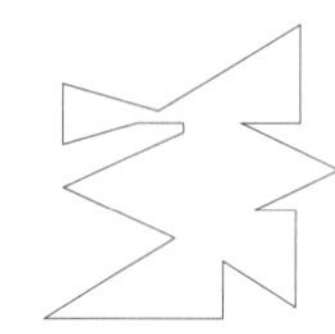

② 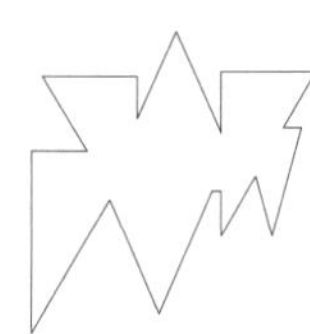

③ 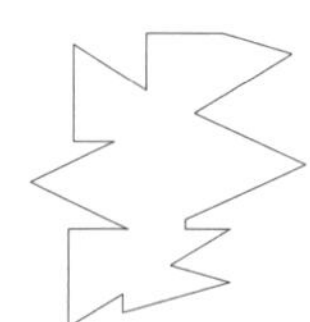

④ 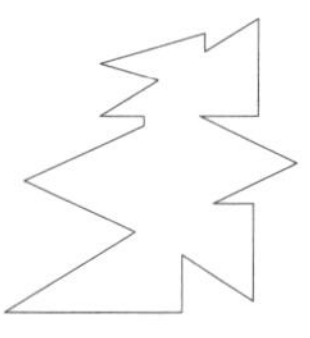

08

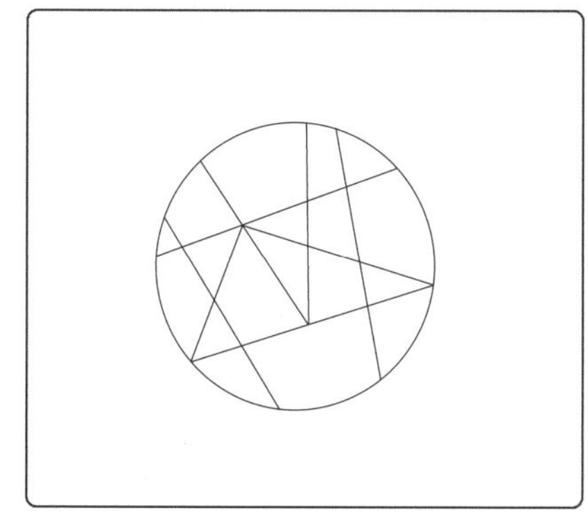

①

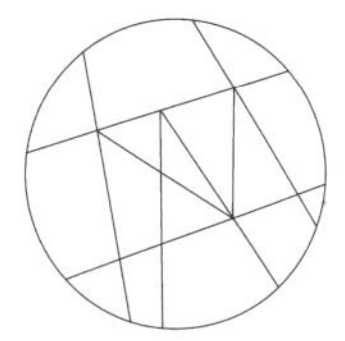

②

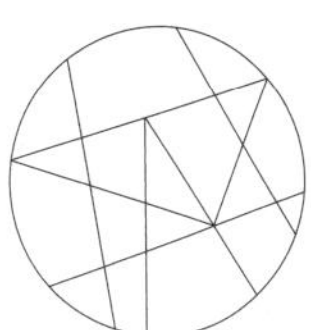

③

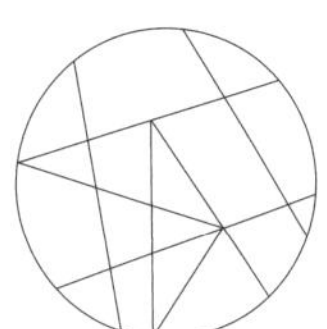

④

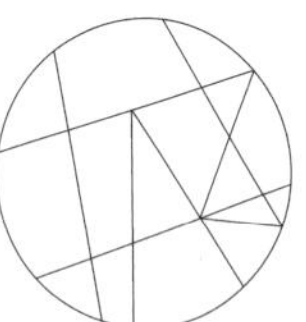

※ 다음 중 나머지 셋과 다른 하나를 고르시오. [9~12]

09

①

②

③

④

10

①

②

③

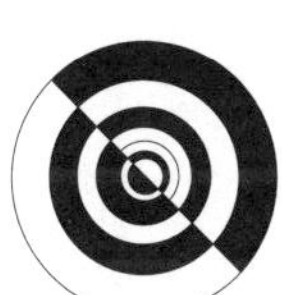

④

11

①

②

③

④

12

①

②

③

④

※ 다음 조각들을 완성된 그림이 되도록 순서대로 배열한 것을 고르시오. [13~15]

13

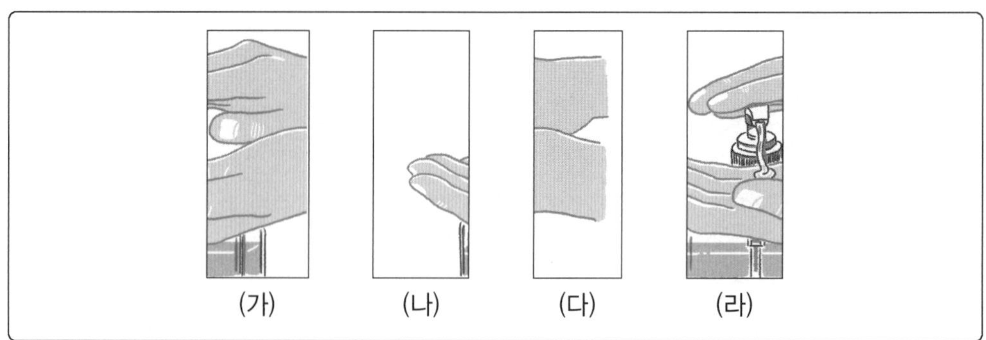

① (나) – (가) – (다) – (라)
② (나) – (가) – (라) – (다)
③ (나) – (라) – (가) – (다)
④ (다) – (라) – (가) – (나)

14

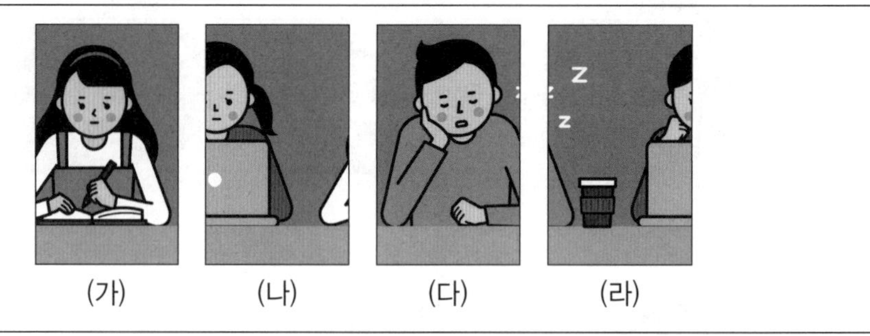

① (가) – (나) – (다) – (라)
② (나) – (가) – (라) – (다)
③ (다) – (가) – (라) – (나)
④ (다) – (라) – (나) – (가)

15

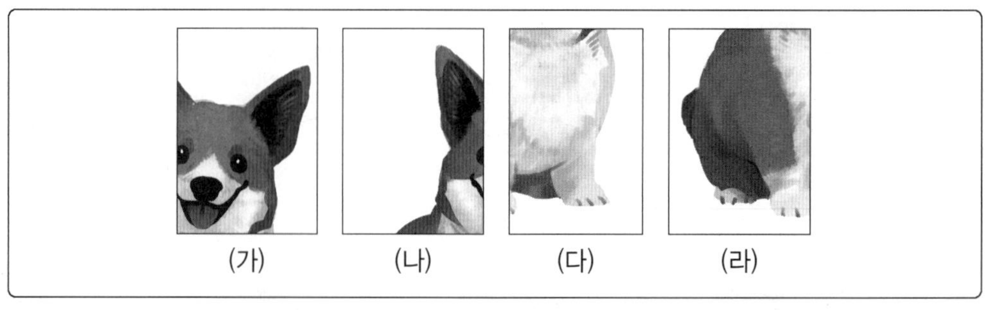

① (가) – (나)
(다) – (라)
② (나) – (가)
(다) – (라)
③ (나) – (가)
(라) – (다)
④ (가) – (다)
(라) – (나)

※ 그림과 같이 쌓여있는 블록에 대하여 다음 물음에 답하시오. [16~18]

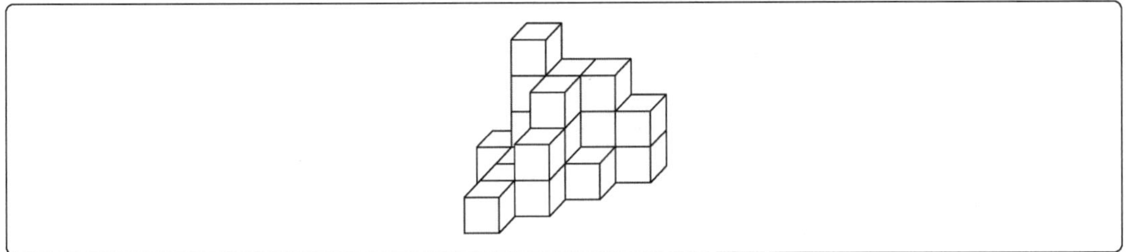

16 블록의 개수는 몇 개인가?

① 20개 ② 21개
③ 22개 ④ 23개

17 우측면에서 보았을 때, 보이는 블록의 개수는 몇 개인가?

① 10개 ② 11개
③ 12개 ④ 13개

18 추가로 블록을 쌓아 직육면체를 만들려면 최소한 몇 개의 블록이 더 필요한가?

① 55개 ② 58개
③ 60개 ④ 62개

※ 그림과 같이 쌓여있는 블록에 대하여 다음 물음에 답하시오. [19~21]

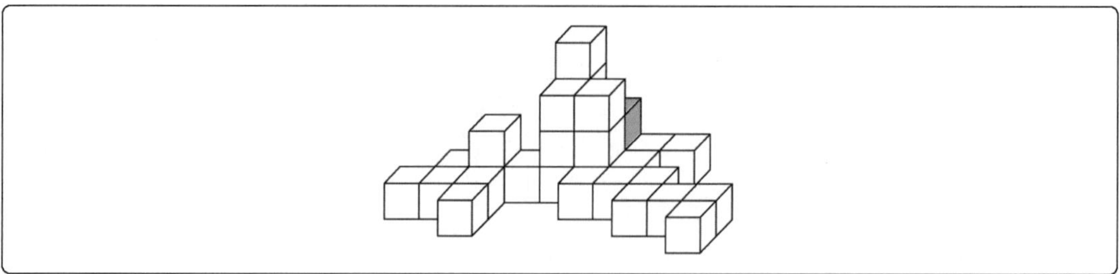

19 블록의 개수는 몇 개인가?

① 27개 ② 28개
③ 29개 ④ 30개

20 위에서 봤을 때, 보이는 블록의 개수는 몇 개인가?

① 18개 ② 19개
③ 20개 ④ 21개

21 색칠된 블록과 맞닿은 블록의 개수는 몇 개인가?

① 1개 ② 2개
③ 3개 ④ 4개

※ 그림과 같이 쌓여있는 블록에 대하여 다음 물음에 답하시오. [22~24]

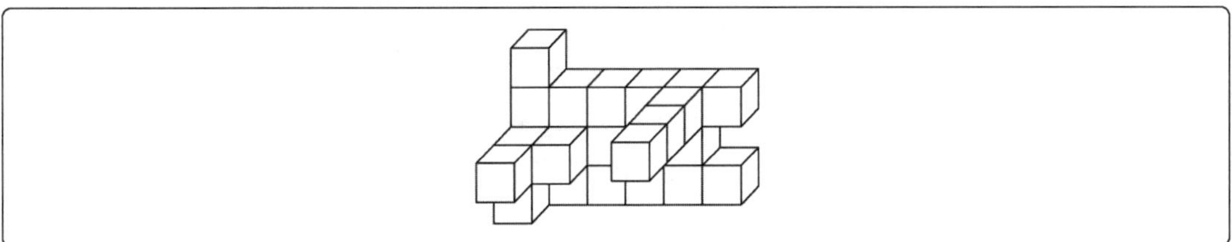

22 블록의 개수는 몇 개인가?

① 25개 ② 26개
③ 27개 ④ 28개

23 좌측면에서 보았을 때, 보이는 블록의 개수는 몇 개인가?

① 9개 ② 10개
③ 11개 ④ 12개

24 추가로 블록을 쌓아 직육면체를 만들려면 최소한 몇 개의 블록이 더 필요한가?

① 47개 ② 53개
③ 66개 ④ 71개

※ 그림과 같이 쌓여있는 블록에 대하여 다음 물음에 답하시오. [25~26]

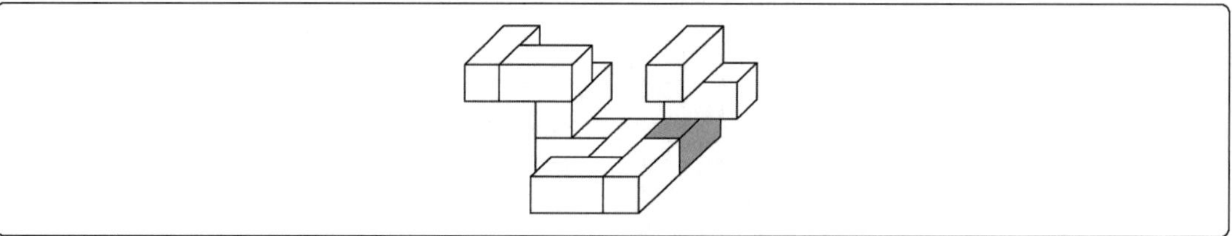

25 **블록의 개수는 몇 개인가?**

① 9개 ② 10개
③ 11개 ④ 12개

26 **색칠된 블록과 맞닿은 블록의 개수는 몇 개인가?**

① 2개 ② 3개
③ 4개 ④ 5개

※ 그림과 같이 쌓여있는 블록에 대하여 다음 물음에 답하시오. [27~30]

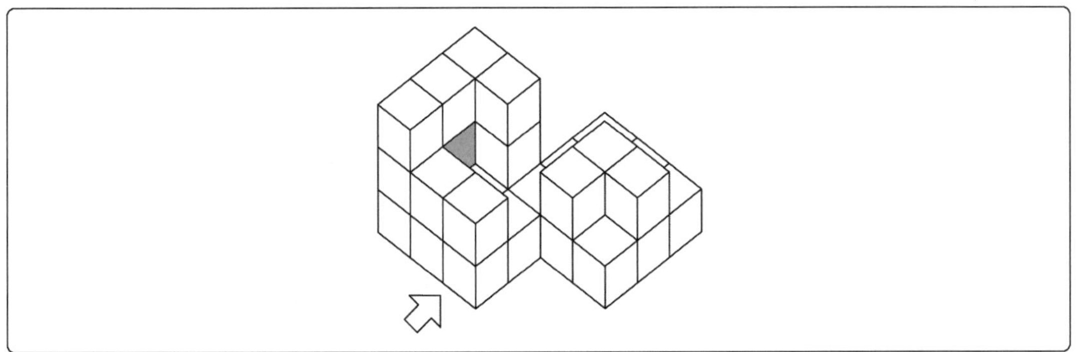

27 블록의 개수는 몇 개인가?

① 26개 ② 28개
③ 30개 ④ 32개

28 화살표 방향에서 봤을 때, 보이는 블록의 개수는 몇 개인가?

① 10개 ② 11개
③ 12개 ④ 13개

29 색칠된 블록과 맞닿은 블록의 개수는 몇 개인가?

① 2개 ② 3개
③ 4개 ④ 5개

30 추가로 블록을 쌓아 직육면체를 만들려면 최소한 몇 개의 블록이 더 필요한가?

① 45개 ② 52개
③ 56개 ④ 60개

※ A기록관에서는 보유 장서에 분류번호를 부여하여 분류하고 있다. 다음 도서에 부여될 분류번호로 옳은 것을 찾으시오. [31~33]

〈분류번호 부여 방법〉

장르, 제목, 저자명, 출간연도 순으로 8자리 기호를 부여

장르	분류기호
철학	01
종교	02
사회과학	03
자연과학	04
기술과학	05
예술	06
언어	07
문학	08
역사	09

제목	분류기호
가~다	A
라~바	B
사~자	C
차~타	D
파~하	E
0~9	F
a~c	G
d~f	H
…	…

저자명	분류기호
가~다	a
라~바	b
사~자	c
차~타	d
파~하	e
0~9	f
a~c	g
d~f	h
…	…

31

장편 소설 〈혈의 누〉, 이인직 저(1906)

① 07Ec1906　　② 08De1906
③ 08Ec1906　　④ 09Dg1906

32

역사서 〈한국통사〉, 박은식 저(1915)

① 09Eb1915　　② 09Ed1915
③ 09Eb1945　　④ 09Hf1930

33

국어사전 〈우리말 큰사전〉, 조선어학회(1947)

① 02Cd1957　　② 07Cc1947
③ 07Dc1947　　④ 09Dd1957

※ 다음의 단어들을 사전에 수록된 순서대로 바르게 나열한 것을 고르시오. [34~36]

34

(가) 궤짝	(나) 귀띔
(다) 관계	(라) 개량

① (가)－(다)－(라)－(나)
② (다)－(나)－(라)－(가)
③ (라)－(다)－(가)－(나)
④ (라)－(다)－(나)－(가)

35

(가) 장단	(나) 장닭
(다) 짜장	(라) 잿물

① (가)－(나)－(다)－(라)
② (가)－(나)－(라)－(다)
③ (나)－(가)－(다)－(라)
④ (나)－(가)－(라)－(다)

36

(가) Mercury	(나) Passive
(다) Significant	(라) Mercy

① (가)－(라)－(나)－(다)
② (가)－(라)－(다)－(나)
③ (나)－(가)－(라)－(다)
④ (라)－(가)－(다)－(나)

※ 다음 제시된 뜻에 알맞은 단어를 고르시오. [37~38]

37

사물이나 현상의 모양이나 상태

① 면모
② 형국
③ 풍채
④ 양상

38

시대에 따라 변하는 세태

① 성행
② 풍조
③ 파란
④ 기조

※ 다음 제시된 단어의 뜻으로 옳은 것을 고르시오. [39~40]

39

요지

① 말이나 글 따위에서 핵심이 되는 중요한 내용
② 일이나 사건의 대체적인 줄거리
③ 사물의 성립이나 효력 발생 따위에 꼭 필요한 성분
④ 어떤 사물의 원인이 되는 낱낱의 요소나 물질

40

추진

① 어떤 방면으로 활동 범위나 세력을 넓혀 나아감
② 물체를 밀어 앞으로 내보냄
③ 앞날을 헤아려 내다봄
④ 빠르게 발전하거나 진보함

제2회 실전모의고사

수험번호								성 명	(한글)	성 별	
									(한자)	남	여

기초능력 검사	총 120문항	작성시간	분	감독관 확인	㉣

수리능력검사

※ 다음 식의 값을 구하시오. [1~10]

01

$$(312+519)\div3+23$$

① 250　② 300
③ 350　④ 400

02

$$832-13\times8$$

① 688　② 708
③ 728　④ 748

03

$$0.7\times0.45\div0.2$$

① 0.835　② 1.575
③ 2.375　④ 3.075

04

$$7.2-1.1\times2.7+5.09$$

① 9.32
② 11.36
③ 21.56
④ 47.52

05

$$\frac{3}{5}+\frac{5}{6}-\frac{8}{15}$$

① $\frac{23}{30}$
② $\frac{9}{10}$
③ $\frac{19}{30}$
④ $\frac{3}{10}$

06

$$2\frac{2}{3}-\frac{5}{7}\times1\frac{3}{4}$$

① $1\frac{5}{12}$
② $2\frac{1}{2}$
③ $2\frac{3}{4}$
④ $3\frac{5}{12}$

07

$$\frac{2}{3}-\left(-\frac{3}{5}\right)+\frac{1}{2}$$

① $1\frac{7}{30}$
② $1\frac{13}{30}$
③ $1\frac{19}{30}$
④ $1\frac{23}{30}$

08

$$\frac{2}{3}\times\frac{5}{6}-\frac{1}{4}\times\frac{8}{9}$$

① $\frac{1}{2}$　　② $\frac{1}{3}$

③ $\frac{3}{5}$　　④ $\frac{5}{8}$

09

$$\frac{7}{12}\times\left(-\frac{2}{7}\right)+\frac{9}{14}$$

① $\frac{10}{21}$　　② $\frac{4}{7}$

③ $\frac{14}{21}$　　④ $\frac{6}{7}$

10

$$\frac{5}{12}\div\left(\frac{1}{4}\right)^2\times 3$$

① 10　　② 15

③ 20　　④ 25

11 〈보기〉의 연산이 성립하지 않는 것은?

보기

$$A\otimes B=3A+B-5$$

① $2\otimes 3=4$　　② $4\otimes 1=8$

③ $1\otimes 6=5$　　④ $3\otimes 2=6$

※ 기호의 연산이 다음 〈보기〉와 같을 때 주어진 문제의 값을 구하시오. [12~13]

보기

A ◉ B = $A^2 - 2B$, A ◈ B = AB + (2A − B)

12

11 ◈ 6

① 76
② 78
③ 80
④ 82

13

(3 ◈ 4) ◉ 2

① 172
② 182
③ 192
④ 202

14 92의 7할은 얼마인가?

① 0.644
② 6.44
③ 64.4
④ 644

15 168의 23%는 얼마인가?

① 0.3864
② 3.864
③ 38.64
④ 386.4

16 284의 2할 6푼 5리는 얼마인가?

① 7.526
② 75.26
③ 752.6
④ 7,526

17 15L의 3할 6리는 얼마인가?

① 4.59mL ② 45.9mL
③ 459mL ④ 4,590mL

18 다음 분수의 크기를 비교하면?

• $\frac{7}{15}$ • $\frac{11}{24}$

① $\frac{7}{15} > \frac{11}{24}$ ② $\frac{7}{15} < \frac{11}{24}$
③ $\frac{7}{15} = \frac{11}{24}$ ④ 알 수 없다.

※ 빈칸 안에 들어갈 알맞은 수를 고르시오. [19~20]

19

$0.25 < \square < 0.35$

① $\frac{7}{20}$ ② $\frac{17}{50}$
③ $\frac{19}{50}$ ④ $\frac{9}{20}$

20

$-\frac{14}{3} < \square < -\frac{19}{6}$

① -4 ② -3
③ -2 ④ -1

21 560m인 도로 양쪽에 7m마다 가로수를 심을 계획이라면 나무는 총 몇 그루가 필요한가? (단, 길의 양 끝에도 나무를 심는다)

① 80그루 ② 81그루
③ 160그루 ④ 162그루

22 길이가 160m인 기차가 1,090m가 되는 터널을 완전히 통과하는 데 50초가 걸렸다. 이 기차의 속력은?

① 85km/h ② 90km/h
③ 95km/h ④ 100km/h

23 가위바위보를 하여 이기면 2계단 올라가고, 지면 1계단 내려오기로 하였다. 가위바위보를 10회 하였을 때 처음보다 8계단 올라가 있었다면 이긴 횟수는? (단, 비기는 경우는 없다.)

① 5회 ② 6회
③ 7회 ④ 8회

24 혜정이가 혼자 하면 12일이 걸리는 일을 혜정과 상효가 함께 하면 8일이 걸린다. 이 작업을 상효 혼자 하면 며칠이 걸리는가?

① 18일 ② 21일
③ 24일 ④ 27일

25 1,500원짜리 노트와 2,000원짜리 볼펜을 세트로 3,300원에 판매를 한다. 30,000원을 가지고 있다면 최대 몇 세트를 살 수 있는가?

① 7세트 ② 8세트
③ 9세트 ④ 10세트

26 현재 철수는 영희보다 5살이 많고, 3년 전에 철수의 나이는 영희의 2배였다. 철수의 현재 나이는?

① 9살 ② 11살
③ 13살 ④ 15살

27 전체 직원이 400명인 회사에 안경을 낀 사람의 비율은 전체의 54%이다. 여자 직원 중 안경을 낀 비율은 60%이고, 남자 직원 중 안경을 낀 비율이 50%일 때 남자 직원은 몇 명인가?

① 160명 ② 190명
③ 210명 ④ 240명

28 8% 소금물 150g에서 몇 g의 물을 증발시켜야 12%의 소금물을 만들 수 있는가?

① 35g ② 40g
③ 45g ④ 50g

29 다음 달부터 혜수는 매월 2,000원씩, 성주는 매월 5,000원씩 예금하기로 하였다. 현재 혜수는 36,000원, 성주는 9,000원이 예금되어 있을 때 혜수와 성주의 예금액이 같아지는 것은 몇 개월 후인가?

① 8개월 ② 9개월
③ 10개월 ④ 11개월

30 귀금속 가게에서 원가 8만 원짜리 팔찌에 이윤을 40% 추가하여 정가로 하였다가 오랫동안 팔리지 않아 정가의 25%를 할인해 팔았다면 얼마에 팔았겠는가?

① 84,000원 ② 87,000원
③ 90,000원 ④ 93,000원

31 **다음 표는 A, B, C, D사무실의 보증금, 월세, 주차비, 관리비를 나타낸 것이다. 월세 계약 후 1년간 사무실을 사용했을 때, 지불총액이 가장 많은 곳은 어디인가?**

구분	보증금(만 원)	월세(만 원/월)	주차비(원/월)	관리비(원/월)
A	1,000	120	0	100,000
B	1,500	115	20,000	100,000
C	1,400	100	0	150,000
D	500	150	10,000	120,000

① A사무실　　② B사무실
③ C사무실　　④ D사무실

32 **다음 연도별 벤처 1,000억 클럽 상위 3개사 매출액 합계와 비중에 관한 자료를 보고 잘못 설명한 것은?**

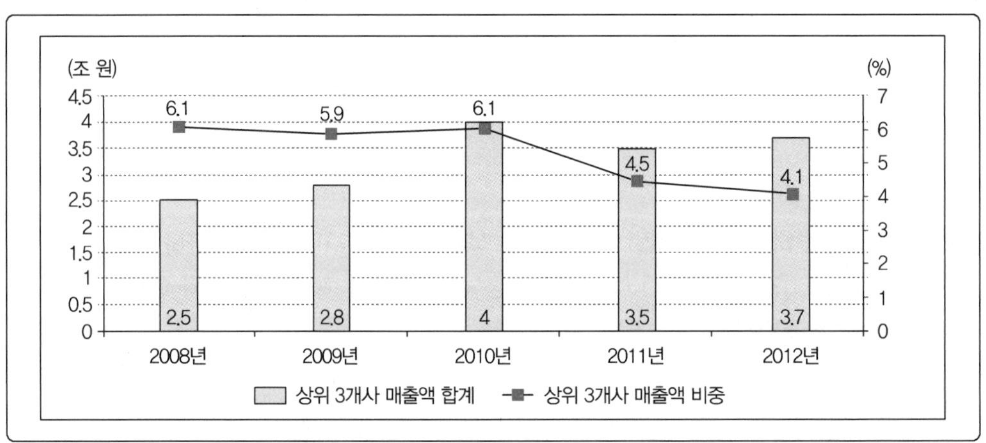

① 벤처 1,000억 클럽 상위 3개사 매출액의 합계가 가장 높았던 해는 2010년이다.
② 상위 3개사 매출액 비중은 2010년 이후 감소하고 있다.
③ 2011년에 상위 3개사 매출액 합계는 20% 이상 감소했다.
④ 2009년에 상위 3개사 매출액 합계는 증가했고, 상위 3개사 매출액 비중은 감소했다.

※ 다음은 시 · 도별 자동차 사고 발생과 관련한 표이다. 다음 물음에 답하시오. [33~34]

구분	발생건수(건)	사망자수(명)	부상자수(명)
전국	213,745	6,327	340,229
서울	38,237	447	56,323
부산	12,779	247	19,150
대구	12,878	210	19,105
인천	10,699	171	16,602
광주	8,001	132	12,854
대전	5,421	115	8,699
울산	4,499	112	6,998

33 전국을 기준으로 서울의 자동차 사고율은?

① 약 15%　　② 약 18%
③ 약 20%　　④ 약 30%

34 다음 중 사망자수와 부상자수의 합이 세 번째로 높은 지역은?

① 서울　　② 부산
③ 대구　　④ 대전

※ 다음 표는 a, b, c대학교에서 A, B, C, D기업에 지원한 입사지원자의 비율과 그중 지원한 대로 입사한 사람의 비율(괄호 안)을 나타낸 것이다. 다음 물음에 답하시오. [35~36]

(단위 : %, 명)

구분	A기업	B기업	C기업	D기업	입사지원자 수
a대학교	65(62)	20(72)	10(75)	5(70)	600
b대학교	60(64)	X(75)	10(70)	14(80)	800
c대학교	68(70)	20(80)	8(84)	4(Y)	400

35 다음 중 X에 들어갈 것으로 옳은 것은?

① 12　　② 14
③ 16　　④ 18

36 c대학교에서 D기업에 지원한 사람 중 12명이 입사했다고 할 때 Y에 들어갈 것으로 옳은 것은?

① 45 ② 55
③ 65 ④ 75

※ 다음은 A시에 있는 학교의 교육여건 현황을 나타낸 표이다. 다음 물음에 답하시오. [37~38]

구분	전체 학교수	전체 학급수	학급당 주간 수업시수(시간)	학급당 학생수(명)
초등학교	160	20	28	35
중학교	80	24	34	38
고등학교	70	21	35	35

37 총 학생수가 가장 많은 학교는?

① 초등학교 ② 중학교
③ 고등학교 ④ 알 수 없다.

38 각 학교급의 주간 수업시수의 합을 비교할 때 가장 적은 학교는?

① 초등학교 ② 중학교
③ 고등학교 ④ 알 수 없다.

※ 다음 표는 직장 선택에 있어 가장 중요한 요소에 대한 설문 조사 결과이다. 다음 물음에 답하시오. [39~40]

구분		응답자수	연봉	적성	비전	사회적 지위	직장 분위기
전체		1,000	471	101	196	191	41
성별	남성	651	389	37	89	125	11
	여성	349	82	64	107	66	30
연령별	10대	81	43	20	11	5	2
	20대	293	124	31	87	46	5
	30대	318	167	21	32	92	6
	40대	122	52	11	19	31	9
	50대	98	38	14	20	14	12
	60대 이상	88	47	4	27	3	7

39 다음 중 연봉이 가장 중요하다고 생각하는 응답자 비율이 가장 높은 연령대는?

① 20대
② 30대
③ 40대
④ 50대

40 10대 중에서 적성이 가장 중요하다고 생각하는 응답자 비율은 30대 중에서 적성이 가장 중요하다고 생각하는 응답자 비율의 약 몇 배인가?

① 2배
② 3배
③ 4배
④ 5배

추리능력검사

※ 다음 나열된 숫자들의 규칙을 찾아 빈칸에 들어갈 알맞은 것을 고르시오. [1~10]

01

2 5 8 11 ( )

① 14 ② 16
③ 18 ④ 20

02

120 30 60 15 ( )

① 20 ② 25
③ 30 ④ 35

03

4 12 6 14 7 ( )

① 15 ② 16
③ 17 ④ 18

04

8 24 21 7 10 30 27 ( )

① 5 ② 9
③ 13 ④ 17

05

729 243 81 27 9 ( ) 1

① 1
② 3
③ 5
④ 7

06

16 8 15 10 12 14 ( )

① 5
② 7
③ 9
④ 11

07

1 ( ) 5 2 9 4 13 8 17

① 1
② 7
③ 11
④ 30

08

7 12 22 42 ( ) 162

① 82
② 102
③ 112
④ 122

09

3 5 9 15 25 ( )

① 40
② 41
③ 42
④ 43

10

63　47　36　29　25　23　(　)

① 21　② 22
③ 23　④ 24

※ 다음 나열된 문자들의 규칙을 찾아 빈칸에 들어갈 알맞은 것을 고르시오. [11~17]

11

A　B　D　H　P　(　)

① C　② D
③ E　④ F

12

D　L　H　X　(　)

① Q　② T
③ W　④ Z

13

Y　E　T　D　(　)

① M　② N
③ O　④ P

14

ㄴ　ㅁ　ㅈ　ㅌ　ㄴ　(　)

① ㄷ　② ㄹ
③ ㅁ　④ ㅂ

15

ㄷ ㅅ ㅂ ㅊ ㅈ ( )

① ㅋ
② ㅌ
③ ㅍ
④ ㅎ

16

ㄷ ㄹ ㅇ ㅁ ㅂ ㅌ ( )

① ㅁ
② ㅅ
③ ㅈ
④ ㅌ

17

ㅊ ㅍ ㅇ ㅋ ㅂ ㅈ ( )

① ㄹ
② ㅅ
③ ㅌ
④ ㅎ

※ 다음 중 나머지 셋과 규칙이 다른 하나를 고르시오. [18~20]

18
① 9 7 5 3
② X L F C
③ ㅎ ㅌ ㅊ ㅇ
④ ㅡ ㅜ ㅗ ㅓ

19
① 파 차 사 라
② H K N Q
③ 3 6 9 12
④ 아 여 우 이

20
① ㄴ ㄹ ㅂ ㅇ
② 2 4 8 16
③ ㅏ ㅓ ㅗ ㅜ
④ E G I K

21 **다음과 같은 명제가 있을 때 확실하게 말할 수 있는 것은?**

- 부지런한 사람은 지각하지 않는다.
- 정직한 사람은 모두가 좋아한다.
- 지각하지 않는 사람은 모두가 좋아한다.

① 부지런한 사람은 모두가 좋아한다.
② 정직한 사람은 부지런한 사람이다.
③ 모두가 좋아하는 사람은 부지런한 사람이다.
④ 지각하지 않는 사람은 정직한 사람이다.

22 **다음 지문으로부터 추론한 내용으로 적절하지 않은 것은?**

- 사냥개는 청각이 약하거나 탁월한 후각이 없다면 주인의 사랑을 받지 못한다.
- 충성심이 부족한 개도 주인의 사랑을 받지 못한다.
- 그 사냥개는 주인의 사랑을 받고 있었다.

① 그 사냥개는 청각이 약하지 않다.
② 그 사냥개는 충성심이 부족하지 않다.
③ 주인의 사랑을 받지 못한 사냥개는 청각이 약하다.
④ 충성심이 강해도 청각이 약하면 주인의 사랑을 받을 수 없다.

23 **수정, 예지, 현호, 고운은 각자 준비한 선물을 한 바구니에 넣고 마음에 드는 선물을 한 개씩 가져갔다. 선물은 인형, 향수, 책, 반지이고, 자신이 준비한 선물을 가져간 사람은 없다고 할 때, 현호가 가져간 선물은?**

㉠ 예지가 준비한 선물은 고운이 가져갔다.
㉡ 현호는 반지를 준비했다.
㉢ 인형을 준비한 사람은 향수를 가져갔다.
㉣ 고운이가 준비한 선물은 책이 아니고, 가져간 선물은 인형이다.

① 인형 ② 향수
③ 책 ④ 반지

24 **출판사, 인쇄소, 홍보 대행사, 편의점, 안경점, 식당이 6층 건물을 사용하고 있다. 다음 〈조건〉에 따라 한 층에 한 개 업소만 있다면, 인쇄소가 3층에 있을 때 다음 중 반드시 참인 것은 무엇인가?**

조건
- 출판사, 인쇄소, 식당은 같은 층 간격을 갖는다.
- 홍보 대행사와 안경점은 인접할 수 없고, 안경점은 홍보 대행사보다 위층에 있다.
- 출판사는 5층이다.

① 식당은 1층이다.
② 안경점은 6층이다.
③ 편의점은 4층이다.
④ 홍보 대행사는 2층이다.

※ 다음 제시된 전제를 미루어 각 문항의 진위를 판단하시오. [25~26]

- 공공의식이 투철한 사람은 경찰관이 될 수 있는 사람이다.
- 준법정신이 없는 사람은 경찰관이 될 수 없는 사람이다.
- 봉사정신이 강한 사람은 준법정신이 있는 사람이다.

25 준법정신이 없는 사람은 공공의식이 투철하지 않은 사람이다.

① 참　② 거짓　③ 알 수 없음

26 공공의식이 투철한 사람은 봉사정신이 강한 사람이다.

① 참　② 거짓　③ 알 수 없음

※ 7명의 사람(지혜, 수진, 혜영, 준수, 홍기, 지현, 혜진)이 최종 면접에 참가하였다. 면접을 하는 순서는 정해져 있지 않고 다음 〈조건〉에 맞게 면접을 진행한다. 혜진이의 순서가 다섯 번째였다면, 제시된 조건에 미루어 각 문항의 진위를 판단하시오. [27~28]

조건

㉠ 혜진이는 지혜보다 먼저 면접을 본다.
㉡ 지혜는 수진이보다 먼저 면접을 본다.
㉢ 혜영이가 첫 번째이면 홍기가 마지막으로 면접을 본다.
㉣ 수진이나 지현이가 마지막으로 면접을 보면 준수가 첫 번째로 면접을 본다.

27

준수가 첫 번째로 면접을 본다.

① 참 ② 거짓 ③ 알 수 없음

28

지현이는 세 번째로 면접을 본다.

① 참 ② 거짓 ③ 알 수 없음

※ 유리, 태연, 윤아, 티파니, 서현이가 다음 〈보기〉와 같은 순서로 일렬로 서 있다. 다음 물음에 답하시오. [29~30]

보기

㉠ 유리는 왼쪽에서 두 번째이다.
㉡ 윤아는 유리보다 오른쪽에 있다.
㉢ 티파니와 서현이는 이웃해 있다.

29

가장 왼쪽에 서 있는 사람은 태연이다.

① 참 ② 거짓 ③ 알 수 없음

30

윤아는 가장 오른쪽에 서 있다.

① 참 ② 거짓 ③ 알 수 없음

31 다음은 고정 도르래를 사용하여 무게가 10N인 물체를 들어 올리는 그림이다. 물체를 1m 높이까지 들어 올리려면 잡아 당겨야 하는 줄의 길이는?

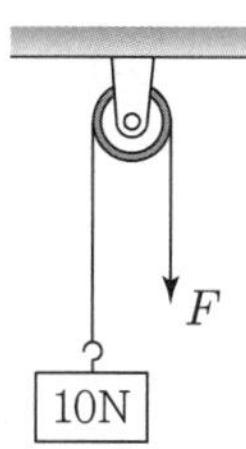

① 1m　　② 2m
③ 3m　　④ 4m

32 다음 그림과 같이 등속 원운동을 하는 물체에 작용하는 구심력의 방향은?

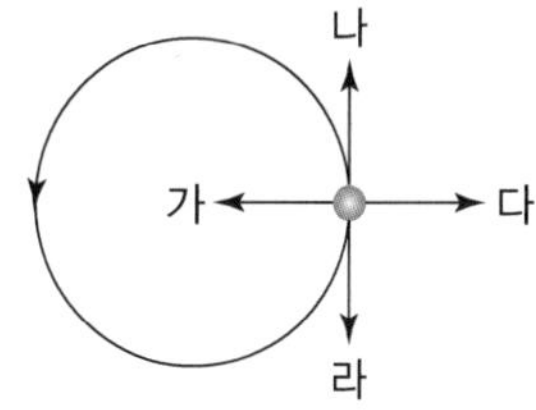

① 가　　② 나
③ 다　　④ 라

33 다음 그림은 마찰이 없는 수평면에서 크기가 다른 두 힘이 한 물체에 작용하고 있는 것을 나타낸 것이다. 이 물체의 가속도 크기는?

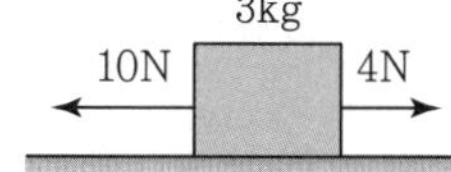

① $2m/s^2$　　② $3m/s^2$
③ $4m/s^2$　　④ $5m/s^2$

34 다음 진자가 A에서 B로 움직일 때 감소하는 것은 무엇인가?

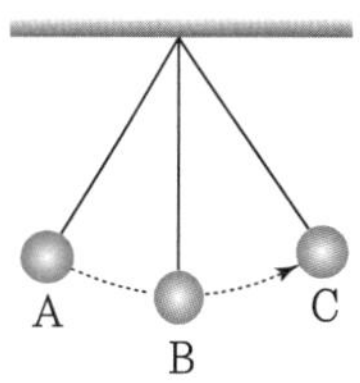

① 위치 에너지　　② 운동 에너지
③ 역학적 에너지　　④ 감소하는 것이 없다.

35 그림과 같이 1.5V인 전지 2개를 직렬로 연결하여 전기 저항이 2Ω인 꼬마전구에 연결하였다면 전류의 세기는?

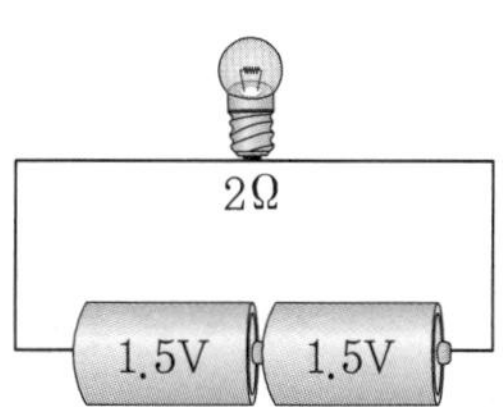

① 1A　　② 1.5A
③ 2A　　④ 2.5A

36 **다음 중 중화 반응과 관련이 먼 것은?**

① 벌에 쏘였을 때 묽은 암모니아수를 바른다.
② 위산이 많이 분비되어 속이 쓰릴 때 제산제를 복용한다.
③ 생선의 비린내를 없애기 위해 생선회에 레몬즙을 뿌려 준다.
④ 신 김치를 알루미늄 호일에 싸서 오래 두면 호일에 구멍이 생긴다.

37 **비가 온 뒤에 하늘을 보면 무지개가 보이는 것과 관계있는 것은?**

① 빛의 굴절
② 빛의 반사
③ 빛의 합성
④ 빛의 분산

38 **반응 속도에 영향을 미치는 요인 중 다음 〈보기〉의 내용과 가장 관계가 깊은 것은?**

보기
- 다이아몬드는 공기 중에서는 연소되지 않지만 액체 산소 속에서는 연소된다.
- 옛날 대장간에서는 숯화로에 풀무질을 하여 공기를 공급하면 높은 온도를 얻을 수 있었다.

① 농도
② 온도
③ 촉매
④ 표면적

39 **지구 온난화에 따른 환경 변화로 옳지 않은 것은?**

① 해수면의 상승
② 사막 지역의 확대
③ 빙하의 두께 증가
④ 이상 기상 현상의 발생

40 **대기권 중 올라갈수록 온도가 낮아져 대류 현상이 나타나며 대기권 내에서 가장 낮은 온도가 존재하는 곳은?**

① 열권
② 대류권
③ 중간권
④ 성층권

지각능력검사

※ 다음 좌 · 우의 문자나 기호, 숫자를 비교하여 같으면 ①, 다르면 ②를 고르시오. [1~5]

01

일일월말업무보고업무	일월월말업무보고업무

① ②

02

⇦⇧⇨⇧⇦⇧⇩⇦	⇦⇧⇨⇧⇦⇩⇧⇦

① ②

03

ㅥㅦㅧㅦㅧㅦㅥㅧ	ㅥㅦㅧㅦㅧㅦㅥㅧ

① ②

04

ほこりをもってあるくよ	ほこりをもっておるくよ

① ②

05

whatmusicwillyou	whatmusicwiliyou

① ②

※ 다음 중 나머지 셋과 다른 하나를 고르시오. [6~7]

06 ① まぶしいそんざいさ ② まぶしいそんざいさ
③ まぶしいそんさいさ ④ まぶしいそんざいさ

07 ① heartmindandsoul ② heartmindandsoul
③ heartmindandsoul ④ heartmindendsoul

08 다음 중 제시된 문자와 완전히 같은 것은?

빛의별들의향연

① 빛의별들의향연 ② 빛의별들의항연
③ 빛의별들의향연 ④ 빛의볕들의향연

09 다음 중 제시된 기호와 다른 것은?

♪ ♩ ♪ ♩ ♪ ♬ ♩ ♪

① ♪ ♩ ♪ ♩ ♪ ♬ ♩ ♪ ② ♪ ♩ ♪ ♩ ♪ ♬ ♩ ♪
③ ♪ ♩ ♪ ♩ ♪ ♬ ♩ ♪ ④ ♪ ♩ ♪ ♪ ♩ ♬ ♩ ♪

10 다음 좌·우의 기호를 서로 비교했을 때, 다른 것을 고르면?

① ↗↙↖↘↗↖ – ↗↙↖↘↗↖
② △■□■△□ – △■□■△□
③ ℃Å€Å¥℉ – ℃Å€Å¥℉
④ pm.㏇ⓚ㈜♭™ – pm,㏇ⓚ㈜♭™

※ 다음을 참고하여 제시된 문자가 어느 범주에 포함되는지 고르시오. [11~12]

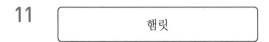

범 주	①	②	③	④
구분 기준	삭~청	티~홍	가~당	방~여

11 햄릿

12 은하수

※ 다음 표에 있는 정보를 참고하여 주어진 숫자가 어느 범주에 포함되는지 찾으시오. [13~15]

범 주	①	②	③	④
구분 기준	1277 ~ 1340	5500 ~ 5732	7399 ~ 7512	8677 ~ 9211
	3772 ~ 3811	2623 ~ 2718	6023 ~ 6216	4342 ~ 4369

13 7485

14 3790

15 2691

16 다음 그림에서 색칠된 블록의 밑면과 윗면에 맞닿은 블록의 개수는 몇 개인가?

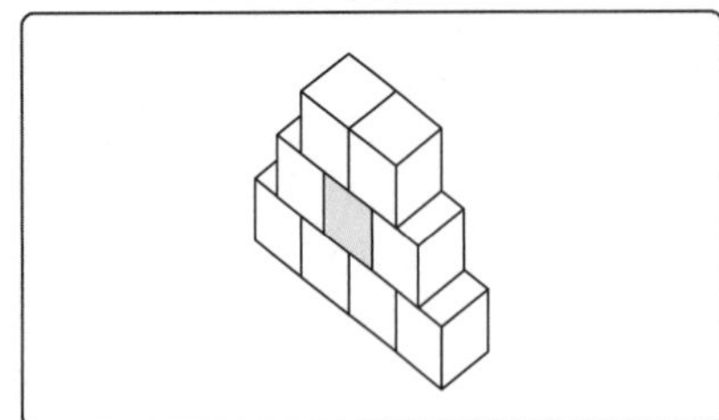

① 2개 ② 3개
③ 4개 ④ 5개

17 다음 그림에서 블록을 쌓아 정육면체를 만들기 위해 추가로 필요한 블록의 개수는?

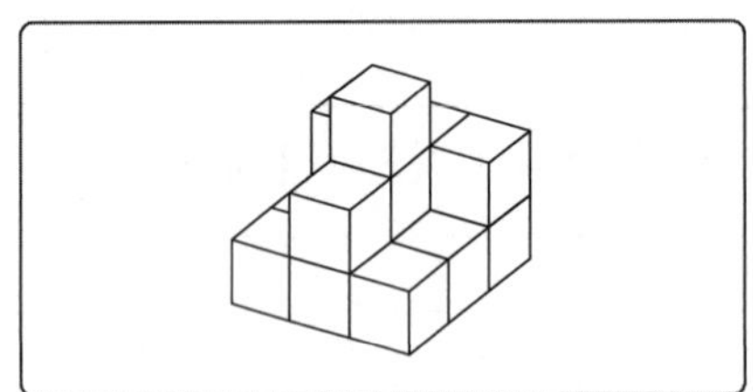

① 11개 ② 12개
③ 13개 ④ 14개

18 다음 그림에서 블록을 쌓아 직육면체를 만들려면 몇 개의 블록이 추가로 더 필요한가?

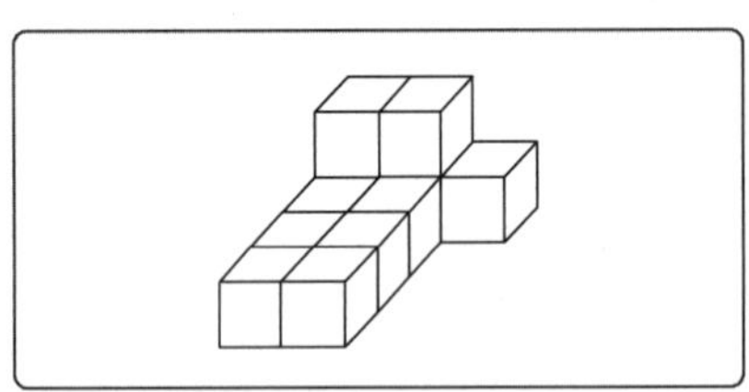

① 11개 ② 12개
③ 13개 ④ 14개

19 **어느 방향에서도 보이지 않는 블록의 개수는 몇 개인가?**

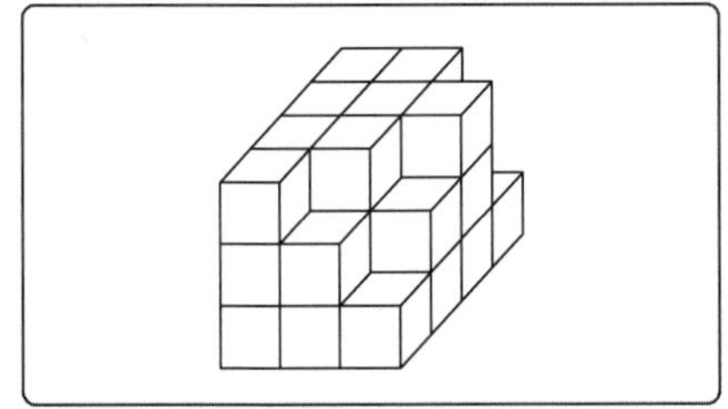

① 1개 ② 2개
③ 3개 ④ 4개

※ 다음 그림을 보고 물음에 답하시오. [20~23]

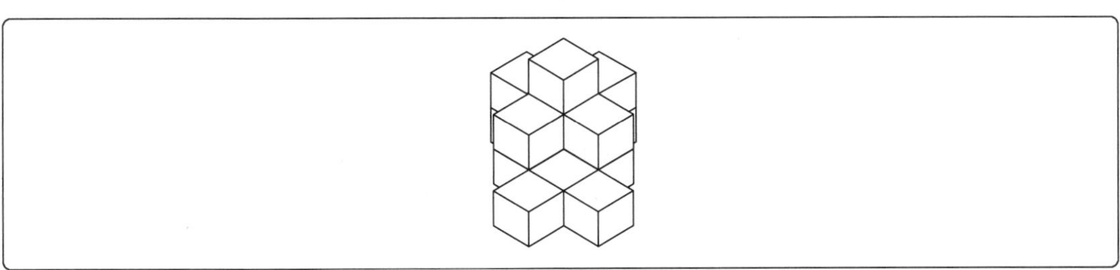

20 **그림에서 쓰인 블록의 개수는 몇 개인가?**

① 11개 ② 12개
③ 13개 ④ 14개

21 **블록을 쌓아 직육면체를 만들려면 몇 개의 블록이 추가로 더 필요한가?**

① 31개 ② 32개
③ 33개 ④ 34개

22 **밑면을 빼고 페인트칠을 할 때 1개의 면만 칠해지는 블록의 개수는 몇 개인가?** (단, 한 면 전체를 칠할 수 없는 면은 제외한다)

① 1개 ② 2개
③ 3개 ④ 4개

23 위에서 봤을 때, 보이는 블록의 개수는 몇 개인가?

① 7개 ② 8개
③ 9개 ④ 10개

※ 다음 그림을 보고 물음에 답하시오. [24~27]

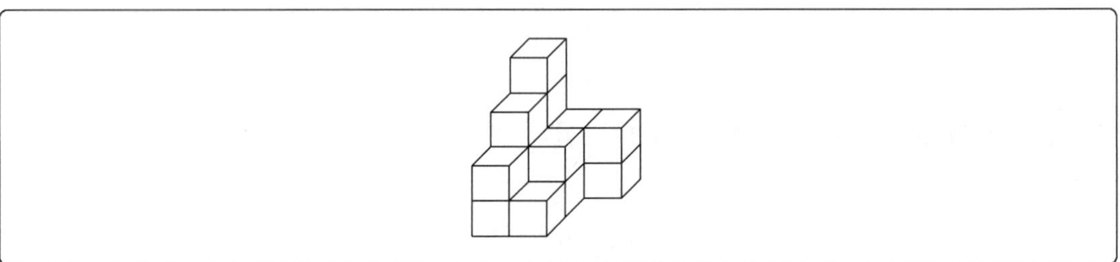

24 그림에서 쓰인 블록의 개수는 몇 개인가?

① 13개 ② 14개
③ 15개 ④ 16개

25 블록을 쌓아 정육면체를 만들려면 몇 개의 블록이 추가로 더 필요한가?

① 44개 ② 46개
③ 48개 ④ 50개

26 그림에서 보이지 않는 블록의 개수는 몇 개인가?

① 3개 ② 4개
③ 5개 ④ 6개

27 위에서 봤을 때, 보이는 블록의 개수는 몇 개인가?

① 4개 ② 5개
③ 7개 ④ 8개

※ 다음 제시된 도형이나 그림과 같은 것을 고르시오. [28~30]

28

① 

② 

③ 

④ 

29

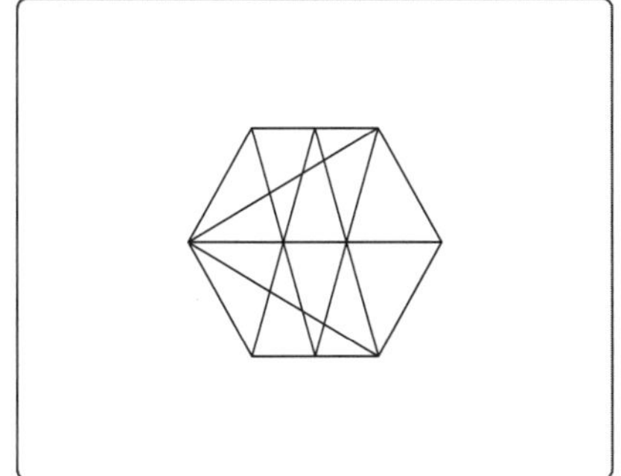

① 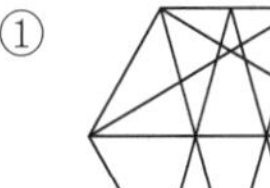

② 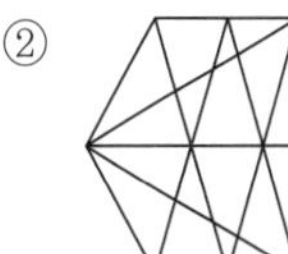

③ 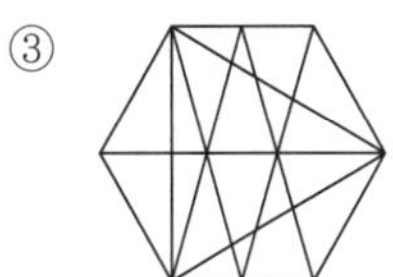

④ 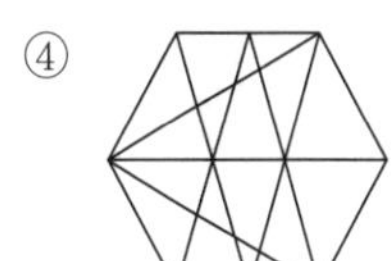

30

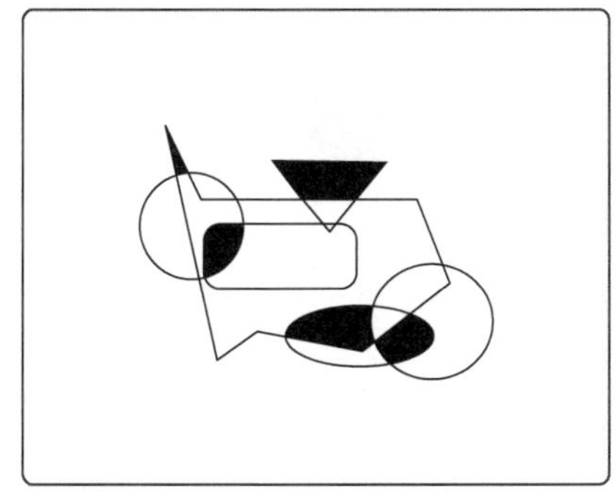

①  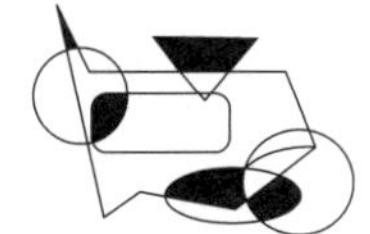

②  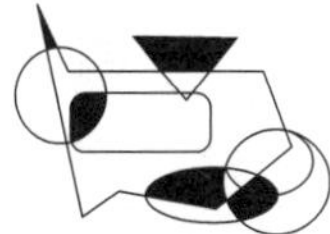

③ 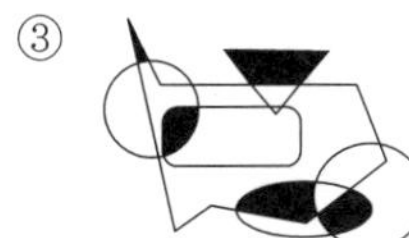

④ 

※ 다음 중 나머지 셋과 다른 하나를 고르시오. [31~35]

31 ① 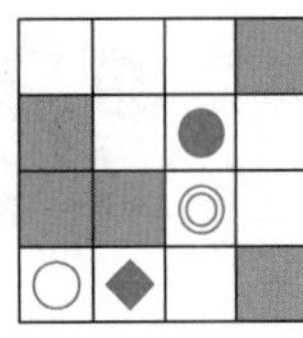 ② 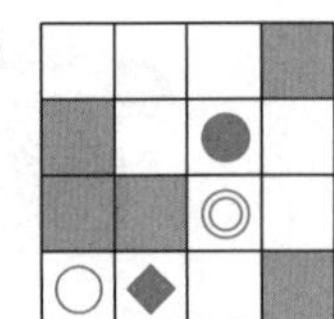 ③ 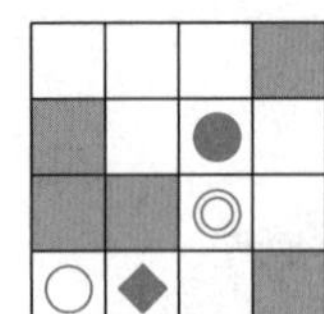 ④ 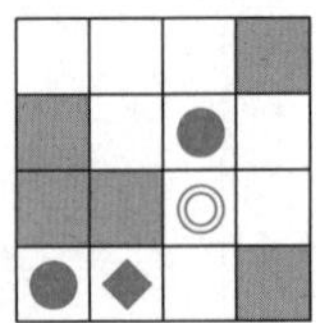

32 ① 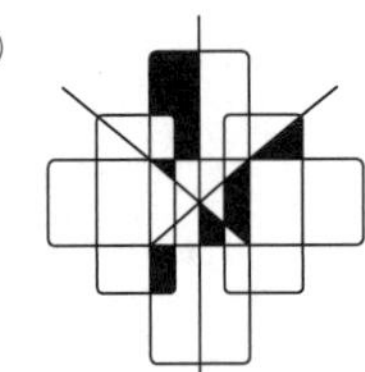 ② 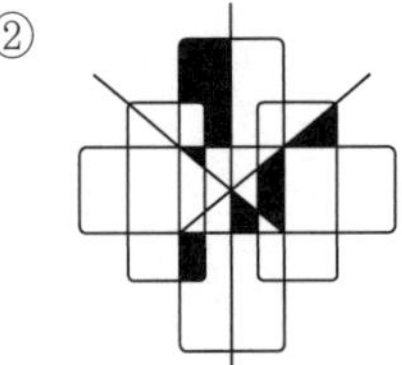 ③ 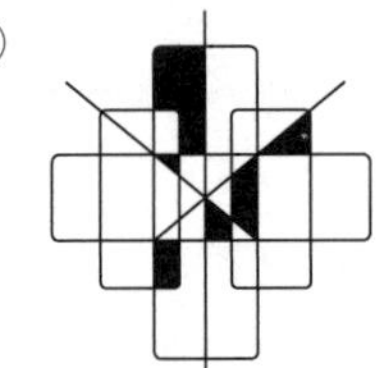 ④ 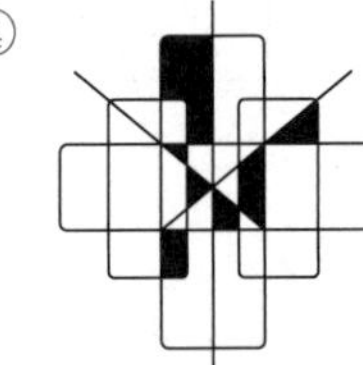

33 ①  ② 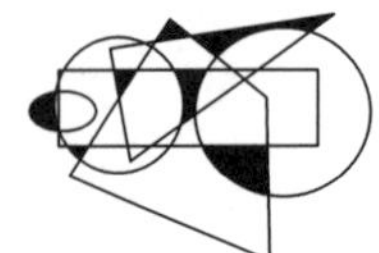 ③ 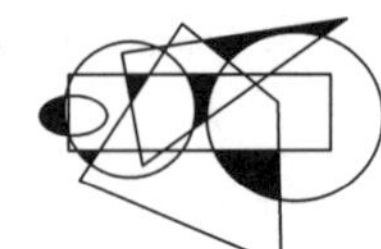 ④ 

34 ① 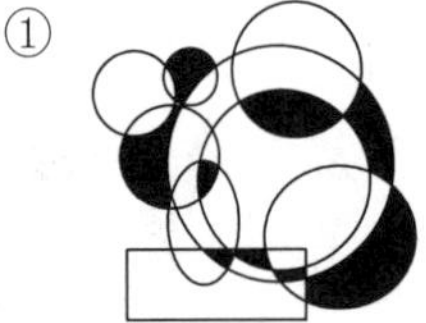 ②  ③  ④ 

35 ①  ②  ③  ④ 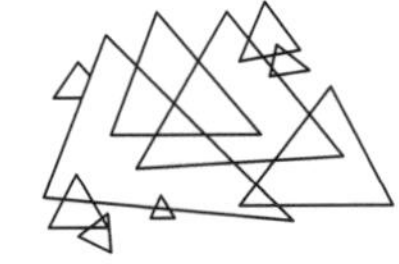

※ 다음 조각들을 완성된 그림이 되도록 순서대로 배열한 것을 고르시오. [36~40]

36

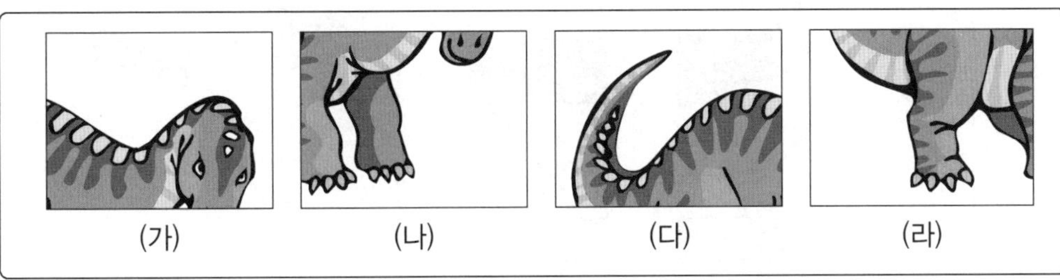

(가) (나) (다) (라)

① (가) – (나)
 | |
 (다) – (라)

② (나) – (가)
 | |
 (라) – (다)

③ (다) – (가)
 | |
 (라) – (나)

④ (라) – (다)
 | |
 (가) – (나)

37

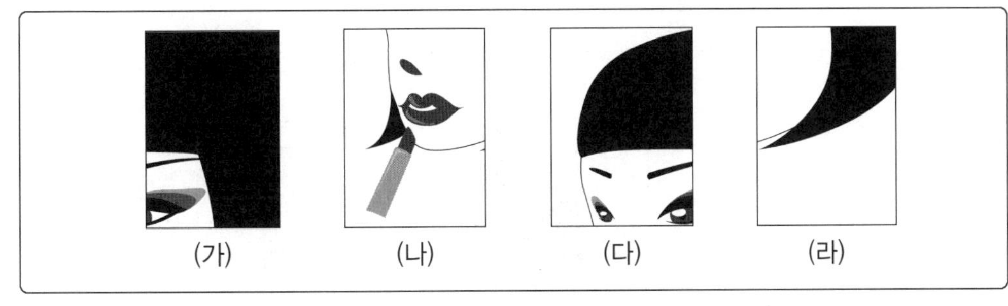

(가) (나) (다) (라)

① (다) – (가)
 | |
 (나) – (라)

② (라) – (가)
 | |
 (나) – (다)

③ (다) – (가)
 | |
 (라) – (나)

④ (라) – (다)
 | |
 (가) – (나)

38

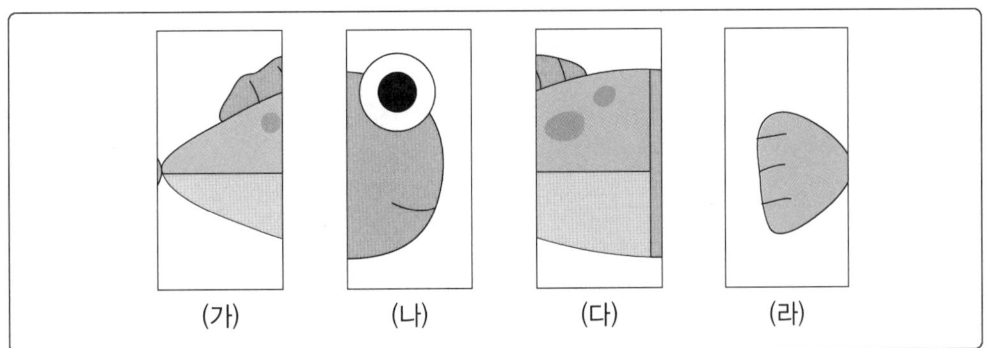

(가) (나) (다) (라)

① (나) – (다) – (가) – (라)
② (라) – (다) – (가) – (나)
③ (나) – (가) – (다) – (라)
④ (라) – (가) – (다) – (나)

39

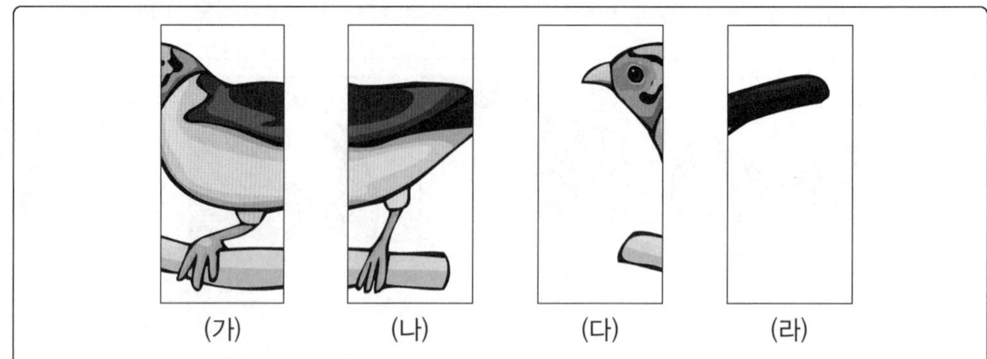

① (가) – (나) – (다) – (라)
② (나) – (라) – (가) – (다)
③ (다) – (가) – (나) – (라)
④ (다) – (나) – (가) – (라)

40

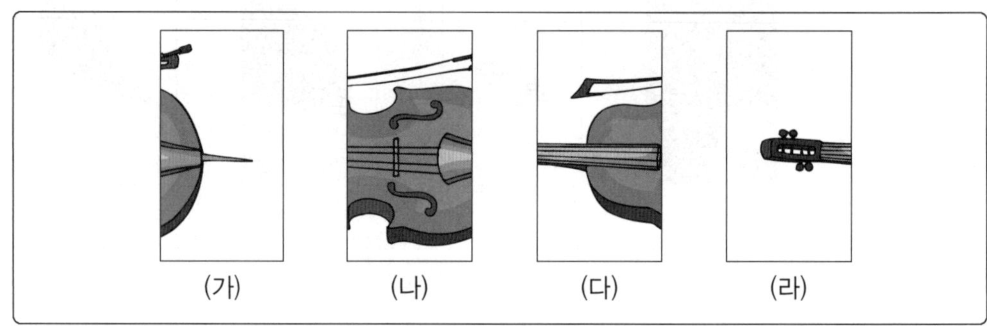

① (가) – (나) – (다) – (라)
② (다) – (나) – (라) – (가)
③ (라) – (다) – (가) – (나)
④ (라) – (다) – (나) – (가)

제1회 》 정답 및 해설

01 수리능력검사

정답 및 해설

01. ②	02. ④	03. ②	04. ③	05. ①	06. ④	07. ②
08. ④	09. ③	10. ①	11. ③	12. ②	13. ④	14. ④
15. ①	16. ③	17. ④	18. ②	19. ③	20. ④	21. ①
22. ②	23. ②	24. ②	25. ①	26. ④	27. ①	28. ③
29. ①	30. ③	31. ④	32. ②	33. ④	34. ②	35. ②
36. ③	37. ②	38. ③	39. ②	40. ①		

01 $82-29\times4=82-116=-34$

02 $96\div0.4-163=240-163=77$

03 $162.4+11\times1.1=162.4+12.1=174.5$

04 $0.37\times6-0.92=2.22-0.92=1.3$

05 $\frac{6}{7}+\frac{7}{3}\div\frac{4}{3}-\frac{1}{2}=\frac{6}{7}+\frac{7}{3}\times\frac{3}{4}-\frac{1}{2}$
$=\frac{6}{7}+\frac{7}{4}-\frac{1}{2}$
$=\frac{24}{28}+\frac{49}{28}-\frac{14}{28}=\frac{59}{28}$

06 $\frac{9}{5}\times4+6\div\frac{10}{7}=\frac{36}{5}+\frac{42}{10}$
$=\frac{36}{5}+\frac{21}{5}=\frac{57}{5}$

07 $2^6\times3^2-500=64\times9-500$
$=576-500=76$

08 $(3^4-7^2)\div2=(81-49)\div2$
$=32\div2=16$

09 $\sqrt{\frac{3}{20}+0.21}=\sqrt{\frac{15+21}{100}}=\sqrt{\frac{36}{100}}=\frac{6}{10}$

10 $(1{,}614+434)\div64=2048\div64$
$=2^{11}\div2^6=2^5=32$

11 $250\times0.462=115.5$

12 $1{,}360\times0.306=416.16$

13 $512\times0.125=2^9\times\frac{1}{2^3}=2^6=64$

14 $\frac{22}{80}=\frac{11\times25}{40\times25}=\frac{275}{1000}=0.275$

15 $8\text{km}\times0.328=2.624\text{km}=2{,}624\text{m}$

16 ③ $\frac{7}{9}=\frac{14}{18}=\frac{9+5}{13+5}>\frac{9}{13}$,
$\frac{7}{9}=\frac{9-2}{11-2}<\frac{9}{11}$
① $\frac{6}{7}=\frac{12}{14}=\frac{9+3}{11+3}>\frac{9}{11}$
② $\frac{7}{8}=\frac{14}{16}=\frac{9+5}{11+5}>\frac{9}{11}$
④ $\frac{13}{15}=\frac{9+4}{11+4}>\frac{9}{11}$

17 ④ $1.3=\frac{52}{40}<\frac{59}{40}<\frac{60}{40}=1.5$
① $\frac{23}{15}=\frac{46}{30}>\frac{45}{30}=1.5$
② $\frac{35}{21}=\frac{5}{3}=\frac{50}{30}>\frac{45}{30}=1.5$
③ $\frac{38}{30}<\frac{39}{30}=1.3$

18 $\frac{3}{7}=\frac{33}{77}$, $\frac{5}{11}=\frac{35}{77}$
$\frac{3}{7}<\frac{5}{11}$

19 $7◎13=\dfrac{7^2+13}{2}$

$=\dfrac{49+13}{2}$

$=\dfrac{62}{2}=31$

20 $6◎4□9=2(\dfrac{6^2+4}{2})+9$

$=36+4+9=49$

21 건전지 1개로 작동할 수 있는 시간$=\dfrac{6}{4}$시간

건전지 18개로 작동할 수 있는 시간$=18\times\dfrac{6}{4}$

$=27$시간

22 기계가 고장 나기 전 1시간 20분 동안의 생산량

$=90\times(1+\dfrac{1}{3})=120$(개)

기계가 고장 난 후 40분 동안의 생산량

$=90\times\dfrac{1}{2}\times\dfrac{2}{3}=30$(개)

총 생산량$=120+30=150$(개)

23 인부 1명이 1일에 벌목하는 숲의 범위$=\dfrac{1}{30}$

인부 5명이 절반의 숲을 벌목하는 데 걸리는 시간 :

$\dfrac{5}{30}\times x=\dfrac{1}{2}$, $x=3$(일)

2명이 줄어든 3명의 인부가 나머지 절반의 숲을 벌목하는 데 걸리는 시간 :

$\dfrac{3}{30}\times y=\dfrac{1}{2}$, $y=5$(일)

숲을 모두 벌목하는 데 걸리는 시간

$=x+y=8$(일)

24 형의 나이 : $x+4$, 동생의 나이 : x

5년 전 형제의 나이는

$x-1$, $x-5$

형의 나이가 동생의 2배이므로

$x-1=2(x-5)$

$x=9$

25 코스 길이는 안전요원 배치 간격으로 나누어떨어진다.

$20\text{km}\div0.5\text{km}=40$

간격마다 안전요원을 배치한다면 그 수는 $40+1$이 되나, 양 끝에는 안전요원을 배치하지 않으므로

$41-2=39$(명)

39명이 필요하다.

26

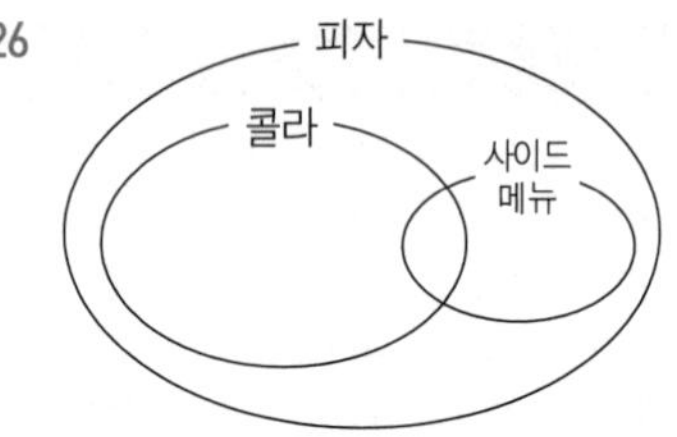

콜라 또는 사이드 메뉴 중 하나와 세트로 팔린 피자는 둘의 합에서 교집합 부분을 제외하여 구한다.

(콜라 ∪ 사이드 메뉴)

=(콜라)+(사이드 메뉴)−(콜라 ∩ 사이드 메뉴)

$=76+24-18=82$

따라서 피자만 단독으로 판매된 수는

$100-82=18$(판)이다.

27 둘이 동시에 출발하였고 B는 A보다 10분 동안 한 바퀴, 200m를 더 돌았다. 따라서 B는 A보다 1분당 20m를 앞서 나가야 하므로 분당 520m를 돌아야 한다.

28 전체 저시력자 학생 중 콘택트렌즈 착용 경험이 있는 남학생의 비율 :

$60\%\times20\%=12\%$

전체 저시력자 학생 중 콘택트렌즈 착용 경험이 있는 여학생의 비율 :

$40\%\times70\%=28\%$

전체 저시력자 학생 중 콘택트렌즈 착용 경험이 있는 학생의 비율 :

$12\%+28\%=40\%$

29 12면체 주사위 중 10 이상인 눈은 10, 11, 12로 10 이상의 눈이 나올 확률은 $\dfrac{3}{12}=\dfrac{1}{4}$이다.

주사위를 두 번 굴리는 것은 독립시행이므로 구하는 답은

$\dfrac{1}{4}\times\dfrac{1}{4}=\dfrac{1}{16}$

30 월요일에 아침을 거를 확률 : $\frac{1}{4}$

화요일에 아침을 거르고 수요일에는 아침을 먹을 확률 :

$\frac{1}{4} \times \frac{3}{4} = \frac{3}{16}$

화요일에는 아침을 먹고 수요일에는 아침을 거를 확률 :

$\frac{3}{4} \times \frac{1}{4} = \frac{3}{16}$

따라서 화요일과 수요일 중 하루만 아침을 거를 확률은,

$\frac{3}{16} + \frac{3}{16} = \frac{3}{8}$

월요일에 아침을 거르고 화요일과 수요일 중 하루만 아침을 거를 확률은

$\frac{1}{4} \times \frac{3}{8} = \frac{3}{32}$

31 ④ ~29세 : D(4.6) > A(4.3) > B(3.1) > C(2.7)
30대 : D(4.3) > A(3.9) > B(3.8) > C(2.5)
40대 : D(4.7) > B(3.6) > A(3.4) > C(2.9)
50대 : B(4.3) > D(4.1) > A(3.4) > C(3.2)
60대 이상 : D(4.2) > B(4.0) > A(2.7) > C(2.6)

① 50대에서는 D(4.1)보다 B(4.3)의 만족도가 더 높다.
② A는 50대(3.4)보다 ~29세(4.3), 30대(3.9)에서 부여한 만족도가 더 높다.
③ B의 30대(3.8) 만족도보다 40대(3.6) 만족도가 떨어졌으므로 옳지 않다.

32 ② 객실 : 만족 55, 불만족 20
식사 : 만족 45, 불만족 30
부대시설 : 만족 27, 불만족 48
친절도 : 만족 56, 불만족 19
하반기 기준 부대시설만이 만족의견에 비해 불만족 의견이 많다.

① 친절도는 불만족하는 의견이 늘어나고 만족하는 의견이 줄어들었다.
③ 부대시설은 만족 21, 불만족 54로 만족하는 의견이 50%를 넘지 못한다.
④ 객실의 만족의견(55)보다 친절도의 만족의견(56)이 더 많다.

33

구분	서울/경기	충청	경상	전라	강원/제주
1회	108명	54명	51명	42명	45명
2회	188명	48명	64명	84명	16명
3회	205명	100명	110명	40명	45명

매회 참가자가 늘어나는 지역은 서울/경기와 경상이다.

34 충청 202명, 경상 225명, 전라 166명으로 경상이 서울/경기 다음으로 참가자가 많다.
비율로 비교해도 경상이 가장 참가자가 많은 3회 비율이 높은 가운데 그 합도 크므로 계산 없이 판단할 수도 있다.

35 서울/경기의 3회까지 참가자 수는 501명이다. 600명을 초과하기 위해서는 100명이 필요하며 500명 중 100명은 20%이다.

36 충남(87 → 65)이 22로 가장 적게 감소했다.

37 ② 충남과 세종에서 측정된 미세먼지 농도가 계속 감소하고 있다.
① 2019년 11월 미세먼지 농도가 82로 가장 높은 인천은 2020년 5월의 미세먼지 농도가 42이지만 바로 아래 칸의 광주의 데이터는 2019년 11월이 116으로 더 높음에도 2020년 5월 41로 더 낮다.
③ 2020년 1월보다 3월에 미세먼지 농도가 증가한 곳은 한 곳도 없다.
④ 전남의 감소폭(120 → 24) 96보다 제주의 감소폭(164 → 25) 139가 더 크다.

38

구분	2013년	2014년	2015년	2016년	2017년	2018년	2019년
전체 접수 건수	68	57	(46)	(43)	42	(31)	(38)
파손	48	36	32	29	23	21	20
밀봉 불량	6	9	4	3	7	2	4
수량 부족	4	3	0	3	2	1	2
이물질 혼입	6	5	6	4	5	4	6
변질	2	1	1	0	3	2	4
기타	2	3	3	4	2	1	2

2018년의 접수건수가 31건으로 가장 적다.

39 파손 접수가 전년대비 가장 크게 줄어든 해는 2014년이다.(12건 감소) 감소율은

$\frac{36-48}{48} = -\frac{1}{4}$

따라서 25%($=\frac{1}{4} \times 100\%$) 감소했다.

40 밀봉불량은 총 35건으로 이물질 혼입(36건)에 이어 세 번째로 빈번한 불량 접수 사유이다.

02 추리능력검사

정답 및 해설

01. ③	02. ②	03. ④	04. ①	05. ②	06. ①	07. ③
08. ①	09. ①	10. ③	11. ④	12. ②	13. ①	14. ④
15. ④	16. ②	17. ④	18. ①	19. ③	20. ①	21. ③
22. ④	23. ④	24. ①	25. ③	26. ②	27. ①	28. ②
29. ①	30. ①	31. ①	32. ①	33. ②	34. ①	35. ②
36. ④	37. ②	38. ④	39. ③	40. ④		

01 3 2 6 5 15 14 (42)

−1 ×3 −1 ×3 −1 ×3

02 4 6 9 13 (18) 24 31

+2 +3 +4 +5 +6 +7

03 1 −2 −2 4 −8 −32 (256)

$-2 = (-2)\times 1$

$4 = (-2)\times(-2)$

$-8 = 4\times(-2)$

$-32 = (-8)\times 4$

$256 = -32\times -8$

주어진 수는 앞의 두 수를 더하여 나온 결과이다.

04 $127 \quad 31 \quad 7 \quad 1 \quad -\frac{1}{2} \quad (-\frac{7}{8}) \quad -\frac{31}{32}$

$127 = 2^7-1$

$31 = 2^5-1$

$7 = 2^3-1$

$1 = 2^1-1$

$-\frac{1}{2} = 2^{-1}-1 = \frac{1}{2}-1$

$-\frac{7}{8} = 2^{-3}-1 = \frac{1}{8}-1$

$-\frac{31}{32} = 2^{-5}-1 = \frac{1}{32}-1$

05 $\frac{14}{3} \quad \frac{15}{18} \quad \frac{17}{9} \quad (\frac{21}{54}) \quad \frac{29}{27} \quad \frac{45}{162} \quad \frac{77}{81}$

$15 = 14+1,\ 18 = 3\times 6$

$17 = 15+2,\ 9 = 18\div 3$

$21 = 17+4,\ 54 = 9\times 6$

$29 = 21+8,\ 27 = 54\div 2$

$45 = 29+16,\ 162 = 27\times 6$

$77 = 45+32,\ 81 = 162\div 2$

06 1 6 3 8 4 9 (4.5) 9.5

+5 ÷2 +5 ÷2 +5 ÷2 +5

07 16 8 64 16 (256) 32 1024

×2 ×2

×4 ×4 ×4

08 2 8 3 12 7 28 (23)

×4 −5 ×4 −5 ×4 −5

09 −4 6 2 8 10 18 (28)

$2 = -4+6$

$8 = 6+2$

$10 = 2+8$

$18 = 8+10$

$28 = 10+18$

주어진 수는 앞의 두 수를 더하여 나온 결과이다.

10 −9 6 −3 3 0 3 (3)

$-3 = -9+6$

$3 = 6-3$

$0 = -3+3$

$3 = 3+0$

$3 = 0+3$

주어진 수는 앞의 두 수를 더하여 나온 결과이다.

11 A C G E M G ( )

A = 1, C = 3, G = 7, E = 5, M = 13, G = 7

+2 +2

1 3 7 5 13 7 (19)

+6 +6 +6

19 = S

12 N S O R P ( ) Q

N = 14, S = 19, O = 15, R = 18, P = 16, Q = 17

14 19 15 18 16 (17) 17

+5 −4 +3 −2 +1 +0

17 = Q

13 ㅁ ㅊ ㄱ ㅂ ㅋ ( ) ㅅ

ㅁ = 5, ㅊ = 10, ㄱ = 1 or 15, ㅂ = 6 or 20, ㅋ = 11 or 25, ㅅ = 7 or 21 or 35

5　10　15　20　25　(30)　35

+5　+5　+5　+5　+5　+5

30 = ㄴ

14 ㄴ　ㄷ　ㅁ　ㅇ　(　)　ㅅ　ㅂ
ㄴ = 2, ㄷ = 3, ㅁ = 5, ㅇ = 8, ㅅ = 7 or 21,
ㅂ = 6 or 20 or 34
2　3　5　8　(13)　21　34
5 = 2+3
8 = 3+5
13 = 5+8
21 = 8+13
34 = 13+21
13 = ㅍ

15 ㄴ　ㅕ　ㅂ　ㅠ　ㅊ　ㅑ　(　)
ㄴ = 2, ㅕ = 4, ㅂ = 6, ㅠ = 8, ㅊ = 10,
ㅑ = 2 or 12
2　4　6　8　10　12　(14)
14 = ㅎ

16 1　D　3　F　5　(　)　7
D = 4, F = 6

+2　+2

1　4　3　6　5　(8)　7

+2　+2　+2

8 = H

17 ④ +2, +4, +2
①, ②, ③ +3, +3, +3

18 ① −1, −3, −3
②, ③, ④ −1, −2, −3

19 ③ +3, +1, +3
①, ②, ④ +4, +2, +4

20 ① +2, +2, +2, +1
②, ③, ④ +2, +2, +2, +2

21 인구가 적지 않은 곳은 평균기온이 낮지 않다.(두 번째 문장의 대우)
평균기온이 낮지 않은 곳은 북쪽지방이 아니다.(첫 번째 문장의 대우)
→ 인구가 적지 않은 곳은 북쪽지방이 아니다.

※ '북쪽'이나 '적다'의 역을 '남쪽'이나 '많다'라고 하는 것은 부정확하다.

22 콜라는 커피보다 저렴하다. : 콜라는 3,000원 미만
주스는 커피보다 500원 저렴하다. : 주스는 2,500원
주스는 사이다보다 비싸다. : 사이다는 2,500원 미만
① 사이다와 콜라는 아직 비교할 수 없다.
② 콜라는 3,000원보다 저렴하다.
③ 커피가 가장 비싸다.

23 A팀에 배정된 예산 : $\frac{5}{15}$

B팀에 배정된 예산 : $\frac{6}{15}$

C팀에 배정된 예산 : $1-(\frac{5}{15}+\frac{6}{15})=\frac{4}{15}$
=200만 원

따라서 A팀에는 250만 원, B팀에는 300만 원이 배정되었다.
① 총 예산은 750만 원이다.
② A팀은 C팀보다 50만 원 더 분배 받았다.
③ C팀은 B팀보다 100만 원 적게 분배 받았다.

24 빵집은 약국보다 아래층에 있으며, 약국은 병원의 아래층에 있다. 따라서 병원과 빵집 사이에는 반드시 약국이 있으므로 병원의 바로 아래층에 입점할 수는 없다.

25 카페는 병원이 확정된 가장 위층을 제외하고 어느 층에도 들어갈 수 있다. 따라서 약국과 매출을 비교할 수 없다.

26 한 조가 되어야 하는 B와 C, 1조에 들어가지 않는 D, 2조나 3조에 속하는 E를 제외하면 A와 1조를 구성할 수 있는 것은 F뿐이다. 따라서 F는 2조가 될 수 없다.

27 B와 C, D와 E가 각각 한 조를 이루지만 어느 조인지는 아직 알 수 없다. 따라서 한 명의 소속이 정해지면 나머지 인원들의 위치도 곧바로 확정된다.

28 첫 번째와 두 번째 수의 합이 4이므로 두 번째 자리 수는 4를 넘을 수 없다. 세 번째 자리 수에서 네 번째 자리 수를 빼면 음수가 되므로 세 번째 자리 수는 네 번째 자리 수보다 작다. 이때 세 번째 조건을 만족시키기 위해서는 두 번째 자리 수와 네 번째 자리 수의 합이 10을 넘어야 한다. 이 조건을 만족시키는 비밀번호는 다음과 같다.
· 1318, 1329, 2219
따라서 세 번째 자리 수는 4 이하가 될 수 있다.

29 위에서 알아낸 비밀번호 조합에는 5가 들어가지 않는다.

30 세 번째와 네 번째 자리 수가 확정된다면 전체 수도 확정된다.

31 다음과 같은 경우 등이 존재할 수 있다.

구분	프로젝트1	프로젝트2	프로젝트3
미국	2	1	1
러시아	2	1	–
중국	2	–	1
일본	–	1	1
계	6	3	3

32 다음과 같은 경우 등이 존재할 수 있다.

구분	프로젝트1	프로젝트2	프로젝트3
미국	–	2	2
러시아	2	1	–
중국	2	–	1
일본	1	–	1
계	5	3	4

33 총 프로젝트 인원이 12명이므로 4명씩 나뉘어야 한다.

구분	프로젝트1	프로젝트2	프로젝트3
미국	–	2	2
러시아	2	1	–
중국	2	–	1
일본	–	1	1
계	4	4	4

34 A : 재학생 가산점 10점, $47+10=57$점
B : 인원 가산점 20%, 재학생 가산점 10점, 인턴십 가산점 5점, $(31+10+5)\times 1.2=55.2$점
C : 인원 가산점 20%, $45\times 1.2=54$점

35 B와 C가 가산점을 받고 있으며 B가 최종점수가 더 높으므로 B만 확인한다.
$(31+10+5)\times 1.3=59.8$

36 일은 힘의 방향으로 이동할 때만 증가한다. 물체를 들고 걷는 경우, 힘의 방향과 이동방향이 수직이 되어 한 일의 크기가 0이 된다.

37 $I=\frac{V}{R}=\frac{9V}{3\Omega}=3A$

38 낙하하는 동안 위치 에너지는 운동 에너지로 전환되며 역학적 에너지는 보존된다.

39 A~B 구간 동안 고체, B~C 구간 동안 액체, C~D 구간 동안 기체이다. 따라서 액체가 기체로 변화하는 끓는점은 C이다.

40 지구 온난화는 온실기체들이 지구 복사를 흡수하여 지구의 온도를 상승시키는 현상이다.

03 지각능력검사

정답 및 해설

01. ①	02. ②	03. ②	04. ④	05. ③	06. ②	07. ④
08. ②	09. ②	10. ①	11. ④	12. ①	13. ③	14. ④
15. ③	16. ③	17. ①	18. ②	19. ④	20. ④	21. ③
22. ①	23. ②	24. ④	25. ②	26. ②	27. ③	28. ③
29. ③	30. ①	31. ③	32. ①	33. ②	34. ③	35. ②
36. ①	37. ④	38. ②	39. ①	40. ②		

02 775624891067 | 775624981067

03 ② 塞翁之鳥

04 ④ →⟷↑←↓↑→↑←↓

09 ②

10 ①

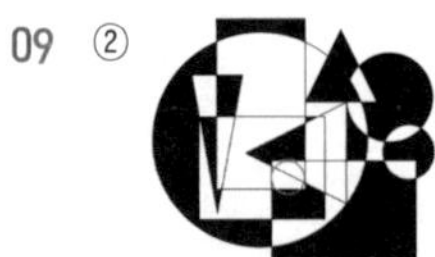

11 ④

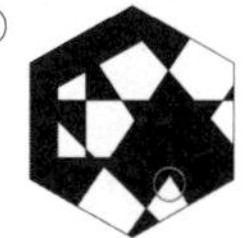

12 ①

13

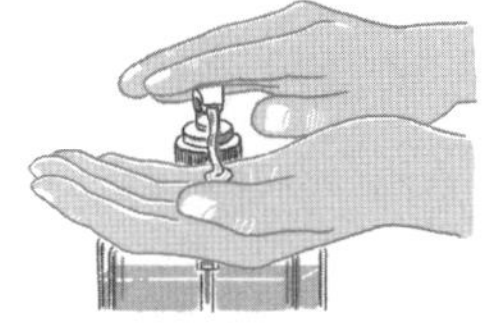

14

15

16 4단 : 1개, 3단 : 4개, 2단 : 6개, 1단 : 11개
따라서 1+4+6+11 = 22(개)이다.

17

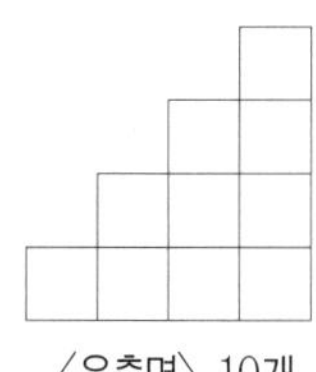

〈우측면〉 10개

18 만들어질 직육면체는 가로 5개, 세로 4개, 높이 4개의 형태이다.
직육면체를 구성할 블록은 5×4×4 = 80(개)이며 그중 22개가 이미 쌓인 상태이므로 58개가 더 필요하다.
필요한 블록을 좌측에서부터 세면,
1열 : 15개, 2열 : 9개, 3열 : 8개, 4열 : 12개, 5열 : 14개
15+9+8+12+14 = 58(개)이다.

19 4단 : 1개, 3단 : 3개, 2단 : 5개, 1단 : 21개
1+3+5+21 = 30(개)이다.

20 위에서 보이는 블록의 수는 1단의 블록의 수와 같다. 따라서 21개이다.

21 색칠된 블록과 맞닿은 블록은 왼쪽, 뒤쪽, 아래쪽에 각각 1개씩 총 3개이다.

22 블록의 개수를 앞쪽부터 순서대로 세면,
1열 : 1개, 2열 : 2개, 3열 : 4개, 4열 : 18개
1+2+4+18 = 25(개)이다.

23

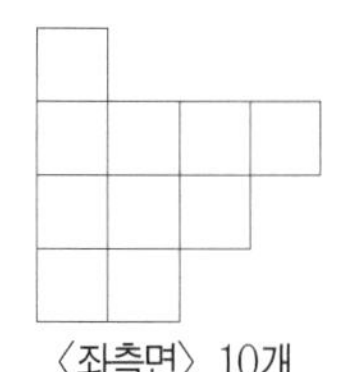

〈좌측면〉 10개

24 만들어질 직육면체는 가로 6개, 세로 4개, 높이 4개의 형태이다.
6×4×4 = 96(개)의 블록 중에서 25개가 이미 쌓인 상태이므로 71개의 블록을 더 쌓아야 한다.
필요한 블록을 좌측에서부터 세면
1열 : 9개, 2열 : 12개, 3열, 4열 : 13개, 5열 : 10개, 6열 : 14개
9+12+13+13+10+14 = 71(개)이다.

26 색칠된 블록과 맞닿은 블록은 위쪽, 왼쪽, 뒤쪽에 각각 1개씩 총 3개이다.

27 3단 : 4개, 2단 : 9개, 1단 : 17개
4+9+17 = 30개

28

〈정면〉 12개

29 색칠된 블록과 맞닿은 블록은 위쪽, 앞쪽, 뒤쪽, 아래쪽에 각각 1개씩 총 4개이다.

30 만들어질 직육면체는 가로 5개, 세로 5개, 높이 3개의 형태이다.
$5 \times 5 \times 3 = 75$(개)의 블록 중에서 30개가 이미 쌓인 상태이므로 45개의 블록을 더 쌓아야 한다.
필요한 블록을 윗단부터 세면,
3단 : 21개, 2단 : 16개, 1단 : 8개
$21+16+8 = 45$(개)이다.

31 장르는 '장편 소설'로 문학, 08에 해당한다.
제목은 〈혈의 누〉로 파~하, E에 해당한다.
저자는 '이인직'으로 사~자, c에 해당한다.
출간연도가 1906년이므로 분류번호는 08Ec1906이다.

32 장르는 '역사서'로 역사, 09에 해당한다.
제목은 〈한국통사〉로 파~하, E에 해당한다.
저자는 '박은식'으로 라~바, b에 해당한다.
출간연도가 1915년이므로 분류번호는 09Eb1915이다.

33 장르는 '국어사전'으로 언어, 07에 해당한다.
제목은 〈우리말 큰사전〉으로 사~자, C에 해당한다.
저자는 '조선어학회'로 사~자, c에 해당한다.
출간연도가 1947년이므로 분류번호는 07Cc1947이다.

34 가 → 개(라) → 갸 → … → 고 → 과(다) → 괘 → 교 → 구 → 궈 → 궤(가) → 귀(나) → …

35 자(가), (나) → 재(라) → … → 지 → 짜(다) → …
… → 닺 → 단(가) → 닻 → … → 달 → 닭(나) → …

36 … → M(가), (라) → O → P(나) → Q → R → S(다) → …
… → Mercu…(가) → … → Mercy(라) → …

37 ① 사람이나 사물의 겉모습, 또는 그 됨됨이
② 어떤 일이 벌어진 형편이나 국면
③ 드러나 보이는 사람의 겉모양

38 ① 매우 성하게 유행함
③ 순탄하지 아니하고 어수선하게 계속되는 여러 가지 어려움이나 시련
④ 사상, 작품, 학설 따위에 일관해서 흐르는 기본적인 경향이나 방향

39 ② 윤곽
③ 요소
④ 인자

40 ① 진출
③ 전망
④ 약진

제2회 》 정답 및 해설

01 수리능력검사

정답 및 해설

01. ②	02. ③	03. ②	04. ①	05. ②	06. ①	07. ④
08. ②	09. ①	10. ③	11. ③	12. ④	13. ③	14. ③
15. ③	16. ②	17. ④	18. ①	19. ②	20. ①	21. ④
22. ②	23. ②	24. ③	25. ③	26. ③	27. ④	28. ④
29. ②	30. ①	31. ②	32. ③	33. ②	34. ③	35. ③
36. ④	37. ①	38. ③	39. ②	40. ③		

01 $(312+519)\div3+23=831\div3+23$
$=277+23=300$

02 $832-13\times8=832-104=728$

03 $0.7\times0.45\div0.2=0.315\div0.2$
두 수에 1,000을 곱하여 계산하면
$315\div200=1.575$

04 $7.2-1.1\times2.7+5.09=7.2-2.97+5.09$
$=9.32$

05 $\frac{3}{5}+\frac{5}{6}-\frac{8}{15}=\frac{18+25-16}{30}=\frac{27}{30}=\frac{9}{10}$

06 $2\frac{2}{3}-\frac{5}{7}\times1\frac{3}{4}=\frac{8}{3}-\frac{5}{7}\times\frac{7}{4}=\frac{8}{3}-\frac{5}{4}$
$=\frac{32}{12}-\frac{15}{12}=\frac{17}{12}=1\frac{5}{12}$

07 $\frac{2}{3}-\left(-\frac{3}{5}\right)+\frac{1}{2}=\frac{2}{3}+\frac{3}{5}+\frac{1}{2}$
$=\frac{20}{30}+\frac{18}{30}+\frac{15}{30}=\frac{53}{30}$
$=1\frac{23}{30}$

08 $\frac{2}{3}\times\frac{5}{6}-\frac{1}{4}\times\frac{8}{9}=\frac{5}{9}-\frac{2}{9}=\frac{3}{9}=\frac{1}{3}$

09 $\frac{7}{12}\times\left(-\frac{2}{7}\right)+\frac{9}{14}=-\frac{1}{6}+\frac{9}{14}=-\frac{7}{42}+\frac{27}{42}$
$=\frac{20}{42}=\frac{10}{21}$

10 $\frac{5}{12}\div\left(\frac{1}{4}\right)^2\times3=\frac{5}{12}\div\frac{1}{16}\times3$
$=\frac{5}{12}\times16\times3=20$

11 ③ $1\otimes6=3\times1+6-5=4\neq5$
① $2\otimes3=3\times2+3-5=4$
② $4\otimes1=3\times4+1-5=8$
④ $3\otimes2=3\times3+2-5=6$

12 $11◈6=11\times6+(22-6)=66+16=82$

13 $3◈4=12+(6-4)=14$이므로
$14⊙2=14^2-2\times2=196-4=192$

14 $92\times0.7=64.4$

15 $168\times0.23=38.64$

16 $284\times0.265=75.26$

17 1L는 1,000mL이므로
$15\times0.306\times1,000=4,590$mL

18 • $\frac{7}{15}=\frac{56}{120}$ • $\frac{11}{24}=\frac{55}{120}$
$\therefore\ \frac{7}{15}>\frac{11}{24}$

19 $\frac{25}{100}<$ ② $\frac{17}{50}=\frac{34}{100}<\frac{50}{100}$
① $\frac{7}{20}=\frac{35}{100}$, ③ $\frac{19}{50}=\frac{38}{100}$, ④ $\frac{9}{20}=\frac{45}{100}$

20 $-\frac{14}{3}=-4\frac{2}{3}$ < ① $-4<-\frac{19}{6}=-3\frac{1}{6}$

21 시작과 끝이 일치하지 않으므로 $\frac{\text{전체 길이}}{\text{간격}}+1$로 계산한다.
따라서 $\left(\frac{560}{7}+1\right)\times 2=162$(그루)가 필요하다.

22 $\frac{1,090+160}{50}=25\text{m/s}$이므로 단위를 환산하면, 기차의 속력은 $\frac{25\times 3,600}{1,000}=90\text{km/h}$이다.

23 이긴 횟수를 x, 진 횟수를 y라 하고, 올라가는 것을 +로, 내려가는 것을 −로 표시하면
$x+y=10$ ⋯ ㉠,
$2x-y=8$ ⋯ ㉡
㉠식과 ㉡식을 연립하여 풀면 $x=6$(회), $y=4$(회)
따라서 이긴 횟수는 6회이다.

24 상효가 혼자 할 경우 x일이 걸린다고 하면,
$\left(\frac{1}{12}+\frac{1}{x}\right)\times 8=1 \Rightarrow 3x=2x+24$
$\therefore\ x=24$(일)

25 세트 수를 x라 하면 $3,300\times x<30,000$
$\Rightarrow\ x<9.09\cdots$를 만족해야 하므로
30,000원으로 최대 9세트를 살 수 있다.

26 현재 철수의 나이를 x라 하면 영희의 나이는 $(x-5)$이고, 3년 전 철수와 영희의 나이는 각각 $(x-3)$, $(x-8)$이므로 $x-3=2(x-8)\ \Rightarrow x=13$(살)

27 남자 직원의 수를 x, 여자 직원의 수를 y라 하면,
$x+y=400$ ⋯ ㉠
$0.5x+0.6y=400\times 0.54=216$ ⋯ ㉡
㉠식과 ㉡식을 연립하여 풀면
$x=240$(명), $y=160$(명)
따라서 남자 직원은 240명이다.

28 8% 소금물 150g에 들어 있는 소금의 양은
$150\times\frac{8}{100}=12\text{g}$이므로 증발된 물의 양을 x라 하면
$\frac{12}{150-x}\times 100=12\ \Rightarrow\ x=50\text{g}$

29 예금액이 같아지는 때를 x개월 후라고 하면
$36,000+2,000x=9,000+5,000x$
$\Rightarrow\ 3,000x=27,000 \Rightarrow x=9$(개월 후)

30 팔찌의 판매가는
$80,000\times(1+0.4)\times(1-0.25)=84,000$(원)
이다.

31 소요되는 지불총액(보증금 + 월세 + 주차비 + 관리비)을 계산하면 다음과 같다.
- A사무실 : $1,000+(120+10)\times 12$
$=2,560$(만 원)
- B사무실 : $1,500+(115+2+10)\times 12$
$=3,024$(만 원)
- C사무실 : $1,400+(100+15)\times 12$
$=2,780$(만 원)
- D사무실 : $500+(150+1+12)\times 12$
$=2,456$(만 원)

따라서 구하는 답은 B사무실이다.

32 ③ $\frac{3.5-4}{4}\times 100=-12.5\%$이므로 2011년에 상위 3개사 매출액 합계는 12.5% 감소했다.

33 $\frac{38,237}{213,745}\times 100\fallingdotseq 17.89(\%)$ → 약 18%이다.

34 ③ 대구 : $210+19,105=19,315$(명)
① 서울 : $447+56,323=56,770$(명)
② 부산 : $247+19,150=19,397$(명)
④ 대전 : $115+8,699=8,814$(명)

35 A, B, C, D기업에 지원한 지원자들의 비율의 합은 100%이므로 $60+\text{X}+10+14=100$
$\Rightarrow\ \text{X}=16(\%)$

36 c대학교에서 D기업에 지원한 지원자 수는
$400\times 0.04=16$(명)이고, 이 중 12명만 입사하였으므로 합격률은 $\frac{12}{16}\times 100=75(\%)$이다.

37 ① 초등학교 : $160\times 20\times 35=112,000$(명)
② 중학교 : $80\times 24\times 38=72,960$(명)
③ 고등학교 : $70\times 21\times 35=51,450$(명)

38 ③ 고등학교 : $70\times 21\times 35=51,450$(시간)

① 초등학교 : $160 \times 20 \times 28 = 89,600$(시간)
② 중학교 : $80 \times 24 \times 34 = 65,280$(시간)

39 ② 30대 : $\frac{167}{318} \times 100 ≒ 52.5(\%)$

① 20대 : $\frac{124}{293} \times 100 ≒ 42.3(\%)$

③ 40대 : $\frac{52}{122} \times 100 ≒ 42.6(\%)$

④ 50대 : $\frac{38}{98} \times 100 ≒ 38.8(\%)$

40 10대 : $\frac{20}{81} \times 100 ≒ 24.7(\%)$

30대 : $\frac{21}{318} \times 100 ≒ 6.6(\%)$

약 4배이다.

02 추리능력검사

정답 및 해설

01. ①	02. ③	03. ①	04. ②	05. ②	06. ②	07. ①
08. ①	09. ②	10. ②	11. ④	12. ②	13. ④	14. ③
15. ③	16. ③	17. ①	18. ②	19. ①	20. ②	21. ①
22. ③	23. ③	24. ①	25. ①	26. ③	27. ①	28. ③
29. ①	30. ③	31. ①	32. ①	33. ①	34. ①	35. ②
36. ④	37. ④	38. ①	39. ③	40. ③		

01 2 5 8 11 (14)
+3 +3 +3 +3

02 120 30 60 15 (30)
÷4 ×2 ÷4 ×2

03 4 12 6 14 7 (15)
+8 ÷2 +8 ÷2 +8

04 8 24 21 7 10 30 27 (9)
×3 −3 ÷3 +3 ×3 −3 ÷3

05 729 243 81 27 9 (3) 1
÷3 ÷3 ÷3 ÷3 ÷3 ÷3

06
+2 +4
16 8 15 10 12 14 (7)
−1 −3 −5

07
×2 ×2 ×2
1 (1) 5 2 9 4 13 8 17
+4 +4 +4 +4

08 7 12 22 42 (82) 162
×2−2 ×2−2 ×2−2 ×2−2 ×2−2

09 3 5 9 15 25 (41)
3+5+1 5+9+1 9+15+1 15+25+1

10 63 47 36 29 25 23 (22)
−16 −11 −7 −4 −2 −1
+5 +4 +3 +2 +1

11 A B D H P (F)
1 2 4 8 16 32
×2 ×2 ×2 ×2 ×2

12 D L H X (T)
4 12 8 24 (20)
×3 −4 ×3 −4

13 Y E T D (P)
25 5 20 4 (16)
÷5 ×4 ÷5 ×4

14 ㄴ ㅁ ㅈ ㅌ ㄴ (ㅁ)
2 5 9 12 16 19
+3 +4 +3 +4 +3

15 ㄷ ㅅ ㅂ ㅊ ㅈ (ㅍ)
3 7 6 10 9 (13)
+4 −1 +4 −1 +4

16 ㄷ ㄹ ㅇ ㅁ ㅂ ㅌ (ㅈ)
3 4 8 5 6 12 (9)
+1 ×2 −3 +1 ×2 −3

17 ㅊ ㅍ ㅇ ㅋ ㅂ ㅈ (ㄹ)
10 13 8 11 6 9 (4)
+3 −5 +3 −5 +3 −5

18 ①, ③, ④ −2, −2, −2,
② ÷2, ÷2, ÷2

19 ②, ③, ④는 +3, +3, +3
① −3, −3, −3

20 ①, ③, ④는 +2, +2, +2
② ×2, ×2, ×2

21 부지런한 사람은 지각하지 않고, 그런 사람은 모두가 좋아한다.
→ 부지런한 사람은 모두가 좋아한다.

22 사냥개가 주인의 사랑을 받기 위한 전제는 청각과 후각 및 충성심을 모두 갖추는 것이다.

23 조건을 정리하면 다음과 같다.

구분	수정	예지	현호	고운
준비한 선물	책	인형	반지	향수
가져간 선물	반지	향수	책	인형

따라서 현호가 가져간 선물은 책이다.

24 조건을 정리하면 다음과 같다.

6층	안경점	안경점	편의점
5층	출판사	출판사	출판사
4층	홍보 대행사	편의점	안경점
3층	인쇄소	인쇄소	인쇄소
2층	편의점	홍보 대행사	홍보 대행사
1층	식당	식당	식당

따라서 식당은 1층이다.

25 제시된 조건을 정리하면,
'공공의식이 투철한 사람 → 경찰관이 될 수 있는 사람 → 준법정신이 있는 사람'이 성립하므로 참이다.

26 봉사정신과 공공의식 투철의 연결고리가 없으므로 알 수 없다.

27 혜진이가 다섯 번째로 면접을 보므로 ㉠, ㉡에 의해 혜진(5) − 지혜(6) − 수진(7) 순이고, 수진이의 순서가 마지막이므로 준수가 첫 번째이다.

28 주어진 조건만으로는 지현이의 면접 순서를 알 수 없다.

29 조건을 정리하면 다음과 같다.

1	2	3	4	5
태연	유리	윤아	티파니	서현
태연	유리	윤아	서현	티파니

또는

1	2	3	4	5
태연	유리	티파니	서현	윤아
태연	유리	서현	티파니	윤아

따라서 가장 왼쪽에 서 있는 사람은 태연이임을 알 수 있다.

30 주어진 조건만으로는 가장 오른쪽에 서 있는 사람은 알 수 없다.

31 고정 도르래를 사용할 때 잡아당겨야 하는 줄의 길이는 물체가 올라가는 높이와 같으므로 물체를 1m 높이까지 들어 올리려면 줄을 1m 잡아당겨야 한다.

32 구심력은 물체가 등속 원운동을 할 수 있도록 물체를 원의 중심 쪽으로 당기는 힘이다.

33 그림의 물체는 질량 3kg, 받는 힘은 6N이다.
따라서 $F = m \cdot a$공식에 의해 가속도 a의 크기는 $2\mathrm{m/s^2}$이 된다.

34 진자의 주기 운동에 따라 위치 에너지와 운동 에너지가 서로 전환된다. A에서 B로 움직일 때는 위치 에너지가 감소하고 운동 에너지가 증가하며, B에서 C로 움직일 때는 운동 에너지가 감소하고 위치 에너지가 증가한다.

35 직렬로 연결된 전지 전체 전압은 3V이므로
$V = IR$

$3V = I \times 2\Omega$
$\therefore I = 1.5A$

36 신 김치에 의해 호일이 구멍이 나는 것은 산의 반응이다. 중화 반응은 $H^+ + OH^- \rightarrow H_2O$와 같이 산과 염기가 만나 물과 염이 생성되는 반응이다.

37 빛의 분산은 빛이 여러 가지 색깔로 나누어지는 현상이다.

38 액체 산소는 공기 중에서보다 산소의 농도가 높다. 풀무질을 하면 공기의 공급이 증가하고 공간 안에 산소가 증가한다. 따라서 같은 물질의 농도의 차이에 따라 반응속도가 달라지므로 농도와 가장 관계가 깊다.

39 지구 온난화에 따른 환경 변화 : 해수면의 상승, 이상 기후 현상, 사막화 현상의 가속화, 생태계의 변화

40 ③ 중간권 : 대기권의 최저 기온, 기온차가 매우 큼
① 열권 : 낮과 밤의 기온차가 매우 큼. 인공위성의 궤도, 오로라, 전리층
② 대류권 : 대류현상, 수증기가 있어 기상현상, 전체 대기의 약 75% 분포
④ 성층권 : 오존층이 자외선을 흡수, 대기가 안정하여 비행기의 항로로 이용

03 지각능력검사

정답 및 해설

01. ②	02. ②	03. ①	04. ②	05. ②	06. ③	07. ④
08. ③	09. ④	10. ④	11. ②	12. ①	13. ③	14. ①
15. ②	16. ③	17. ②	18. ③	19. ②	20. ④	21. ④
22. ①	23. ②	24. ④	25. ③	26. ③	27. ③	28. ②
29. ④	30. ③	31. ④	32. ④	33. ③	34. ④	35. ①
36. ③	37. ①	38. ④	39. ③	40. ④		

01 일일월말업무보고업무 – 일월월말업무보고업무

02 ⇦⇧⇨⇧⇦⇧⇩⇦ – ⇦⇧⇨⇧⇦⇩⇧⇦

04 ほこりをもってあるくよ – ほこりをもっておるくよ

05 whatmusicwillyou – whatmusicwilıyou

06 ③ まぶしいそんさいさ

07 ④ heartmindendsoul

08 ① 빛의별들의향연
② 빛의별들의향연
④ 빛의볕들의향연

09 ④ ♪♩♪♪♩♬♩♪

10 ④ pm.Co㉿㈜♭™ – pm,Co㉿㈜♭™

11 제시된 문자 '햄릿'은 가나다순으로 보면, 표의 ② 티~홍에 포함된다.

12 제시된 문자 '은하수'는 가나다순으로 보면, 표의 ① 삭~청에 포함된다.

13 제시된 숫자 '7485'는 표의 ③ 7399 ~ 7512에 포함된다.

14 제시된 숫자 '3790'은 표의 ① 3772 ~ 3811에 포함된다.

15 제시된 숫자 '2691'은 표의 ② 2623 ~ 2718에 포함된다.

16 3단에 2개, 1단에 2개 총 4개이다.

17 2층에 4개, 3층에 8개를 더 쌓아야 하므로 총 12개의 블록이 더 필요하다.

18 직육면체를 만들려면 한 층에 $4 \times 3 = 12$개씩 2층이 필요하다.
1층 : 3개, 2층 : 10개
$\therefore 3 + 10 = 13$개

19 어느 방향에서도 보이지 않는 블록은 사방이 블록으로 둘러싸여 있는 것을 찾으면 되므로 2개이다.

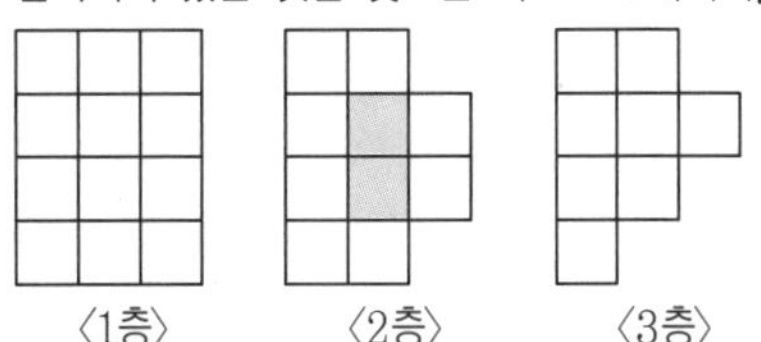

20 3단 : 1개, 2단 : 5개, 1단 : 8개
따라서 $1+5+8=14$(개)이다.

21 직육면체를 만들려면 총 $4\times4\times3=48$(개)의 블록이 필요하다.
쌓여있는 블록의 개수는 14개이므로 더 필요한 블록의 개수는 $48-14=34$(개)이다.

22

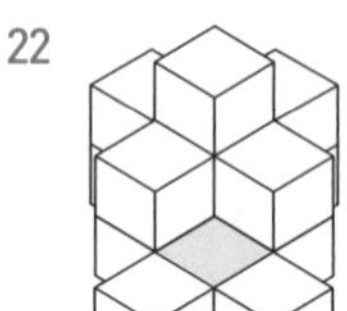

23

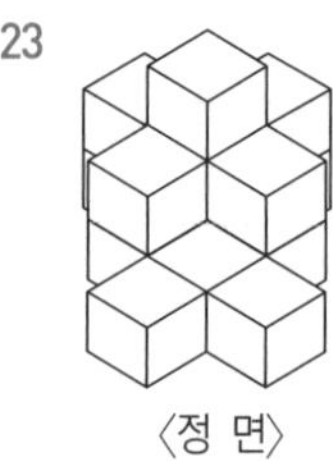

〈정 면〉

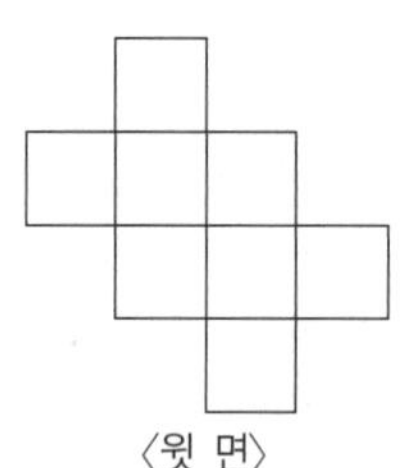

〈윗 면〉

24 4단 : 1개, 3단 : 2개, 2단 : 6개, 1단 : 7개
따라서 $1+2+6+7=16$(개)이다.

25 정육면체를 만들려면 총 $4\times4\times4=64$(개)의 블록이 필요하다.
쌓여있는 블록의 개수는 16개이므로, 더 필요한 블록의 개수는 $64-16=48$(개)이다.

26

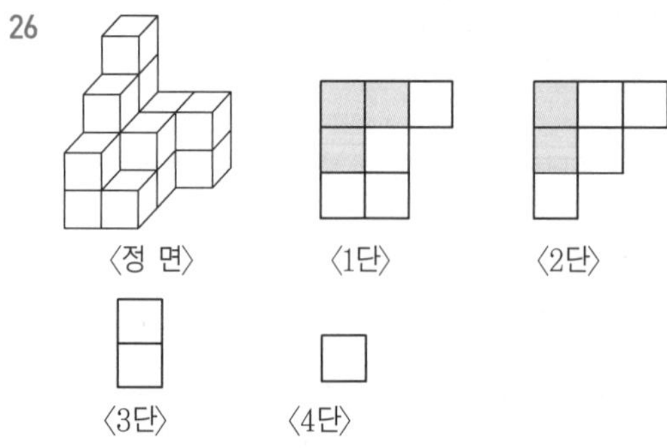

27

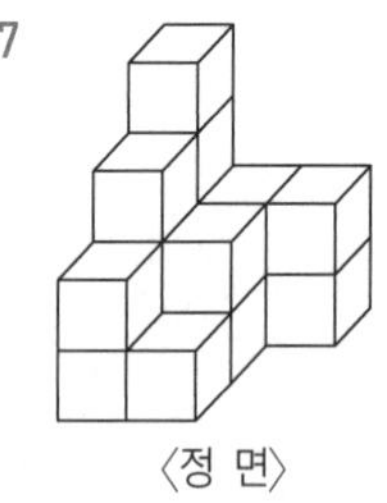

〈정 면〉

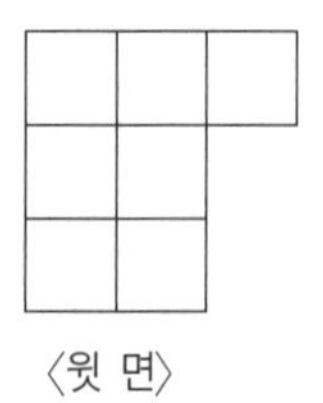

〈윗 면〉

31 ④

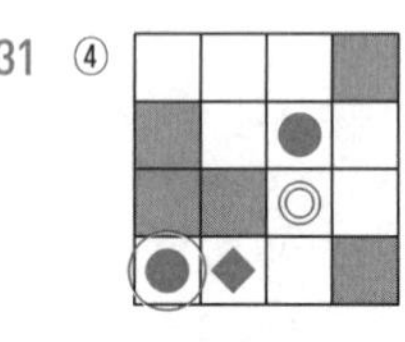

32 ④

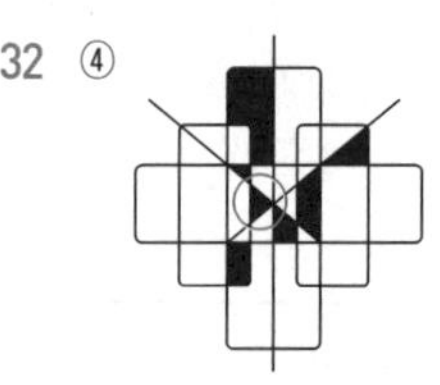

33 ③

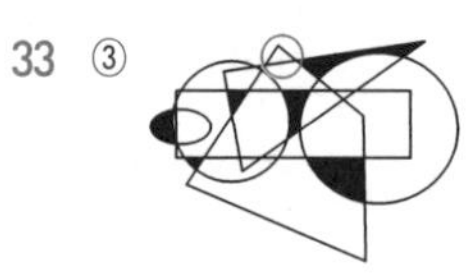

34 ④

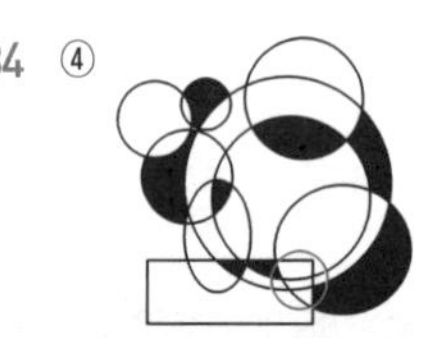

35 ①

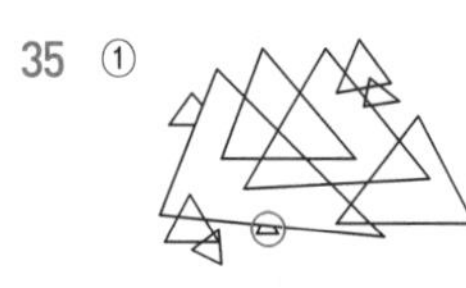

36

37 

38 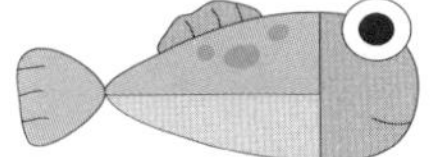

39 

40 

나만의 정리노트

본 답안지는 GSAT 온라인 시험에서 사용되는 형태를 모사한 SAMPLE입니다.

성명 :

수험번호

① 정답	② 정답
③ 정답	④ 정답
⑤ 정답	

수리능력

자르는 선

본 답안지는 GSAT 온라인 시험에서 사용되는 형태를 모사한 SAMPLE입니다.

성명 :

수험번호

⑥

정답

⑦

정답

⑧

정답

⑨

정답

⑩

정답

GSAT 5급 고졸채용

삼성그룹 직무적성검사

2024년 1월 25일 개정 5판 발행
2019년 1월 25일 초판 발행
편저자 JH적성검사연구소
발행인 홍 평 표
발행처 미디어정훈

인 지
생 략

주 소 서울특별시 중구 마른내로 72, 403호
등 록 제2014-000104호
전 화 2269- 8212
팩 스 3667-8381

ISBN 979-11-6643-108-1